U0854135

Research on Legal System of
Digital Publishing Copyright Protection

# 数字出版版权保护
# 法律制度研究

华 鹰◎主编

科 学 出 版 社

北 京

**图书在版编目（CIP）数据**

数字出版版权保护法律制度研究 / 华鹰主编. —北京：科学出版社，2018.12

ISBN 978-7-03-060325-8

Ⅰ. ①数… Ⅱ. ①华… Ⅲ. ①电子出版物-版权-保护-研究-中国 Ⅳ. ①D923.414

中国版本图书馆 CIP 数据核字（2018）第 298797 号

责任编辑：邹　聪　孙　宇　郑欣虹 / 责任校对：贾娜娜
责任印制：徐晓晨 / 封面设计：有道文化

科 学 出 版 社 出版
北京东黄城根北街 16 号
邮政编码：100717
http://www.sciencep.com

涿州市般润文化传播有限公司 印刷

科学出版社发行　各地新华书店经销

*

2018 年 12 月第 一 版　开本：720×1000　B5
2020 年 1 月第二次印刷　印张：14
字数：240 000

**定价：78.00 元**

（如有印装质量问题，我社负责调换）

# 前　言

2016 年 12 月 30 日，国务院印发“十三五”国家知识产权保护和运用规划的通知，正式发布《“十三五”国家知识产权保护和运用规划》（简称《规划》），《规划》在第四部分“重点工作”中强调要健全知识产权相关法律制度。研究完善商业模式和实用艺术品等知识产权保护制度。研究“互联网+”、电子商务、大数据等新业态、新领域知识产权保护规则。研究新媒体条件下的新闻作品版权保护。本书的内容正契合了《规划》提出的相关研究指向。

近十年来，随着我国网络技术和数字出版技术的快速发展，我国数字出版产业呈现出跨越式发展的趋势，其数字产品的创作、生产、传播和消费已逐步形成产业链，并成为我国文化创意产业新的经济增长点。但是，数字出版与传统出版有许多方面的不同，因而版权保护也存在巨大的差异。在数字出版环境下，原有的《中华人民共和国著作权法》（简称《著作权法》）和《信息网络传播权保护条例》已经不能适应现实需要，在司法实践中面临窘迫的境地。“谷歌侵权门”事件、“百度文库侵权纠纷”事件已清楚地表明了这一点。在数字出版环境下，现有的著作权保护模式已经不能实现著作权人、数字内容提供商、网络服务提供商和使用人之间的利益平衡，他们处在利益的博弈中。为了实现他们之间的利益平衡，需要对《著作权法》和《信息网络传播权保护条例》进行修改和调整，安排新的制度，以适应数字出版环境下的版权保护。

从世界范围来看，数字出版的版权保护问题已经成为数字出版产业发展进程中的一块短板，数字出版中侵权纠纷的救济问题也已成为公认的世界性难题。世界各国都在思考传统出版产业向数字出版产业转型后如何应对版权保护的问题，也在积极探寻行之有效的立法解决途径。其中美国在数字出版的版权法律保护方面颇有成效，其代表性的法律和文件有《美国版权法》、《知识产权与国家信息基础设施》白皮书、《在线版权侵权责任限制法案》、《数字版权澄清和技术教育法案》、《千禧年数字版权法》、《数字消费者知情权法》等。美国有关数字出版的版权法律的特点是：①数字版权法律细致、具体、操作性很强；②数字出版的版权法律修订频率较高；③数字版权法律具有很强的前瞻性和包容性。美国数字出版的版权立法走向是：更倾向于保护版权人的利益而非公众利益，这一点在《千禧年数字版权法》的立法过程中得到了体现；保护力度不断加强，保护范围不断扩展；法律的关注点从对作品内容的保护转移到了对技术的保护。

我国对数字出版版权保护的研究起步比较晚，系统研究该领域的学者不多，发表的研究成果也屈指可数。同时，有关数字出版版权保护的立法跟进比较滞后，不能适应数字出版快速发展的需要。

本书是重庆市教育委员会人文社会科学研究项目“数字出版版权保护法律制度研究”的结题成果。该项目从 2014 年 5 月立项到 2017 年 1 月结项，历时两年半，依据结项要求，研究成果的部分核心内容已在学术期刊上发表。项目立足于我国传统出版产业向数字出版产业转型后著作权保护制度的滞后问题，紧紧围绕数字出版版权保护法律制度中亟待解决的问题展开讨论，并在制度构建上提出了相关的建议。

本书有助于拓展《著作权法》研究领域，弥补现有研究的不足，丰富传统著作权法理论。根据著作权法律制度建立的双重目的和二元价值目标，以及遵循的利益平衡原则，对数字出版环境下的著作权限制和例外制度、授权许可制度等提出了修改和完善的建议，以实现著作权人、数字内容提供商、网络服务提供商和使用人之间的利益平衡为目标，使著作权法制度的设计能够最大限度地激励文化创意内容的创作和传播，为我国《著作权法》第三次修订提供学理支撑和具体建议。

本书在研究方法上注重多学科的整合和多维度的思考；注重不同法域数字出版相关立法的比较研究；在逻辑框架上注重研究主线的贯通与点和面的结合；力求通过“大胆设想、小心求证”提出一些新的观点和建议，为该领域的研究尽一点绵薄之力。

本书的分工如下：项目主持人重庆工商大学法学院华鹰教授完成第一章“数字出版概述”、第二章“我国数字出版亟须构建标准体系”、第六章“数字出版环境下著作权法定许可制度的构建”、第七章“数字出版环境下著作权默示许可制度的构建”、第十一章“数字出版环境下著作权侵权纠纷的救济方式”的撰写；同济大学上海国际知识产权学院华劼副教授完成第八章“数字出版视域下的反规避技术保护措施规则”、第九章“数字出版环境下版权权利穷竭原则的延伸性”的撰写；西南政法大学经济法学院谭玲博士完成第三章“数字出版环境下版权利益失衡及制度检视”、第十章“数字出版环境下著作权权利保护与实现方式”的撰写；重庆工商大学法学院冯焕杰硕士研究生完成第四章“数字出版环境下的著作权利益平衡机制”、第五章“数字出版环境下著作权合理使用制度的重构”的撰写。

特此说明的是，作者在有的章节使用“版权”一词，在另一些章节使用“著作权”一词。这是因为个别章节的内容涉及不同法域国家著作权合理使用和法定许可的比较研究，因而称谓不尽相同，大陆法系国家称为著作权或著作权法，英美法系国家称为版权或版权法。此外，本书是由四名作者撰写而成，他们在表达方式或用语习惯上也有所不同，有的使用了“版权”或“版权法”一词，有的使用了“著作权”或“著作权法”一词，但基本含义是一致的。按照我国《著作权法》第五十七条规定，本法所称的著作权即版权。因此著作权与版权系同义语。

在本项目研究和本书撰写过程中，笔者得到了重庆工商大学科研处的支持和帮助，在本书面世之际特致以诚挚的谢意。

华　鹰

2018 年 2 月 8 日于学府苑

# 目　录

# 第一章　数字出版概述

## 第一节　数字出版的概念、特点和类型

### 一、解读数字出版

#### （一）出版的定义

数字出版是在传统出版的基础上转型过来的，是出版方式的一种，具备出版的本质特征。从两个概念的对应关系上讲，出版是数字出版的上位概念，数字出版是出版的下位概念。充分认识“出版”一词，有助于加深对数字出版概念的理解。

出版一词在日常生活中运用非常广泛，相对于《著作权法》上所指的“复制”“发行”而言，“出版”一词为更多的人所熟知和应用，如图书和报刊的出版是人们对出版概念最为传统和直观的一种感知认识。经学者考证，“出版”一词并非中文原词，而是借自日语，“是日本人用了汉语中的‘出’和‘版’组成‘出版’一词来翻译了英文中的‘publish’，然后中国人又借用过来”（胡国祥，2008）。

我国出版界对于“出版”有很多不同的认识，目前通说的观点是编辑—复制—发行说。编辑、复制、发行是出版最基本的三个要素和环节，而近年来发展起来的各种全新的出版形式，都是源于对上述三个要素和环节的创新。基于上述观点可以这样认为，数字出版是将数字化技术和互联网技术应用于出版的编辑、复制、发行等环节的一种新型出版形式。

在我国《著作权法》中，出版是指作品复制、发行的复合行为，具体应包括

“以印刷、复印、拓印、录音、录像、翻录、翻拍等方式将作品制作一份或者多份”的复制行为与“以出售或者赠与方式向公众提供作品的原件或者复制件”的发行行为的结合。因此，出版可以被认为是一种将作品制作成为一定数量的复制品，并提供给公众的行为。其所形成的权利应当是一项复合型财产权，包括复制权和发行权两种。

## （二）数字出版的定义

近几年来，数字技术手段和技术环境的迅猛发展催生了数字出版这个全新的概念。随着数字技术的不断完善，数字出版概念本身的内涵和外延也在不断地调整。由于数字出版行业尚处于初创和发展阶段，理论界和实务界尚未给出准确的定义，尚存不同的看法，大体有如下几种观点。

### 1. 数字介质说

该学说从强调数字出版所需要凭借的载体和介质出发来定义数字出版的概念，强调数字出版必须以数字化设备作为载体，出版物以二进制代码的形式存在。如“数字出版，是指在出版的整个过程中，从编辑、制作到发行，所有信息都以统一的二进制代码的数字化形式存储于光、磁等介质中，信息的处理与传递必须借助计算机或类似设备来进行的一种出版形式”（谢新洲，2002）。

### 2. 数字传播说

该学说从强调数字出版传播所借助的通道或途径出发来定义数字出版的概念，强调数字出版物的传播需要通过网络环境或其他数字化的通道实现。如“数字出版，是指以互联网为流通渠道，以数字内容为流通介质，以网上支付为主要交易手段的出版和发行方式”（却咏梅，2005）。

### 3. 综合过程说

该学说将数字出版定义为一个过程性的概念，而非单纯以出版介质或出版手段来定义，认为数字出版是一个综合运用数字手段实现出版目的的过程，包括数字化的内容、数字化的传播、数字化的应用等全过程。例如，“从广义上说，只要是用二进制这种技术手段对出版的任何环节进行的操作，都是数字出版的一部分。它包括原创作品的数字化、编辑加工的数字化、印刷复制的数字化、发行销售的数字化和阅读消费的数字化。数字出版在这里强调的不只是介质，还包括出版流程”（张立，2006）。

新闻出版总署在《关于加快我国数字出版产业发展的若干意见》的文件中指出：“数字出版是指利用数字技术进行内容编辑加工，并通过网络传播数字内容产品的一种新型出版方式，其主要特征为内容生产数字化、管理过程数字化、产品形态数字化和传播渠道网络化。”这是目前官方对数字出版概念最为全面和完整的阐述。由此可以看出，新闻出版总署对于数字出版的界定主要采纳了“综合过程说”的观点，该定义不仅涉及了对技术、内容、传播渠道的限定，而且突出了出版物的主要形态和特征，为数字出版划定了较为清晰的范围，较好地统一了对数字出版的认知。但笔者认为，将数字出版的传播手段仅仅限定于“网络传播”是值得商榷的，因为技术手段日新月异带来传播渠道的多样化，已经出现了网络以外的传播途径实现信息资源的传递。而且，数字出版之所以区别于网络出版，即是突出其传播途径的多样化和开放性。因此，上述概念还值得进一步商榷。

## 二、数字出版的特征

数字出版与传统的出版存在着明显的差异。数字出版作为一种全新的电子传播媒介，打破了传统媒体的界限，它的特点主要表现在以下几个方面。

### 1. 内容生产数字化

内容生产数字化是指数字出版物借助二进制代码等数字化手段，将出版内容存储于相应的介质中，即采用数字化手段存储内容。数字出版内容生成过程的数字化使得内容个性化定制成为可能，数字出版物的使用者可以借助数字化的内容生成机制，获取自身需要的数字化出版产品，从而扩大了数字内容的吸引力，也丰富了数字出版的内容。

### 2. 产品形态数字化

数字出版的最大优势在于其产品形态的数字化，以及由此带来的产品传播、使用的便捷。产品形态数字化是内容生产数字化所带来的必然结果，也是传播方式数字化的前提。目前来看，数字出版物主要以“电子图书、数字报纸、数字期刊、网络原创文学、网络教育出版物、网络地图、数字音乐、网络动漫、网络游戏、数据库出版物、手机出版物（彩信、彩铃、手机报纸、手机期刊、手机小说、手机游戏）”等形态出现，这些多样化的出版物形式本质上都是数字化产品的不同表现样态。

3. 传播方式数字化

计算机网络、手机网络、有线电视网络及将来可能出现的其他数字信息传播方式将极大地推进数字出版行业的发展。传播方式数字化是数字出版的一个突出特点，与传统出版相比，数字化的传播通道具有更为丰富的传播途径、更为完善的实现方式、更为快速的传播速度和更为优质的内容体验，从而必将对整个出版行业及大众使用出版物的习惯造成巨大的冲击。

4. 管理过程数字化

管理过程数字化，是指数字出版物的版权管理及流程管理需要借助较为先进的数字化技术实现，尤其是数字化的出版内容需要获得数字版权管理（digital rights management，DRM）系统的支持，才能保证数字出版产业的持续发展。与此同时，法律上对技术措施的保护和对垄断的防治，成为数字条件下版权保护亟须解决的一个难题。

5. 使用作品数字化

数字作品的读取、显示和阅读往往需借助特殊的终端来实现。在数字出版时代，作品内容以数字形态表现，这种形态与传统的纸质印刷不同，不能直接为使用者读取而必须借助数字化的转化手段。这种数字化手段需要借助数字化终端，用数字化解决方案和数字化格式标准来实现。

## 三、数字出版的类型

数字出版的类型很多。一般来说，数字出版的分类依据主要集中在信息传播、出版经营两个方面。在信息传播方面，一般按信息的最终形式来划分；在出版经营方面，一般按经营规模来分类。按信息的最终形式来划分，数字出版包含以下四类：网络出版、电子出版、手机出版、音像出版。网络出版与载体及终端无关，只要是基于信息网络，经符合资质的出版单位发布的作品都是网络出版物；电子出版物内容包含图文、视频、音频及软件等，载体为光盘、U 盘、硬盘等；音像出版物内容为视频、音频，载体为磁带、光盘。

## （一）网络出版

### 1. 网络文学

网络文学是指以互联网为展示平台和传播媒介的借助超文本链接和多媒体演绎等手段来表现的文学作品，其中以网络原创作品为主。通俗地讲，网络文学就是在网上发表的文学作品，包括经过编辑登载在各类网络艺术刊物（电子报刊）上的作品、微博上的短文、微信公众平台或者电子公告栏（bulletin board system，BBS）上个人发表的文学作品，以及电子邮件中的文学作品等。这种网络文学又被许多网站称为网络原创文学。

网络文学是随着互联网的普及而产生的，网络文学分为三类样态：一是已经存在的文学作品经过电子扫描技术或人工输入等方式进入互联网络：二是直接在互联网络上发表的文学作品；三是通过计算机创作或通过有关计算机软件生成的文学作品进入互联网络。网络文学的体裁主要有诗歌、散文、小说等，但由于与网络相结合，这些作品有自己的特点，许多网络小说就是在作者与读者的即时互动中完成的。目前网络文学还涌现出一些新的文学体裁，如论坛里通过接龙创造出来的故事，往往是几位作家、几十位作家甚至更多网民共同创作的接力小说，以及利用“队形”达到特殊效果，也可以被认为是新的文学形式。

目前较有影响的文学网站有“榕树下”“文学城”“黄金书屋”“碧海银沙”等。较有影响的网络文学作品有《第一次的亲密接触》《三生三世菩提树下》《三生三世十里桃花》《脸谱》《三体》《后宫甄嬛传》《盗墓笔记》《鬼吹灯》等，有的作品已经被改编成影视剧并广泛传播，取得良好的社会效益和经济效益。

网络原创文学具有多样性、互动性、传播便捷的特点，导致其著作权不易受到保护。同时如果使已经存在的文学作品经过电子扫描技术或人工输入等方式进入互联网络成为网络文学，又很容易导致侵权。因此，著作权问题是关系到网络文学发展的一个难点问题。1999 年，王蒙、毕淑敏等六位作家状告“北京在线”网站侵权，被称为“中国网络侵权第一案”，其审理结果对网上著作权保护具有相当深远的意义。六位著名作家状告“北京在线”网站未经许可将他们享有完全著作权的文学作品《一地鸡毛》《坚硬的稀粥》《黑骏马》《预约死亡》等数字化以后登载到网上，法院判决六位作家胜诉。法院判决指出，作品上网是作品传播的一种新方式，作品的数字化行为本身并不具有《著作权法》意义上的独创性，作品载体形式和传播方式的变化并不影响作者对其作品享有的专有权利。被告未经允许将原告作品上载到互联网，侵害了原告对其作品享有的使用权和获得报酬权，被告应停止侵权，在自己的主页上刊登致歉声明，并分别赔偿原告的经济损失。

2. 网络动漫

“动漫”是动画和漫画的合称与缩写。随着现代传媒技术的发展，动画和漫画之间联系日趋紧密，两者常被合称为“动漫”。网络动漫是高科技技术发展的产物之一。网络动漫的基石是计算机技术和信息技术，最初它并非源于动漫行业，随着网络的普及、计算机技术及信息技术的迅速发展，这些新技术逐渐被动漫领域吸收，成为现代动漫技术的关键和基础，如 CG（computer graphics）技术，极大地促进了动漫（如三维动画）发展，并拓展了动漫的外延领域（如网络互动游戏）。其发展经历了从传统逐帧制作到计算机二维动画，再到现在的三维动画的过程。

我国的网络动漫经历了萌芽期、艰难发展期、突破期阶段，现在已经步入成熟期，网络动漫正是借助互联网的迅速发展逐步发展起来的，其前途无量。

2006 年，国务院批准《关于推动我国动漫产业发展的若干意见》和出台《国家“十一五”时期文化发展规划纲要》，提出要积极发展以数字文化生产和网络化传播为主要特征的数字产业，加快发展民族动漫产业。由于得到了国家产业政策的支持，新媒体动漫艰难发展的状况得到改观。随着视频网站的迅速走红，我国新媒体动漫迎来了蓬勃发展的突破期，传统电视媒体的收视率下降，网络视频点击率不断攀升，消费者的需求让动漫作品制作公司开始重视互联网新媒体动漫。由于新媒体动漫审核效率高，易获取受众反馈，再加上国家对动漫产业的大力支持，众多动漫制作公司与工作室开始为视频网站量身打造新媒体动漫内容，直接在互联网上经营动漫品牌。《动漫蓝皮书：中国动漫产业发展报告（2012）》显示，2012 年全国动画产量首次出现了下降，而互联网新媒体动画却出现了强劲增长。在《泡芙小姐》《我叫 MT》等网络动漫获得成功之后，这种一集几分钟的系列片形式得到了广泛的应用。一些视频网站纷纷推出了自己的系列原创动画短片，例如，“有妖气”网站推出的《十万个冷笑话》，每月仅发布一集，吊足观众胃口。这部作品总点击量超过 2 亿，在互联网众筹网站，仅一个月便筹集资金 100 万元，达到了名利双收的效果。

这一时期的新媒体动漫呈现以下几个特点：第一，从新媒体动漫发展环境看。互联网进一步完善，除了 PC 端，互联网用户逐渐向手机等移动终端转移。为适应这一变化，内容制造商必须将产品多平台开发，扩大市场占有率。动漫产品的题材多变，多为季播模式，时长一般在 10 分钟左右，便于移动终端观看。另外，手机与平板电脑都有专门的动漫 APP 来推送新的动漫作品。第二，从主要受众看。受众不仅集中在“80 后”，在网络爆发期成长起来的“90 后”“00 后”更成为新媒体动漫的主要受众群体。第三，从创作群体看。新媒体动漫制作者以专业公司和工作室为主，视频网站成为主要投资商。第四，从盈利模式看。新媒体动漫产业趋于成熟，盈利模式趋于清晰。一方面，以众筹为代表的网络运营模式日臻完善；另一方面，新媒体动漫开始与传统动漫全方位整合优势互补。游戏、出版、电视、电影和互联网新媒体多平台移植与跨平台合作，成为运营模式的主要趋势。

3. 网络游戏

网络游戏又称“在线游戏”，简称“网游”，是指以互联网为传输媒介，以游戏运营商服务器和用户计算机为处理终端，以游戏客户端软件为信息交互窗口的，旨在实现娱乐、休闲、交流和取得虚拟成就的，具有可持续性的个体性多人在线游戏。它与传统单机游戏的区别是，必须通过网络、多人在线进行游戏。

网络游戏的技术架构分两种：一种是基于浏览器形式的网页游戏，是直接在浏览器中进行游戏；另一种是客户端形式的网络游戏，即由运营商架设服务器提供游戏服务，用户通过连接服务器的本地客户端软件进行游戏。现在的大部分网络游戏都属于客户端形式。此类游戏的特点是大多数玩家都会有一个专属于自己的角色，而一切存盘及游戏资料均记录在服务器端。

网络游戏的类型主要有：第一，休闲网络游戏。即登录网络服务商提供的游戏平台（网页或程序）后，进行双人或多人对弈的网络游戏。一是传统棋牌类游戏，包括纸牌、象棋等，提供此类游戏的公司主要有腾讯、联众、新浪等。二是新形态（非棋牌）类游戏，即根据各种桌游改编的网游，如三国杀、UNO、狼人杀、大富翁（地产大亨）等。第二，网络对战类游戏。即玩家安装市场上销售的支持局域网对战功能的游戏，通过网络中间服务器，实现对战。如反恐精英、星际争霸、魔兽争霸等，主要的网络平台有盛大、腾讯、浩方等。第三，角色扮演类（role-playing game，RPG）游戏，玩家扮演某一角色，通过执行任务，提升等级，等到宝物等，如大话西游、传奇等，提供此类游戏的平台主要有盛大等。第四，功能性网游。即非网游类公司发起的，借由网游的形式来实现特定功能的网络游戏，如光荣使命（原南京军区与光荣使命网络联合开发用于军事训练）、由简股市气象台（基金与投资机构开发用于收集股市趋势与动态）、学雷锋（盛大出品的教育类网游）等。

网络游戏产业是一个新兴的朝阳产业，经历了 20 世纪末的初期形成阶段及近几年的快速发展，现在中国的网络游戏产业处在成长期阶段，并快速走向成熟期。中国网络游戏经过十几年的发展，无论是产品数量还是用户规模方面，都有了很大提升，在中国整个网络经济的发展过程中从无到有，发展到目前成为中国网络经济的重要组成部分。

除此以外，最值得关注的是盈利模式的变化。中国网络游戏经历了从收费到免费的转变，这种方式也得到了市场的认可，但这并不意味着盈利模式的固定；相反，随着网络游戏用户的数量增长和相对稳定，中国网络游戏的盈利模式将迎来再次转变。

第一，免费模式阻碍游戏体验提升。目前网络游戏依然以免费游戏为主，而这种模式对于网络游戏娱乐体验的提升会造成一定阻碍。人们玩游戏，主要是为了娱乐，而免费游戏往往使游戏产品演变为“金钱为王”的状态，用户需要花大量的资金去购买装备才能获得较好的游戏体验，这种现象在大型多人在线角色扮演游戏（massive multiplayer online role-playing game，MMORPG）方面尤为明显，而随着花费的增加，用户在资金方面的心理承受能力必然会降低，进而影响用户的游戏体验。

第二，收费模式将再次成为主流。从调研结果来看，中国网络游戏用户的花费模式较以往已经发生了巨大转变。收费模式主要有以下几种。一是道具收费。玩家可以免费注册和进行游戏，运营商通过出售游戏中的道具来获取利润。这些道具通常有强化角色、着装及交流方面的作用。征途、穿越火线、雅典娜 2 等都是这种收费方式。二是时间收费。玩家可免费注册账号，但需要购买点卡、月卡为游戏角色充值时间才能进行游戏。魔兽世界、EVE 等都是时间收费方式的。三是客户端收费。通过付费客户端或者序列号绑定账号进行销售的游戏，大多常见于个人电脑普及的家用机平台网络。战地叛逆连队 2、反恐精英起源、星际争霸 2、使命召唤：现代战争 2 等都是序列号绑定账号收费的。2008 年明确表示喜好道具收费的用户比例为 41.9%，而 2009 年该比例下降至 28.9%。喜好时间收费的用户比例从 25.8%提升至 62.8%。

4. 网络教育出版物

网络教育是一种基于网络技术、计算机技术和通信技术进行知识传输和知识学习的新型教育形式，网络教育是现代远程教育发展的主流模式。

网络教育的基本特征是：第一，最大限度地利用各种资源。各种教育资源通过网络跨越了空间距离的限制，使学校的教育超出校园范围向更广泛的地区辐射，成为开放式教育。名牌学校可以充分发挥自己的学科优势和教育资源优势，把最优秀的教师、最好的教学成果通过网络进行传播，使教育不发达地区的学生同样可以接受高水平的教育。第二，充分体现“五个任何”与主动学习。“五个任何”即任何人在任何时间、任何地点，从任何章节开始学习任何课程。在学习模式上体现了学习和主动学习的特点，适应了现代教育和终身教育的基本要求。第三，双向互动、实时全交互。教师与学生、学生与学生之间，通过网络进行全方位的交流，拉近了教师与学生的心理距离，增加了教师与学生的交流机会，扩大了交流范围。并且通过计算机对学生提问类型、人数、次数等进行的统计分析能使教师了解学生在学习中遇到的疑点、难点和主要问题，更加有针对性地指导学生。第四，网络教育为个性化教学提供了现实有效的实现途径。第五，自动化远程管理。远程学生的咨询、报名、交费、选课、查询、学籍管理、作业与考试管理等，都可以通过网络远程交互通信的方式完成。

网络教育出版就是基于网络载体的教育出版，是融合网络技术、教育知识、出版形态的三合一产品，是网络化、数字化在教育领域的最新表现形式，也是未来主流的教育出版形态，具体包含网络教材、网络教育资源、网络教辅三种产品。网络教育出版为人们构建一个广泛在线学习的环境创造了条件。前些年，在上海、江苏扬州开始试点的电子书包项目，其核心内容就是网络教材的开发。

近几年来，大规模在线开放课程（massive open online course，MOOC）引起专家、学者的热切关注。与传统课程相比，MOOC 具有规模性、开放性、网络化、个性化和参与性等内在特征，它是一种参与者分布在各地，而课程材料分布于网络之中的课程，它通过基于主题或问题的讨论与交流将分散在世界各地的学习者和教师联系在一起，并且这种课程是开放的，规模越大，它的运行效果会越好。MOOC 是远程教育领域的新发展，也是开放教育资源所推崇的开放教育理念的新发展。

5. 网络地图

网络地图是利用计算机技术，以数字方式存储和查阅的地图。网络地图储存资讯的方法一般是向量式图像储存，地图可放大、缩小或旋转而不影响显示效果，早期使用位图式储存，地图比例不能放大或缩小，现代电子地图软件一般利用地理信息系统来储存和传送地图数据，也有其他的信息系统。网络地图是地图制作和应用的一个系统，是由计算机控制所生成的地图，是基于数字制图技术的屏幕地图，是可视化的实地图。在计算机屏幕上可视化是电子地图的根本特征。网络地图的特点是：可以快速存取显示；可以实现动画；可以将地图要素分层显示；利用虚拟现实技术可以将地图立体化、动态化，令用户有身临其境之感；利用数据传输技术可以将电子地图传输到其他地方；可以实现图上的长度、角度、面积等的自动化测量。

网络地图的基本功能：第一，城市列表。提供全国概览图及详细城市地图供用户下载。第二，地图搜索。能够以名称、地址、门牌号、电话号码等多种方式查找到街道、建筑物等所在的地理位置。第三，公交查询。可在城市内部任意两点间进行导航，列出最佳公交换乘方案，并将路线在地图上展现出来，是日常出行的最佳助手。第四，驾驶导航。通过手机使用高德地图或者百度地图等，结合语音进行驾驶导航。第五，地图收藏。可在地图浏览时收藏地图，并可以导出收藏夹内容与好友共享。

## （二）电子出版

电子出版（electronic publishing）是指以数字代码方式将图、文、声、像等信息编辑加工后存储在磁、光、电介质上，信息通过计算机或其他具有类似功能的设备读取使用的一种出版形式。

1. 电子图书

电子图书又称 e-book，是指以数字代码方式将图、文、声、像等信息存储在磁、光、电介质上，通过计算机或类似设备使用，并可复制发行的大众传播体。电子图书由三部分要件构成：一是数字化的内容，即数字化图书；二是电子阅读设备，包括计算机终端、个人手持阅读器、手机；三是电子图书阅读软件。

电子图书在很多场合被称为电子书，早期是一种传统印刷图书的电子版本，现在专指特定的电子文档，可以通过个人计算机或者阅读器阅读。电子图书的阅读器既可以是计算机上的应用软件，又可以是专用阅读硬件设备。电子图书一般可以通过网站下载到计算机或者电子图书的阅读器上。数字化的图书与电子书在内容格式和编辑加工流程上完全相同，但阅读和传播方式不同，一般通过计算机终端实现阅读，所以工具书类、专业读物类、教育读物类的纸介质图书更适合做成电子图书，可以充分发挥图文超链接功能，方便读者检索、查询。

电子书的优势主要有：有利于环境，减少对自然资源的消耗，节约成本；易于更新，易于纠正错误并增加信息；便于检索和携带；电子书可供在线阅读，可以超链接，可以在线评论等。

2. 数字报纸

利用多媒体技术和网络传播手段，在纸介质报纸的版式中插入音频、视频和动画的数字化连续出版物，一般通过互联网传送，可在个人计算机、平板电脑、个人数字助理、手机等终端订阅。数字报纸既保持了纸介质报纸的版式，又增加了阅读新闻和信息的方便性、快捷性与互动性，同时有利于收藏和检索，在信息化时代，数字报纸具有很高的社会价值、经济价值、广告价值和互动价值。

数字报纸的优点：第一，信息传播快捷。在每期报纸排版完成的同时即可发布报纸网络版，省去了传统报纸所需的印刷、发行的时间，使报纸的时效性更强。第二，发行的覆盖面更广泛。通过网络报纸平台的发布，任何人只要能上网，就能阅读到刊物上的信息，报纸不再是只在某区域内发行，而是做到了全球发行。第三，可回溯性增强。网络报纸的发布过程也同样是报纸发行发布过程。回顾功能可以让客户轻松地找到特定期次的报纸内容，也方便编者对报纸内容的管理。第四，全文检索更实用。用户可以运用关键字搜索的方式，查询到相关度最高的文章，从而迅速找到相关文章。第五，内容的互动性增强。通过在线评论、邮件等方式让信息不再单向传播，通过读者和编辑的互动形成一个促进报纸不断发展进步的良性循环。第六，为报纸内容的网络营销做用户积累和技术准备。通过网络用户人气的聚集和相关的网络营销实践，为报业企业开辟新的收入模式做准备。

3. 电子期刊

电子期刊又称为电子杂志。从广义来讲，任何以电子形式存在的期刊皆可称为电子期刊，包括通过联机网络可检索到的期刊和以只读光盘（CD-ROM）形式发行的期刊。电子期刊是以高新技术（如光盘、网络通信技术）为载体，经过信息技术人员加工处理，运用现代技术检索手段，以满足信息需求的出版物，且融入了图像、文字、声音、视频、游戏等来呈现给读者。此外，电子期刊还有超链接、及时互动等网络元素，是一种很享受的阅读方式，节约了大量成本。

目前电子期刊已经进入第三代。电子期刊是一种非常好的媒体表现形式，它兼具了平面与互联网两者的特点，电子期刊延展性强，未来可移植到掌上电脑、手机、掌上型游戏机（play station portable，PSP）及电视（数字电视、机顶盒）等多种个人终端进行阅读。

电子期刊的优点：第一，电子期刊是机读杂志，它可以借助计算机惊人的运算速度和海量存储，极大地提高信息量。第二，在计算机特有的查询功能的帮助下，人们在信息的海洋中快速找寻所需内容成为可能。第三，电子期刊在内容的表现形式上声、图、像并茂，人们不仅可以看到文字、图片，还可以听到各种音效，看到活动的图像。

4. *数据库出版物*

数据库出版物是按照一定的数据结构存储和管理内容的检索型出版物，主要供公众检索查询和阅读。目前国内的数据库出版主要集中于三家科技公司，同方知网（北京）技术有限公司的中国知网、重庆维普资讯有限公司的中文科技期刊全文数据库、北京万方数据股份有限公司的万方数据库。清华同方以“中国知网”为门户和网络出版发行平台建设了中国知识资源总库（简称总库）。截至2016年底，总库已经累计出版CNKI系列全文数据库22种，包括7200种期刊近百年来出版的文献2100多万篇，博硕士学位论文、会议论文、报纸文献、图书、年鉴等1200余万篇，同时发布其他出版单位制作的数据库1200多个，文献信息总量达到5600多万篇，已经成为全球最大的中国文献数据库。总库中数据库的种类不断增加，数据库中的内容每日更新，每日新增数据上万条。根据规划，总库将囊括我国80%的知识资源。

北京万方和重庆维普类似，都主打中文科技期刊数据库，两个公司都隶属于科技部。除了上述三家以学术期刊和专业论文为特色的数据库，比较大型的数据库还有超星公司的读秀知识库。

## （三）手机出版

1. 手机书

手机书是指依托移动通信网络传播，并在手机上阅读的数字化图书，手机移动式、碎片式的阅读特性，更适合现代较快的生活节奏，它的市场导向性很强，可以更好地满足读者的个性化需求，手机书需要考虑手机操作系统、存储容量和格式等问题。

2. 手机报

手机报是指依托移动通信网络并在手机上阅读的数字化报纸，它是将纸介质报纸内容和其他多媒体内容编辑加工后，以数据包形式发送的一种数字出版产品，其传播方式主要有三种，即短信或彩信形式、按无线应用协议（wireless application protocol，WAP）访问形式和基于 4G 的推送形式。彩信是最常用的一种形式，手机报具有全球性的覆盖范围，具有广泛的受众群体，此外还有时效性强、互动性高、表现丰富、随时接收、易于保存、个性化投放和成本低廉等特点。

3. 手机刊

手机刊特指依托移动通信网络的多媒体数字化期刊，通过手机安装客户端、WAP 和彩信传播，一种是电信运营商和出版社、期刊社合作经营，将纸质期刊内容经过整合后发布在移动通信网络上；另一种是专门的手机刊出版单位经营，有自己的制作、技术和运营团队与发行渠道。

4. 手机音乐

通过手机播放的数字音乐作品，它是一种产生较早的手机数字出版产品，是数字音乐作品的主要出版形式。

## （四）数字音乐

数字音乐是用数字格式存储的可以通过网络来传输的音乐。无论被下载、复制、播放多少遍，其品质都不会发生变化。基于网络的不同，行内人士通常将数字音乐分为在线音乐（通过互联网提供在电脑终端下载或者播放的音乐）和无线音乐（通过移动通信网络提供在手机终端播放的音乐）两种。目前，数字音乐产业已经确立了它在我国数字内容产业中的重要地位。

数字技术的出现从根本上简化了音乐制作的流程，使得音乐产品制作相对简单，特别是网络歌曲的编辑，只要有电脑和配套设施，只需要制作传统唱片几百分之一的费用就可以完成，一旦上传到网络，其关注度和点击率完全有可能远远地超过传统唱片。由于数字音乐制作成本低廉，很多有才华的个人纷纷通过各种软件录制自己的原创歌曲，上传至网站自娱自乐。同时大量的网站开辟了原创音乐专栏，以集聚人气。数字音乐的出现，打破了曾经只有歌手才能够录制唱片、举办演唱会的传统格局，让词曲的创作不再是一种高不可攀的奢望。

数字音乐的出现，使音乐载体从 CD、磁带等实物唱片转变成无形的计算机数字音频文件，如 MP3、手机彩铃等。另外，市场上比较流行的计算机音频格式还有 WAV、WMA、RAM、AIFF 等，它们一般都被存储在计算机数据库中，如硬盘、网络存储器。数字音乐的出现，减少了携带磁带、CD 的累赘，有效地扩展了音乐的传播范围，提高了音乐的传播速度。网络存储使海量音乐内容的提供成为可能，因此音乐也几乎成了现代人快速消费文化的代表符号之一。

随着数字音乐市场的飞速发展，传统音乐行业被改造成了 IT 行业，唱片公司、电信部门、网络服务商乃至零售业霸主，各行业巨头们纷纷挺进拓展相关业务，抢占数字音乐市场份额。例如，在线业务有推荐服务、音乐博客服务、音乐交友、点歌送歌服务等；无线增值业务有彩铃、铃声、互动式语音应答（interactive voice response，IVR）等多种音乐业务。因此数字音乐不仅让国内唱片公司能够融到巨资来发展音乐事业，也让以前难以做大的各种音乐网站有了投资价值。

音乐是率先进入数字时代的创意产业，全球的数字音乐产业规模 2006～2016 年来一直持续增长。市场调研机构高德纳（Gartner）公司调查显示，2010 年全球数字音乐市场的价值大约为 46 亿美元，与 2009 年相比增长 6%，全球数字音乐市场的总额超过图书、报纸和电影在线收入的 4 倍。2016 年全球数字音乐销售额达到 67 亿美元，同比增长 10.2%。其中，流媒体音乐服务的营业收入增长了 45.2%，达到 29 亿美元，在五年的时间里增长了 4 倍以上，抵消了下载和物理格式销售下滑给整个音乐产业带来的影响。数字化形态的在线音乐产品已经逐步取代传统音乐产品的地位，广泛地影响着人们的生活。

中国产业调研网发布的《2016—2021 年中国数字音乐行业现状研究分析及发展趋势预测报告》认为，随着 2003 年苹果推出 iTunes，音乐产业形态在服务提供商环节出现重大变革。四大唱片公司对唱片产业链的把持被打破。随着移动互联网的发展，流媒体时代到来，音乐产业三条子链中份额最大的唱片产业链的垂直整合形态解体，原来以 CD 为媒介的线下销售渠道逐渐式微，而以 iTunes、流媒体为媒介的线上渠道逐渐成为主流。传统的线下音乐分发渠道被颠覆，以苹果公司等为代表的 IT 公司、互联网公司正在崛起成为服务提供商新贵。

根据国家新闻出版广电总局统计口径，2013 年中国音乐产业市场总规模为 2716.56 亿元，同比增长 7.9%，略高于同期 GDP 增速。2014 年中国音乐产业市场规模为 2920.30 亿元，较 2013 年同期增长 7.5%。如果细分来看，2013 年中国数字音乐市场规模达到 440.7 亿元，其中无线音乐市场规模达 397.1 亿元，在线音乐市场规模达 43.6 亿元。2014 年中国数字音乐市场规模达到 472.1 亿元，其中无线音乐市场规模达 420.9 亿元，在线音乐市场规模达 51.2 亿元①。

## 四、数字出版的方式

1. 自行出版

自行出版又称为自助出版或者个人出版，这种模式下作者自己出资出版作品，作者就是出版人、发行人。作者将自己创作和编辑的作品通过专门的软件制作成电子图书、电子报纸或者主持相应的论坛，放在网站上供读者付费或免费下载或浏览阅读。

2. 网站代理出版

网站代理出版是互联网公司从出版商、作者或电子图书商店获得制作代理权以后，将数字出版物放在该网站上供下载或读者直接浏览的数字出版模式②。

3. 出版商网上出版

现有出版商自行制作数字出版物，内容以出版纸介图书、纸介期刊、纸介报纸、音像制品和光盘出版物的网络版为主，同时还可以利用网上出版提供信息服务。这种模式实际上就是现有的出版商增加网络出版业务，作为对传统出版手段的补充。

4. 按需印刷

按需印刷（on-demand printing，POD）是一种比较成熟的数字出版模式，它

① 2014 中国音乐产业发展报告. http//www.ce.cn/culture/gd/201411/14/t20141114_3905292.shtml[2017-8-4]

② 数字出版的特征和类型. http://www.docin.com/p-258957776.html[2017-8-10]

的最终产品不是数字出版物，而是纸介的印刷品，但数字内容集中存储在服务器中，并通过网络进行传输至终端设备，POD 终端是一组复杂的激光打印系统和相应的格式化文本内容，既是数字出版，又是印刷出版，给出版业带来了一种全新的运作模式。

根据专业出版市场需求量比较小的特点，可以以销定产，重新组合资源，建立新的销售模式，实现从提供图书产品向提供专业化信息服务的转变，是今后发展的一个重要方向。如果说制作数据库需要海量资源，而使中小出版社力不从心的话，按需印刷则因投入少、见效快、便于发挥专业品牌优势而具有广阔发展空间。对于断版书、小众图书，可以先征订、后印刷，如知识产权出版社的专利文献、商务印书馆的社科文史断版图书等。

## 第二节　数字出版相对于传统出版的优势

### 一、数字出版与传统出版的关系

数字出版是随着计算机技术和信息技术成长起来的一门新兴边缘学科，是出版体系的一个分支，是传统出版这棵大树上长出的一个新枝，近年来数字出版作为一种新兴的出版模式一直受到出版界的高度关注，并不断开发新的产业链。但数字出版只是传统出版理念的更新和出版技术的进步，它与传统出版不是对立关系，也不是取代关系，而是一个支撑性的互补关系，数字出版与传统出版的关系可以从以下三个方面来认识。

#### （一）技术性支撑的互补

数字出版技术采用了大量先进的信息技术和数据管理技术，因此在内容的编辑加工过程中，特别是编辑出版流程再造，大型工具书、教材编辑及科技类图书编辑，出版资源积累等方面，能提供大量的技术性支撑，使传统出版在完成出版规模工业化、出版工艺流程化控制、出版过程精细化管理、出版质量分量化管理等方面得到完善和提高，从而进一步提高内容编辑的效率和质量，加快企业的市场快速反应能力，满足不断细分的小众市场和专业市场的产品需求，提升企业的市场竞争力。

### （二）服务性支撑的互补

数字出版技术是信息技术在出版产业的重要应用之一，由于具有成熟的信息处理技术和计算机技术，在内容编辑加工环节中，其大规模快速处理和管理文稿数据的能力，以及遍历性地查找、处理问题的能力得到充分体现，为编辑加工带来了全新的理念和技术手段，为出版物的质量提供了可靠的技术保障，从而为整个产业提供了强有力的技术服务。

### （三）产品的拓展性延伸

基于信息技术手段而产生的数字内容产品，已不是传统的方正排版软件所生产的只支持纸质印刷的文件，而是可以在书、盘、网上共享，甚至还可以支持三网合一（即手机、电视和广域网）环境下的产品发布和传播，其产品的发行销售渠道比传统图书更加宽广，盈利模式及推广模式也更加丰富，产品的增值空间也更大，从而使整个产业在一个全新的产业链中，得到有效拓展和延伸。

但目前我国数字出版产业的发展却走进了一个误区，其表现形式有四：其一，将其视为一个全新的产业模式。年产值达到多少，拉动产业链增值多少，视其为新的经济增长点，期望通过数字出版，产出多少现实的效益。其二，人为地将数字出版与传统出版割裂开来，分别管理、区别对待。其三，将数字出版与传统出版完全对立起来，不接受和拒绝探讨新的出版模式和出版理念，抱残守缺，固守在自己所熟悉的领域，“自娱自乐”地享受着传统生产模式所带来的“安全感”和“舒适感”。其四，在数字出版技术的冲击下不知所措，干脆采取关门政策，根本拒绝新生事物，要完全退回到传统模式上来。

## 二、数字出版的优势

从数字出版的特性和传统出版的特点来分析，不难发现数字出版在资源利用、出版流程、创作与传播、技术及市场方面具有的优势。

### （一）资源利用的优势

数字出版可以充分利用互联网资源这一庞大的系统，包含了软件、硬件、信息、处理等方面的要素。因特网庞大的信息资源为数字出版提供了大量的可供研究的信息，可供参考的背景资料，也为数字出版的选题、创作提供了素材，这些信息资源不再需要纸张和油墨，这使得数字出版业成为绿色环保产业。同时，信息技术和数据管理技术是一种便捷的数字信息服务工具，有利于数字出版过程中收集、存储、交换、分析信息，并为数字出版提供一个风格多样、使用便捷的平台，网络资源系统中的人可以在网上最大限度地发挥作用。

### （二）出版技术的优势

数字出版充分运用了当前的信息技术和数据管理技术，与数字出版密切相关的主要有 Web 出版技术、数据库技术、多媒体技术、电子商务技术、数字通信技术等，并在不同的出版领域中显现出各自的魅力和作用。根据对官方文件的理解，只要使用二进制技术手段对出版的整个环节进行操作，都属于数字出版的范畴，其中包括原创作品的数字化、编辑加工的数字化、印刷复制的数字化、发行销售数字化和阅读消费数字化等。而图形图像数字出版以计算机技术、通信技术、网络技术、流媒体技术、存储技术、显示技术等高新技术为基础，通过设计规划运用计算机进行艺术设计，融合并超越了传统出版内容而发展起来的新业态。数字视听、数字动漫、网络学习、手机娱乐等都属于图形图像数字出版范畴。

### （三）出版流程的优势

数字出版在出版发行上的优势就是处理数字化、过程数字化，这不仅体现在出版的输入、编辑、传输和发布的形式上，而且表现在管理的电子化、交易的电子化上。数字出版的数据和素材的获取除了通过对原始模拟信息的数字化，还可以采用键盘输入、更加人性化的语音识别输入和手写字体识别输入，在对图像数据、音频数据、视频数据的采集处理中，目前的数码相机、录音笔及数码摄像机等可以直接将信息数字化。随着软件功能的全面提升和智能应用，数字出版的数字内容在处理、修改、制作、传输、发布、版本升级等方面变得快速易行。

### （四）创作与传播的优势

数字出版在创作和传播上的优势非常明显。例如，网络原创文学是一种非常独特的网络作品，早在 2012 年，我国已经有超过两亿人阅读这种原创自网络的文学，超过了电子购物人群和移动社交网络用户群体。在 2015 年 3 月 15 日，腾讯文学与盛大文学合并成立阅文集团之前，原盛大文学每天有超过 160 万名作家创作出逾 8000 万字的内容，累计出版图书总量超过 600 万部，且还在快速增长过程中。借助于数亿读者基数，数百万作家构成的原创阵容，以及近千名专业编辑的“上帝之手”，最终呈现出来的网络文学，故事新奇、想象力恢宏，涵盖几乎所有的类型，已经成为网民精神生活的重要组成部分。

数字出版在传播方式上有高效率的分发平台。例如，中国数字图书比较独特的地方就在于可以多渠道分发。一是在传统互联网上分发。原盛大文学 2011 年最受欢迎的十部小说点击量超 6.8 亿次，总订单超 2 亿，点评数有 1640 万条之多。二是可以在移动互联网上分发。移动互联网是一个发展迅速的市场，截止到 2017 年 12 月，我国网民数量已经达到 7.72 亿，其中手机网民 7.53 亿，超过通过 PC 上网的人数。在移动互联网上，首先是运营商，仅在中国移动一家 2011 年就有超过 6800 万读者阅读了盛大文学的内容，其中 2100 万用户付费购买。其次是智能手机，云中书城 APP 不到一年的时间总下载量已经超过 800 万，总订单数已经超过千万，被付费下载的图书已经近 47 万种。三是可以通过 IP 授权的方式进入银幕、荧屏和纸质出版物。

#### （五）市场优势

数字出版的市场在网络经济环境中不断地孕育壮大，网络经济的优势在数字出版业中可以最先显现出来。数字出版物的定价，从厂家到客户的直销、电子商务方式，网络营销手段等，对数字出版市场的发展都有重要的作用和长远的影响。

## 第三节　我国数字出版产业发展现状

### 一、我国数字出版产业发展现状

#### （一）数字出版产业的发展纳入国家战略，加快基地园区建设

2010 年，新闻出版总署发布了《关于加快我国数字出版产业发展的若干意见》（简称《意见》），《意见》明确规定了我国数字出版产业发展的总体目标、主要任务和保障措施，到“十二五”规划末，我国数字出版总产值要力争达

到新闻出版产业总产值 25%，整体规模居于世界领先水平；在全国形成 8～10 家各具特色、年产值超百亿的国家数字出版基地或国家数字出版产业园区，形成 20 家左右年主营业务收入超过 10 亿元的具有国际竞争力的数字出版骨干企业；到 2020 年，传统出版单位基本完成数字化转型，其数字化产品和服务的运营份额在总份额中占有明显优势。

在意见的推动下，国务院各部委和地方政府批复成立了多种类型的与数字出版相关的产业基地，集群式发展已初现端倪。2010 年 5 月，新闻出版总署批复在北京成立第一家国家出版创意产业园区，综合配置出版资源，汇聚龙头企业，出版具有良好社会效益和经济效益的精品出版物。在 2008 年新闻出版总署批复建立上海张江国家数字出版基地以后，2010 年又先后批复成立了四家国家数字出版基地，分别为重庆北部新区国家数字出版基地、杭州国家数字出版基地、中南国家数字出版基地、华中国家数字出版基地。此后又相继批复了天津国家数字出版基地、广东国家数字出版基地、陕西国家数字出版基地、江苏国家数字出版基地、安徽国家数字出版基地。2013 年 4 月，福建海峡国家数字出版产业基地、北京国家数字出版产业基地相继获得批复，2014 年 3 月，青岛国家数字出版产业基地正式挂牌，2015 年 4 月，江西国家数字出版基地在南昌国家高新技术产业开发区正式挂牌，我国国家数字出版产业基地数量已达到 14 个。通过近十年的建设实践，国家数字出版基地在提高产业集中度，打通产业链，带动整体和辐射周边等方面，发挥了无可替代的重要作用。

2012 年，中国数字出版年会发布的《2011—2012 中国数字出版产业年度报告》显示：2011 年，我国 9 家国家数字出版基地共实现营业收入 419.71 亿元，占数字出版营业收入的 30.5%。国家数字出版基地利用集群优势，吸引了大量优秀的企业和专业人才集聚，而这些企业和人才也日益成为推动基地与整个产业发展的“排头兵”。以上海张江国家数字出版基地为例，张江国家数字出版基地累计入驻数字出版文化创意企业近 400 家，企业产值 200 亿元，同比增长 33.3%，年产值 1 亿元以上企业达到 21 家，涵盖动漫影视、数字出版、互联网信息、网络游戏、文化创意、文化支持等产业领域，日渐成为国家数字出版基地发展的“领头羊”。

截至 2015 年，国务院各部委和共青团中央批复成立的各种类型的与数字出版相关的产业基地和园区在全国的布局如表 1.1 所示。

**表 1.1　全国基地/园区情况表**

| 授牌单位 | 基地/园区名称 | 授牌/批准时间 | 基地/园区所在地 |
|---|---|---|---|
| 新闻出版总署 | 国家数字出版基地（14 个） | 2008 年 | 上海张江 |
| | | 2010 年 | 重庆北部新区 |
| | | 2010 年 | 浙江杭州 |
| | | 2010 年 | 湖南长沙 |
| | | 2010 年 | 湖北武汉 |
| | | 2010 年 | 天津 |
| | | 2011 年 | 广东广州 |
| | | 2011 年 | 陕西西安 |
| | | 2011 年 | 江苏南京 |
| | | 2012 年 | 安徽合肥、芜湖 |
| | | 2013 年 | 福建福州、厦门 |
| | | 2013 年 | 北京 |
| | | 2014 年 | 山东青岛 |
| | | 2015 年 | 江西南昌 |
| | 国家网络游戏动漫产业发展基地（4 个） | 2005 年 | 四川成都 |
| | | 2005 年 | 广东广州 |
| | | 2005 年 | 上海 |
| | | 2006 年 | 北京 |
| | 国家动漫产业发展基地（9 个） | 2007 年 | 河北石家庄 |
| | | 2007 年 | 河北保定 |
| | | 2007 年 | 辽宁沈阳 |
| | | 2007 年 | 山东济南 |
| | | 2007 年 | 山东烟台 |
| | | 2007 年 | 山东青岛 |
| | | 2007 年 | 安徽合肥 |
| | | 2007 年 | 安徽芜湖 |
| | | 2008 年 | 河南郑州 |
| | 出版创意产业园区（1 个） | 2010 年 | 北京 |
| | 国家版权贸易基地（1 个） | 2007 年 | 中国人民大学 |
| 文化部 | 国家文化产业示范基地（75 个） | 第一批（42 个）：2004 年<br>第二批（33 个）：2006 年 | 各地、各单位 |

续表

<table>
<tr><th>授牌单位</th><th>基地/园区名称</th><th>授牌/批准时间</th><th>基地/园区所在地</th></tr>
<tr><td rowspan="7">文化部</td><td rowspan="5">国家动漫游戏产业振兴基地（5个）</td><td>2004年</td><td>上海</td></tr>
<tr><td>2006年</td><td>湖南长沙</td></tr>
<tr><td>2006年</td><td>四川成都</td></tr>
<tr><td>2006年</td><td>辽宁大连</td></tr>
<tr><td>2007年</td><td>江苏无锡</td></tr>
<tr><td rowspan="2">国家数字娱乐产业示范基地（2个）</td><td>2006年</td><td>浙江杭州</td></tr>
<tr><td>2007年</td><td>江苏常州</td></tr>
<tr><td rowspan="7">国家新闻出版广电总局（新闻出版总署）</td><td>国家动画产业基地（17个）</td><td>第一批（9个）：2004年<br>第二批（6个）：2005年<br>第三批（2个）：2007年</td><td>各地</td></tr>
<tr><td rowspan="6">国家数字媒体技术产业化基地（6个）</td><td>2005年</td><td>中国传媒大学</td></tr>
<tr><td>2005年</td><td>北京电影学院</td></tr>
<tr><td>2005年</td><td>吉林艺术学院动画学院</td></tr>
<tr><td>2005年</td><td>中国美术学院</td></tr>
<tr><td>2007年</td><td>浙江大学</td></tr>
<tr><td>2007年</td><td>浙江传媒学院</td></tr>
<tr><td rowspan="4">科技部</td><td rowspan="4">国家数字媒体技术产业化基地（4个）</td><td>2005年</td><td>北京</td></tr>
<tr><td>2005年</td><td>上海</td></tr>
<tr><td>2005年</td><td>成都</td></tr>
<tr><td>2005年</td><td>长沙</td></tr>
<tr><td>共青团中央</td><td>中国青少年数字娱乐教育产业基地（1个）</td><td>2006年</td><td>大连</td></tr>
</table>

资料来源：尹琨，《我国数字出版集群效应日益凸显》，中国新闻出版网，http://www.chinaxwcb.com/；郝振省，《2011—2012中国数字出版产业年度报告》，中国书籍出版社，2012年7月出版。

## （二）版权保护法律及政策积极跟进

版权保护法律及政策积极跟进，各项细则落地具有针对性。2015年全国人民代表大会常务委员会颁布了《中华人民共和国刑法修正案（九）》，强化了对网络行为和网络犯罪的监管，明确了网络帮助侵权行为的刑事责任。国务院出台了《国务院办公厅关于加强互联网领域侵权假冒行为治理的意见》，强化对重点领域的监测监管，及时发现和查处网络非法转载等各类侵权盗版行为。2015年，国家版权局相继出台《深入实施国家知识产权战略行动计划（2014—2020年）》《关于规范网络转载版权秩序的通知》等规范政策，并在当年针对网络音乐盗版进行专项行动，取得了较好的效果；2016 年，版权政策再次密集出台。2015 年以来，我国新出台的版权保护法律法规及政策见表 1.2。

**表 1.2　2015 年以来我国新出台的版权保护法律法规及政策**

| 时间 | 文件 | 主要单位 | 简介 | 涉及领域 |
|---|---|---|---|---|
| 2015 年 1 月 | 《关于推动网络文学健康发展的指导意见》 | 国家新闻出版广电总局 | 提出要建立完善作品管理制度，切实加强版权保护 | 文学 |
| 2015 年 1 月 | 《深入实施国家知识产权战略行动计划（2014—2020 年）》 | 国务院 | 要求加强对视听节目、文学、游戏网站和网络交易平台的版权监管，规范网络作品使用，严厉打击网络侵权盗版，优化网络监管技术手段 | — |
| 2015 年 4 月 | 《关于规范网络转载版权秩序的通知》 | 国家版权局 | 明确了著作权法律法规中涉及网络版权转载的几个重要问题 | — |
| 2015 年 6 月 | “剑网 2015”专项行动 | 国家版权局等部门 | 其首要重点任务是规范网络音乐版权 | — |
| 2015 年 7 月 | 《关于积极推进“互联网+”行动的通知意见》 | 国务院 | 推动建立“互联网+”知识产权保护联盟 | — |
| 2015 年 7 月 | 《关于责令网络音乐服务商停止未经授权传播音乐作品的通知》 | 国家版权局 | 网络音乐服务商停止未经授权传播音乐作品，未经授权传播的音乐作品全部下线 | 音乐 |
| 2015 年 9 月 | 《著作权行政处罚实施办法（修订征求意见稿）》 | 国家版权局 | 就网络服务提供者的行政责任及网络环境下的版权执法等内容进行了修改 | — |
| 2015 年 9 月 | 《关于开展网络音乐版权重点监管工作的通知》 | 国家版权局 | 要求网络音乐服务商向国家版权局报送获得独家授权和非独家授权的音乐作品及重点音乐作品版权预警名单 | 音乐 |
| 2015 年 10 月 | 《关于规范网盘服务版权秩序的通知》 | 国家版权局 | 网盘禁止上传分享未授权影音作品 | 影音 |
| 2015 年 11 月 | 《中华人民共和国刑法修正案（九）》 | 全国人民代表大会常务委员会 | 强化了对网络行为和网络犯罪的监管，明确了网络帮助侵权行为的刑事责任 | — |

续表

| 时间 | 文件 | 主要单位 | 简介 | 涉及领域 |
| --- | --- | --- | --- | --- |
| 2015年11月 | 《关于加强互联网领域侵权假冒行为治理的意见》 | 国务院 | 强化对重点领域的监测监管，及时发现和查处网络非法转载等各类侵权盗版行为 | — |
| 2015年12月 | 《关于大力推进我国音乐产业发展的若干意见》 | 国家新闻出版广电总局 | 加强版权保护和市场监管 | — |
| 2015年12月 | 《关于新形势下加快知识产权强国建设的若干意见》 | 国务院 | 深化知识产权重点领域改革，实行更加严格的知识产权保护 | — |
| 2016年7月 | “剑网2016”专项行动 | 国家版权局 | 重点打击网络文字作品侵权 | 文学 |
| 2016年7月 | 《〈国务院关于新形势下加快知识产权强国建设的若干意见〉重点任务分工方案》 | 国务院 | 从管理体制机制改革、知识产品保护手段、知识产权对外合作等方面做了详细分工规定 | — |

资料来源：2015～2016年全国人民代表大会常务委员会、国务院、国家新闻出版广电总局、国家版权局颁布和出台的法律、法规、政策文件整理。

## （三）构建了版权管理矩阵系统

目前，我国已经构建了由“国家版权局—中国版权保护中心—著作权集体管理组织—出版公司”组成的版权管理矩阵系统（表1.3）。其中国家版权局和中国版权保护中心分别负责制定政策、版权登记和统筹管理；而集体管理组织和各出版公司则具体负责版权的授权、收取费用、分配及反盗版等。各细分领域已有相应的传统/数字出版商存在，但整体极为分散。著作权集体管理组织共有五家，分别对文学、图片、电影及音乐领域进行管理。由于国内集体管理组织具有唯一性，竞争的缺失导致管理机构议价及维权动力不足。

**表1.3　我国版权管理矩阵系统**

| 机构 | 分类 | 典型代表/主要职能 |
| --- | --- | --- |
| 出版公司 | 文学 | 阅文集团、中文在线等网络文学出版机构；中南传媒、凤凰传媒等传统文学出版机构 |
|  | 图片 | 视觉中国 |
|  | 动漫 | 有妖气、腾讯动漫等 |

续表

| 机构 | 分类 | 典型代表/主要职能 |
| --- | --- | --- |
| 著作权集体管理组织 | 文学 | 中国文字著作权协会 |
| | 图片 | 中国摄影著作权协会 |
| | 电影 | 中国电影著作权协会 |
| | 音乐 | 中国音乐著作权协会、中国音像著作权集体管理协会 |
| 中国版权交易中心 | 国家版权登记机构，我国唯一的计算机软件著作权登记、著作权质权登记机构 | |
| 国家版权局 | 国家版权局是国务院著作权行政管理部门，主管全国的著作权管理工作 | |

### （四）数字出版产业的收入规模和产业分布

受益于互联网及移动互联网全面渗透，中国数字版权产业蓬勃发展。近年来由于数字版权内容分发的新技术、新产品、新业态不断涌现，盈利模式不断成熟，数字出版行业收入实现了高速发展，增长速度稳居 30%之上，远远超越了其他行业。

2012 年，我国数字出版产业全年收入规模达 1935.49 亿元，较 2011 年的 1377.88 亿元增加 557.61 亿元，增长 40.47%，占全行业营业收入的 11.6%，较 2011 年提高 2.1 个百分点。电子书、互联网期刊、数字报纸的营业收入增长 52.6%，超过数字出版整体增长速度，表明传统出版数字化转型的效果日益显现。以网络动漫和在线音乐为代表的新型数字内容服务形态发展迅猛，营业收入增速高达 291.2%。其中，互联网广告、手机出版与网络游戏依然占据收入榜前三位。值得注意的是，在过去的一年中，数字报纸、电子图书均保持了高速的增长势头，增长幅度均超过 30%①。

2013 年是我国传统出版数字化转型升级的启动之年，无论是政府主管部门的产业引导力度，还是产业链的建设深度和广度都取得了突破。2013 年我国数字出版全年收入规模达 2540.35 亿元，比 2012 年增长 31.25%，保持了快速增长势头。其中，互联网广告、网络游戏、手机出版分别以 1100 亿元、718.4 亿元、579.6 亿元占据收入前三名。在各类业务板块中，电子书增长最快，从 2006 年到

① 中国新闻出版研究院. 2013-7-11. 2012—2013 中国数字出版产业年度报告. http://media.people.com.cn/n/2013/1010/c369775-23152808-4.html[2017-8-4]

2013 年，我国电子书收入年均增长率为 78.16%；互联网期刊收入增长比较平稳，从 2006 年到 2013 年，年均增长率为 12.69%；数字报纸的收入从 2006 年到 2013 年处于下滑趋势；手机出版增长比较快，并且基数较大；网络广告的增长也非常迅速，与平面媒体广告的下滑形成了鲜明对比（李明远，2014）。

2014 年，我国数字出版产业继续保持强劲增长势头，全年收入规模达 3387.7 亿元。互联网广告、移动出版与网络游戏依然占据收入榜前三位。其中互联网期刊、电子图书均保持了较高的增长势头，增长幅度均超过 17%。互联网期刊收入达 14.3 亿元，电子书（含网络原创出版物）达 45 亿元，数字报纸（不含手机报）达 10.5 亿元，博客达 33.2 亿元，在线音乐达 52.4 亿元，网络动漫达 38 亿元，移动出版（手机彩铃、铃音、移动游戏等）达 784.9 亿元，网络游戏达 869.4 亿元，互联网广告达 1540 亿元（章红雨，2015）。

2015 年，我国数字出版继续保持高速增长，全年收入规模为 4403.85 亿元，比 2014 年增长 30%，数字出版产业收入占新闻出版产业收入的总比由 2014 年的 17.1%提升至 20.5%。其中互联网期刊收入达 15.85 亿元，电子书达 49 亿元，数字报纸达 9.6 亿元，博客达 11.8 亿元，在线音乐达 55 亿元，网络动漫达 44.2 亿元，移动出版达 1055.9 亿元，网络游戏达 888.8 亿元，在线教育达 180 亿元，互联网广告达 2093.7 亿元。但 2015 年数字报纸和博客的收入比 2014 年有所下降①。

2016 年我国数字出版产业规模继续扩大，全年总收入 5720.85 亿元，比 2015 年增长 29.9%。其中互联网期刊收入达 17.5 亿元，电子书达 52 亿元，数字报纸（不含手机报）达 9 亿元，博客类应用达 45.3 亿元，在线音乐达 61 亿元，网络动漫达 155 亿元，移动出版达 1399.5 亿元，网络游戏达 827.85 亿元，在线教育达 251 亿元，互联网广告达 2902.7 亿元。网络广告收入占数字出版收入的 50.7%，移动出版收入占 24.46%，网络游戏占 14.47%，网络广告在 2006～2016 年的 11 年间连续大幅度增长，表现出强劲的发展势头。虽然网络游戏在全年总收入占比有所下降，但依然是构成数字出版产业收入的主力军②。2012～2016 年我国数字出版产业年收入持续增长的情况见图 1.1。

① 中国新闻出版研究院. 2015-7-14. 2015—2016 中国数字出版产业年度报告. http://shcci.eastday.com/c/20160720/u1ai9544167.html [2017-8-4]

② 中国新闻出版研究院. 2017-7-11. 2016—2017 中国数字出版产业年度报告. https://item.btime.com/41ut4j2cfme9acr9gathbs6ktcc [2017-8-5]

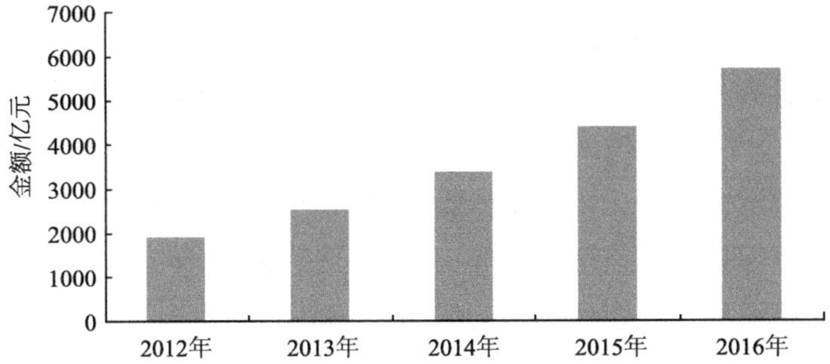


图 1.1　2012～2016 年数字出版产业年收入

2015 年我国数字出版产业的产业分布状况及各产业的占比情况见图 1.2。

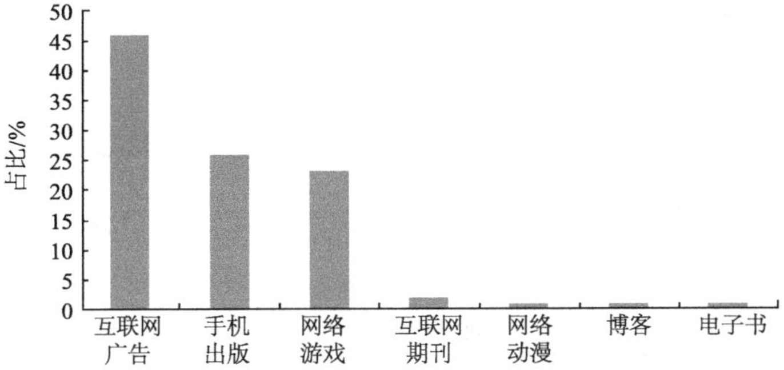


图 1.2　2015 年数字出版产业分布

## （五）数字出版产业的用户规模平稳增长

随着互联网的发展及人们生活习惯的改变，数字出版用户规模不断上升。

2012 年，我国数字出版产业的累计用户规模达到 11.82 亿人（家/个）。其中，电子图书从 2006 年至 2012 年的 7 年间，用户规模相对稳定，呈现出平稳增长的趋势；而博客、在线音乐、网络游戏的用户规模数则分别在 2008 年至 2012 年有一个跨越式的大幅增长。原创网络文学注册用户数从 2009 年开始统计起，一直保持着高速增长的势头。

2014 年，我国数字出版产业的累计用户规模达到 12.48 亿人（家/个）（包含重复注册和历年尘封的用户等）。在线音乐、网络游戏的用户规模数在 2008 年至 2014 年呈现跨越式的大幅增长。原创网络文学注册用户数也保持着高速增长的势头，博客的用户规模则出现了下降，这与微信等社交媒体的迅猛发展不无关系。

2015 年，我国数字出版产业的累计用户规模达到 17.2357 亿人（家/个）（包含重复注册和历年尘封用户等）。在线音乐、网络游戏的用户规模数在 2008～2015 年有一个跨越式的大幅增长过程。虽然博客的用户规模数有所回升，但使用率却有所下降，主要是依赖博客和个人空间进行网络互动。原创网络文学注册用户数保持着高速增长的势头[①]。2011～2015 年，我国数字出版产业每年的数字出版注册用户规模增长情况如图 1.3 所示。

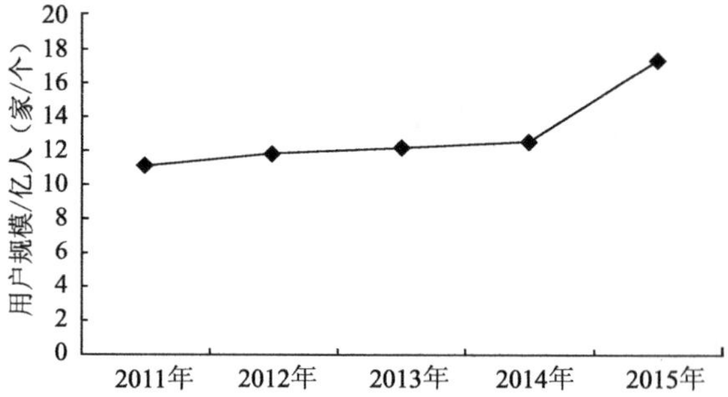


图 1.3　2011～2015 年我国数字出版注册用户规模

## （六）数字化阅读方式被广大用户接受

受数字媒介迅猛发展的影响，数字化阅读方式大范围被用户接受，接触率超过图书阅读率。中国新闻出版研究院“第十二次全国国民阅读调查”数据显示：2014 年数字化阅读方式（网络在线阅读、手机阅读、电子阅读器阅读、光盘阅读、Pad 阅读等）的接触率为 58.1%，较 2013 年的 50.1%上升了 8.0 个百分点，首次超过了图书阅读率。2015 年我国成年国民数字化阅读方式的接触率连续七年持续上升，首次超过 60.0%，达到 64.0%，较 2014 年的 58.1%上升了 5.9 个百分点。2016 年我国成年国民数字化阅读方式的接触率达到 68.2%，较 2015 年的 64.0%上升了 4.2 个百分点[②]。2008～2016 年我国阅读者使用数字化阅读方式的接触率如图 1.4 所示。

① 中国新闻出版研究院. 2015—2016 中国数字出版产业年度报告. http://shcci.eastday.com/c/20160720/u1ai9544167.html[2017-8-4]

② 王坤宁, 李靖璇. 数字化阅读方式接触率连续八年上升. http://www.sinomaps.com/a/xinwendongtai/ hangyedongtai/hangyexinwen/2017/0418/22091.html[2017-8-6]

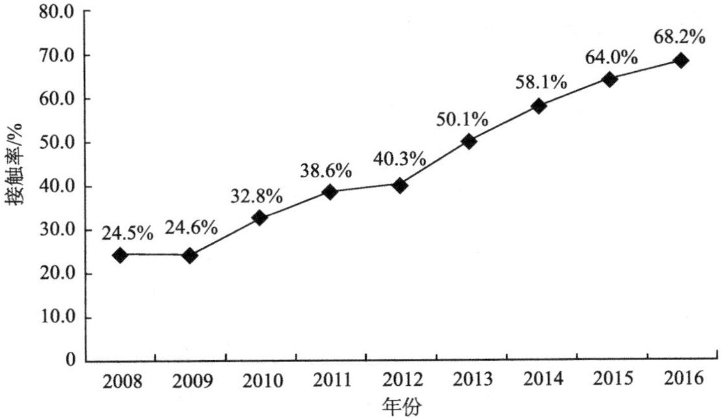


图 1.4　2008～2016 年我国数字化阅读方式接触率

## （七）数字音乐快速增长

音乐产业在经历了柱式唱片、胶片、卡带、CD 时代后，迎来了全新的数字时代。数字音乐是指以数字化方式进行创作、编辑、存储，通过互联网和无线网络传播的音乐形式，主要分为在线音乐和移动音乐两大类。截至 2017 年 6 月，网络音乐用户规模达到 5.24 亿，较 2016 年底增加 2101 万，占网民总体的 69.8%。其中手机网络音乐用户规模达到 4.89 亿，较 2016 年底增加 2138 万，占手机网民的 67.6%。2015 年，国内数字音乐产业市场规模达到 498.2 亿元，约占核心层规模比重的 74.9%[①]。我国数字音乐产业、音乐演唱产业、音乐图书出版和唱片产业市场份额的占比如图 1.5 所示。

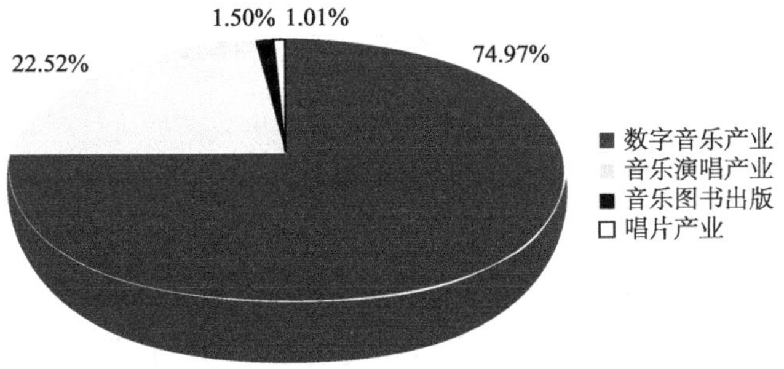


图 1.5　国内数字音乐产业市场份额占比

① 中国网信网. CNNIC 发布第 40 次《中国互联网络发展状况统计报告》. http://www.changzhou.gov.cn/ ns_news/ 448150477040523[2017-8-6]

## 二、我国数字出版的盈利模式

数字出版模式是建立在计算机技术、通信技术、网络技术、流媒体技术、存储技术、显示技术等高新技术基础上，融合并超越了传统出版内容而发展起来的新兴出版产业模式。该模式是在出版的整个过程中，将所有的内容信息都以统一的二进制代码的数字化形式存储于光盘、磁盘等介质中，信息的处理与接收则借助计算机或终端设备进行，通过网络（有线或无线的）进行复制传播。它强调内容的数字化，生产模式、市场营销和发布销售工作的数字化，传播载体的数字化，阅读消费、学习形态的数字化。数字出版物具有海量信息、多媒体、易检索、没有库存、可互动、实时更新等优点。这与纸质图书出版时代，作者撰稿投稿、出版社编辑加工配发书号、印刷厂印刷、书店（地面或网店）销售的情况完全不同。

数字出版的盈利模式可以分为多种，从上下游产业链来看，有作者、报刊出版社、技术商、运营商、平台商和终端商等。从模式上来看，有产品模式、用户模式、经营模式和平台模式等。一是产品模式，有原版原式电子书、多媒体电子书、数据库、APP 应用等。二是用户模式，有 B2B、B2C、C2B、C2C、G2B、G2C 等。三是经营模式，有直接销售模式、广告模式、增值服务模式、佣金与营销服务模式、全版权模式等。四是平台模式，有专门平台、细分平台和综合电商平台等。目前，我国数字出版逐渐形成了以原创网络文学、数字图书馆、学术期刊数据库，以及正在形成的电子书包及云出版等为主体的多种营销模式，数字出版从内容提供、平台建设到终端服务，已经形成了较为完整的产业形态和产业链。

经过几年探索，已经形成了如下数字出版盈利模式。

### （一）产品模式

#### 1. 专业数据库方式

目前我国数据库的发展已经比较成熟，专业出版社或是拥有专业渠道的出版社利用自身丰富的出版资源，按照出版物类别、产品特色等分别建立了不同的主题资源数据库，并且对原有图书内容进行了元数据处理，对数据进行挖掘，实现数据间的关联，以便于读者按关键词查找。如中国大百科全书出版社的中国大百科全书数据库、社会科学文献出版社的皮书数据库、法律出版社的法律数据库等。数据库出版的实质是一种满足用户大规模定制的服务。数据库类产品（只是图书集成，不含电子报纸和期刊）在2012年的产值规模约为8亿元。

2. 网络出版方式

网络出版的特点是成本低、无物流、无库存、无须印刷、更新及时、环保等。读者可以利用互联网联系方便、检索查询快速的优势，在出版社的网站上找到所需要的书目及其内容。网络出版还可以开展读者和出版者之间的互动，也使出版周期缩短，而且可以在第一时间对市场做出反应。先于纸书或独立于纸书的网络版专业期刊文章专辑或图书等，如施普林格的网络版专业期刊和图书，是PDF 模式，通过谷歌搜索被访问，网页只展示部分内容，完整版要在付费后方可下载阅读。

3. 网络在线学习平台模式

网络在线学习平台模式是指与专业学习和考试相结合，将图书内容、教师讲课视频、课件、作业、模拟试卷等放到网上，供消费者注册付费后在线学习。系统还能提供考试成绩，并对答错的题建立错题库，让读者有针对性地学习。例如，人民卫生出版社的卫人网，就是医师执业资格、卫生专业资格考试的在线教学、在线服务网。购买纸质书籍时获赠价值 50 元或 100 元的阅读卡，用完后可以自己付费充值。

4. 电子书包模式

电子书包模式是指由出版社与当地教育主管部门合作，在学校中推广电子书包，将数字化的课本、教师用书、课件、练习、作业和考试卷与电脑、平板电脑结合，提供整体解决方案，如天闻数媒科技有限公司与中南出版传媒集团股份有限公司合作的电子书包。电子设备替代纸质教材，辅助教师“定点”授课开机、登录、进入 iBooks、找到课文、用划线工具划重点。由于每台电脑都连着班级局域网，随着老师的话音，学生的电脑屏幕同步显示出题目。与此同时，投影右下角显示着全班学生的做题进度，学生答题一结束，又立刻显示出答案。这样能准确“定点”了解学生的掌握情况，以进行针对性的讲解。2010 年 11 月，上海市虹口区成为“电子书包”项目的全国首个试点区，有 18 所学校、多门学科参加了试验。从幼儿园、小学、初中到高中都有试点班级，覆盖学生 4000 多人。截至 2012 年 3 月，仅闵行区就有 40 所学校的学生背上了“电子书包”。实施“电子书包”后，开发“微课程”，系统会根据学生对知识点的掌握水平，分层布置作业，学有余力者可以跳入“高级题”，答题困难者可以及时获得相关知识点的智能推送。

5. 手机报模式

手机报模式是指将报纸的新闻资讯内容通过移动运营商传递到手机用户。手机用户订阅的方式为按月付费，运营商与报纸出版商进行收益分成。手机报的服务提供商主要为三大通信运营商手机报（含与媒体合作的地区级通信运营商，如中国移动中国手机报、地区天气预报等）、媒体的增值衍生服务（如新华日报彩信报、南方周末彩信报、凤凰网手机报、中彩网双色球彩信报等）。2012 年，我国数字报纸的市场规模约为 20 亿元，其中，通信运营商的手机报为 19.8 亿元，其他数字报纸收入仅为 2000 多万元。

6. 免费电子杂志模式

直接创办电子杂志，用优秀内容吸引用户阅读，或供用户免费下载，通过广告获取收入，如徐静蕾的《开啦》、杨澜的《澜 LAN》、哈绿网的《乐活族 LOHAS》等。但由于内容单一，推广力度不够等，目前这些杂志经营困难。

7. 数字图书馆模式

2004 年 12 月，谷歌宣布筹建全球最大的数字图书馆，通过与公共图书馆及与教育研究机构图书馆合作的方式，扫描由图书馆提供的书籍制作成电子书，免费向公众提供服务，谷歌靠内容相关的企业投放广告营利。这一模式由于版权问题，受到了美国一些作者、出版商的抵制。2008 年双方达成和解，著作权人和出版商同意谷歌数字化他们的图书，而谷歌则会出资 1.25 亿美元进行补偿。

8. 出版商自营电子图书模式

出版社将自己的图书制作成电子书，自己搭建网站平台，供读者付费下载阅读。例如，北京磨铁图书有限公司的磨铁数盟、清华大学出版社的文泉书局、中信出版社的数字出版事业部（中信飞书）、新世界出版社的新世界数字出版网、外语教学与研究出版社的爱洋葱网、中国作家出版集团旗下的北京中作华文数字传媒股份有限公司、中国人民大学出版社与中国人民大学书报资料中心合作建立的人大数媒科技有限公司等，也都开始建设面向大众或专业人员的数字阅读平台。其中，新世界数字出版网充分发挥纸书出版与网络出版的双平台优势，建立从内容创作、作品审校到数字出版的一体化流程，并积极打造作家培养、利益共存的模式。新世界数字出版网在在线阅读、出版客户服务、免费网上书店等方面已经取得了瞩目成绩。网站积极倡导“互动阅读”的产品理念，让读者与作者、读者与读者能够充分互动共享，满足用户多样性的阅读需求，提供全新的网络阅读体验。清华大学出版社数字出版中心还进行了各种营销推广活动，如微博营销，转发微博并订阅微信公众号，抽奖赠送 100 元电子购书卡活动，中奖者以私信的方式提供邮箱地址后，清华大学出版社数字出版中心会在 3 个工作日内将购书卡电子密码发送给中奖者。

9. ITV 盒子阅读模式

通过销售可接入互联网的阅读及视频观看硬件获取收益。如小米盒子、三星影视圈、悦读圈和游戏圈等。其中，三星影视圈可以整合优酷、爱奇艺、芒果 TV 等视频网站，海量的影视内容能够为观看者提供充分的保障。三星悦读圈则以美观的界面搭配 iReader、Viva 两大内容厂商来为用户提供新闻、杂志、书籍的阅读支持。而三星游戏圈则为用户提供游戏的下载服务。

10. 少儿电子书、数字图书馆产品和阅读平台模式

例如，中国少年儿童新闻出版总社开发了少儿电子图书制作工具，能进行少儿电子书的批量制作和处理；开发了少儿数字图书馆的产品，根据用户的需求进行按需设计、按需生产，建立了少儿阅读平台。读者可以直接在平台上进行在线阅读，也可以下载不同的电子读物。同时可以对数字版权、网络内容、信息检索等方面进行管理和提供服务，也可以进行宣传发布和在线交易，是一个电子商务平台。

11. 网游模式

2007～2011 年的 5 年来，网游用户人数由 3260 万增长到 7598 万，市场销售收入由 65.4 亿增长到 323.7 亿元。据《2012 年中国游戏产业报告》公布的数据，2012 年中国网络游戏付费用户数量达到 8959.4 万，同比增长率为 35.1%，客户端网络游戏用户数和网页游戏用户数是中国网络游戏用户数的重要构成部分。网络游戏出版产业当之无愧地成为我国数字出版产业发展的领跑者。

12. 免费 APP+广告模式

这种模式是基于手机应用商店，开发受用户欢迎的免费游戏类 APP，扩大用户量。应用收入大部分来源于免费游戏的应用内支付。人们一旦开始使用它，

开发者就可以从中收费了。注意内容要能吸引用户，如有图片或视频，可互动，也可以是适用于儿童教育的游戏。因为目前单从收入来看，图书 APP 远不如游戏 APP 受欢迎。

13. 收费电子杂志模式

维望明（Viva）依靠运营中国移动手机阅读基地的电子杂志业务而成为这一领域的市场老大。绝大多数传统杂志社通过授权或自主开发数字化产品所获得的营收仍只占其总营收的很小一部分。2013 年电子杂志销售收入约为 1.5 亿元。类似的付费阅读杂志还有 ZAKER 客户端等。

14. 光盘销售模式

DVD-Rom 光盘虽然近些年深受盗版影响，但仍有一定的优势，光盘既可以单独销售，又可以与纸质图书配套销售，可以提高图书的市场适应力。对于面向专业系统的光盘，一次覆盖可以减少盗版的危险。出版社如果能把其核心产品在内容上进一步延伸或补充出版，不仅可以满足读者的需要，还可以实现产业链的延伸，真正实现两个效益的双丰收。同方知网早期曾以中国学术期刊光盘版的方式销售光盘获利。

15. 开发苹果 APP 收费阅读模式

与技术商合作或聘用专门的技术人员将图书制作成 APP，发布到苹果的应用商店销售，所得利润制作发布者与苹果公司三七分成，也可以通过免费下载 APP 内置的广告或应用付费获利。APP 阅读应用有明显的收费模式，以云中书城、掌阅、QQ 阅读、百阅、91 熊猫看书、多看阅读、当当读书、京东 Lebook 等为代表的专业阅读类电子书（包含网络文学）APP，在 2012 年创造的总营收达到 4.5 亿元。

## （二）用户模式

1. 图书的电子版打包模式

这是一种 B2B 模式，是将出版社的图书电子版打包，卖给各地的公共图书馆、大学图书馆或其他机构用户，如超星、书生之家、方正阿帕比等。

2. 自助出版平台经营模式

由各个作者自己定价销售自己创作的产品，平台只收取经纪费。这和平台商统一进行经营，有收入后与作者分成不同，如亚马逊 C2C 自助出版平台。

3. “云阅读”模式

“云阅读”模式又称为 B2C 模式，是将作家、报纸、期刊、图书、原创文学内容集合，支持各种阅读器终端，如 PC、手机、平板电脑、电子阅读器等。例如，盛大文学云中书城，聚集了无数原创文学、报刊、图书内容，王蒙、刘震云、阿来、麦家、莫言、苏童、毕飞宇等一大批当代著名作家作品，都已与盛大文学签约，运作其作品的电子版权销售。截至 2012 年 6 月 24 日，云中书城的付费订单数已超 900 万，移动客户端安装激活量超过 700 万。数据显示，云中书城被下载电子书品种数已累计超过 45 万。云中书城为消费者提供包括数字图书、网络文学、数字报刊等数字商品。盛大文学还有自己的阅读器 Bambook。

4. 跳蚤市场模式

跳蚤市场模式即 C2C 模式，用户销售，自主定价，平台收取中介费，如阿里巴巴旗下的淘花网模式。淘花网上有视频、音乐、电子书、网络文学、教育资源、软件和小游戏等，合作方入驻淘花网开店，完全自主定价、个性化运营。淘花网提供透明的店铺管理后台及即时分账系统。具体运营方式是，在淘宝网首页开辟子频道专区和外部独立网站，由华数淘宝数字科技有限公司（简称华数淘宝）负责运营，淘宝网“淘花网”子频道及外部独立网站上，仍用以往的淘宝网平台经营模式。经营由华数淘宝负责，其余交易、支付体系采用淘宝网现有交易平台流程。但是，C2C 模式中有过多的小卖家，易出现盗版问题。

## （三）经营模式

1. 电子书销售模式

电子书销售模式是指与京东、当当、九月网、上海新华等电子书平台商合作销售电子书，与平台商分成。此模式收入有限，但超级畅销书《乔布斯传》等，仍会有明显的销售收入。

2. 原创网络文学按字数付费阅读模式

按字数收费是原创文学网站的通用做法，如每千字 2 分钱收费。基于 PC 端互联网的起点中文网、红袖添香、纵横中文网等专业文学网站，以及新浪读书、腾讯读书等门户的原创读书频道，截至 2015 年创造了超过 15 亿元的收入。

3. 在线服务方式

在线服务实质为数字出版的一种延伸，在较多用户人气的基础上，其收入有两方面，一是网上增值服务的直接收入（如购买电子书、观看相关视频、加入VIP 等）；二是促进纸质图书、相关行业商品销售的间接收入。在线服务是外延较大的一种数字出版形式，我国众多的专业出版社在其各自的领域都有信息资源优势，都具备开发在线服务的条件。

4. 免费阅读+广告模式

我国的网络广告的市场规模已超过 500 亿元。大多数报纸的网站，如大洋网，都是这种模式。还有一些读书网站，特别是小说阅读网站，也采用了这种模式。

5. 网络游戏模式

截至 2017 年，我国网络游戏产值已超过 1000 亿元，网络游戏用户规模达到 4.22 亿。网络游戏，是客户端免费，通过销售虚拟道具和积分，植入广告收费。无论是巨人的《征途》、盛大的《传奇》，还是网易的《大话西游 2》和金山的《剑侠情缘》，都运用了此种模式。

6. 视频播放+广告收入模式

购买优秀视频内容，如 TVB 剧和美剧等，吸引用户观看，包括 PC、手机和平板电脑等多载体的用户，以高人气吸引广告商投放广告。目前这一势头发展很猛。代表网站有优酷土豆、搜狐视频、爱奇艺等。2012 年中国网络视频广告收入 88.3 亿元，同比增长 82.7%，超过传统门户网站。2013 年，在线视频用户覆盖率和浏览时长均已超越搜索、门户，成为互联网第一大应用。前几年视频网站亏损，与广告客户对新媒体的观望态度有关，现在，广告客户看到了视频网站的用户增长和发展趋势，不断投放广告，一线视频网站在 2013 年的广告收入达到 50%。和传统报刊媒体不同，高新技术赋予视频网站的广告编排方式，远远多过传统媒体的广告编排方式。除了片头的广告，广告还向特定地域、热门栏目以贴片的方式散发。在视频网站爱奇艺，较热的两档综艺节目《我是歌手》《舞林争霸》实现跨平台“追人”，不管观众在台式机、手机还是在平板电脑上观看，只要你是目标消费群，广告主就有办法让你看到它的产品。这为视频网站带来了更多的收益。

7. 移动阅读+教育阅读+实体书销售模式

例如，中国移动手机阅读基地，除了图书的手机付费下载阅读，还涉及移动教育领域，将采用 1+*X*+*N* 的模式，打通与政府、企业、行业的合作，拓展移动教育集群式发展形式。同时该基地还联合当当网、京东商城、博库网等合作伙伴，推出了移动实体书商务平台，进行实体书销售。

8. 纸书-电子书复合销售模式

以图书发行商身份主办的九月网、上海新华传媒股份有限公司等，利用原来的纸书销售渠道优势，搭建纸书、电子书销售电子商务平台。例如，四川文轩教育科技有限公司旗下的九月网是一家以新华书店为母体建设的数字化内容投送平台，目前该网站日均 PV 4万，即浏览网站翻看的网页内容有4万次，在定位上更加重视读者间的互动交流；在消费和支付方式方面，提供租售、章节、交换、团购等多种方式；开展网站联盟和网友网络的渠道建设。

9. 全版权运营模式

代理用户所有内容的载体形式，全版权运营，如数字付费阅读，纸质图书、剧本、电视剧、电影、游戏、动漫等的改编权，收取代理费，如盛大文学。

## （四）平台模式

1. APP 应用模式

搭建平台，通过独家硬件，吸引第三方销售内容应用程序，收取销售分成的模式，如苹果应用商店（APP Store）。苹果模式的主要特点是硬件与软件应用程序的有机结合，成为巨型的 APP Store 销售平台，即通过超酷、有创意的硬件产品 iPhone、iPad 来吸引消费者，并通过自身的软件平台吸引第三方应用开发者入驻，而且定价由第三方自主进行，形成硬件产品销售、第三方内容发布销售的分成佣金的联合收入模式。

2. 亚马逊运营模式

搭建内容平台，开发自有阅读终端，与各个出版商签约，建立下载图书网站，通过软硬件一体销售经营电子图书，如亚马逊网站，Kindle 阅读器、FIRE 平板电脑，由平台商对电子书内容进行定价。亚马逊就是这种运营模式，以巨量的内容为基础和相对廉价的阅读器为手段，基于亚马逊已有的电子商务平台，实现了内容销售和终端销售的有机结合，取得了良好的经济效益。

3. 综合电商模式

京东、亚马逊中国、苏宁等既卖电子书内容，也卖其他家电、3C 数码和百货等。电子书销售营利是一方面，读者用户为其提供流量，转化为购买电商平台其他商品的用户。例如，2012 年 2 月，京东商城上线电子书业务，首期上线 8 万种正版电子书，与 200 家供应商合作，2012 年底上线正版电子书刊超过 30 万种，此后不断扩充数字书报刊、数字音乐、数字多媒体等产品。

4. 纯移动电子书平台模式

该平台不做硬件只加工电子书销售，供移动阅读之用，如多看阅读、唐茶图书、亿部书城、91 熊猫看书、塔读文学、掌阅书城等。支持 iOS、Android、Kindle 等终端。例如，掌阅书城已成功向收费模式转型，用户增长迅速。2013 年春，多看阅读已有 700 万用户，其中 3 万多为付费用户，iOS 占近 40%，Android 约占 60%，少量为 Kindle。3 万多付费用户中，周活跃用户为 60 万，二次购买率为 50%。

5. 无线图书运营模式

建立手机书城，通过无线渠道与出版社等内容提供商（content provider，CP）合作，向手机用户提供图书阅读付费下载服务，目前有中国移动手机阅读基地、中国联通沃阅读、中国电信天翼阅读，它支持千余款主流手机，覆盖 iOS、Android 等主流手机操作系统。以 G3 阅读器为核心阅读载体，辅之以 PC Web 阅读器等通过彩信、短信等进行营销推广，下载电子书时还能免流量费。截至 2012 年 7 月，中国移动手机阅读基地单月信息费收入近 2 亿元，2011 年总收入超过 15 亿元，2012 年超过 20 亿元。手机运营商阅读基地的模式具有用户海量、盈利模式清晰和付费方式便捷的特点，促使内容提供商进入数字出版领域的步伐加快，使内容商获得了相对较好的收益，对于数字阅读的发展有积极的影响。特别是中国移动手机阅读基地，目前已成为大部分出版单位作品授权收入的主要来源。但运营商平台上对于出版物的定价过低，且原创文学占据了过高比例，如盛大文学占整个移动阅读基地内容的 60%，占据手机阅读基地收入的 50%以上。

# 第四节　我国数字出版产业面临的困境及破解之道

## 一、我国数字出版产业面临的困境

1. 产业链尚未形成

数字出版产业链是指在数字出版产业内部的不同企业承担不同的价值创造职能，产业上下游多个企业共同向终端消费者提供产品或服务时所形成的合作关系。数字出版产业链的链条是作者—数字出版者—技术提供商—读者。数字出版产业链的基本构造由上游、中游和下游的主体构成。上游产业链的主体是内容提供商、技术服务商、传统服务提供商；中游产业链的主体是内容运营商、网络运营商、虚拟网络运营商；下游产业链的主体是终端设备供应商、用户。从生产运营的角度来看，数字出版在格局上是内容提供、平台运营和终端渠道的三足鼎立。目前，我国数字出版产业还没有形成完整意义上的产业链，链条上各主体定位不准、分工协作不够，导致主体之间的利益失衡。

第一，缺乏数字出版产业链上中下游的分工协作。目前，无论是上游的内容提供商、技术服务商，中游的内容运营商、网络运营商，还是下游渠道的终端设备供应商，都希望能够占领数字出版产业链的所有环节，而这种以“我”为主、各自为政的狭隘的想法，阻碍了数字出版产业链的形成和良性循环。

第二，技术提供商掌控了数字出版的主动权和话语权。目前，在我国数字出版产业链中，技术提供商处于领先和主导地位，而传统出版企业处于被动和劣势地位。技术提供商凭借资金、技术的优势控制传统出版企业，将其内容产品收入自己的数字出版终端，传统出版企业只能从中分得小部分收益。

第三，数字出版产业链中主体之间的利益失衡。目前，从三大电信运营商与出版社、作家的分红比例来看，没有对内容提供者给予足够的利益和尊重，目前三大电信运营商与内容提供者协商分成比例，往往是倒四六开，内容提供者仅仅拿到四成分成，这是非常不公平的。

2. 技术标准不统一、不兼容

标准是企业生产产品或者提供服务所要达到的一个门槛或者量化的尺度，数字出版技术标准是标准在数字出版中应用所形成的具有数字出版行业特点的技术标准规范，它是指为保证数字出版产品的质量而对数字出版中需要协调统一的技术事项所制定的标准，是数字出版企业共同遵守和重复使用的技术依据。数字出版技术标准的制定和形成是数字出版产业成熟的重要标志。近年来，我国数字出版产业得到了跨越式发展，随着手机出版、网络出版、电子出版、音像出版、网络游戏出版等新型出版领域的日益壮大，数字出版的标准化制定工作迫在眉睫。目前，我国已经在数字出版的标识标准、电子书标准、手机出版标准、多媒体印刷读物（multimedia print reader，MPR）[①]标准、数字版权保护标准、发行流通标准等方面着手制定技术标准。但基础性标准和关键性标准仍然缺位，如元数据、编码、作品格式等，统一的行业技术标准的缺失不仅使数字出版物的兼容性、便捷性大打折扣，也使得数字出版业内部各行其是，严重阻碍和制约数字出版产业的发展。

第一，数字出版标准不统一带来的行业之痛。以元数据为例，在出版产业的很多环节都存在各自定义的元数据标准，不同环节之间的元数据信息无法相互兼容和共享，这不仅影响了产业的整体利益，也为政府的监管带来了诸多不利影响。

第二，数字出版标准不统一带来的生产者之痛。在数字出版产业链中格式标准不统一将会导致以下后果：技术提供商未能得到出版机构提供的符合其标准格式的数字内容；而出版机构未能得到作者提供的符合其出版软件支持格式的稿件；消费者则为不同技术提供商提供的不同数字平台之间难以无缝对接而感到苦恼。很明显，如果格式标准不统一，数字出版产品的消费和传播都会遇到技术障碍。

第三，数字出版标准不统一带来的消费者之痛。国内数字出版标准主要有方正的CEB、书生的SEP、超星的PDG、知网的CAJ，以及Adobe的PDF等，这种各自为政的局面，导致用户必须使用不同的阅读器才能阅读，一定程度上增加了阅读的成本，无形之中也导致了数字图书用户的流失。由此可见，标准和格式的不统一，已经成为数字出版产业发展的困境之一。

---

① MPR是一种新的“印刷读物”，在纸上印刷的不只是图和文字，还有与多媒体声像内容对应关联的数码信息符号，通过一种小巧便携的电子阅读器点触书中的数码信息符号，就能听或看与书上印刷内容一致的诵读或与之相关的讲解

3. 版权保护不力

数字出版的版权保护机制不完善也是困扰数字出版产业发展的一大难题。版权立法跟进不够，不能适应数字出版环境下出现的新情况、新问题。

第一，在数字出版环境下，《信息网络传播权保护条例》对合理使用和法定许可的使用范围都进行了压缩，打破了权利人、网络内容提供商、网络技术提供商、使用者之间的利益平衡，使侵权的可能性大为增加。

第二，现有版权授权模式不能适应数字出版海量授权的需求，数字出版商、渠道商、运营商对优质内容获取不畅，将可能引发擅自使用他人作品，如网络原创文学未经授权使用他人作品、数字图书馆未经许可擅自使用他人作品、网站和网站之间未经许可转发和盗用作品的问题等。

第三，版权登记制度存在缺陷，表现为著作权登记机关不统一、著作权登记的内容不完整。由于著作权登记内容不包括权利变动，使用人查询不到作品的明确信息，难以发挥公示作用。

第四，大量孤儿作品存在，相关法律规定缺位。孤儿作品问题涉及知识的利用和创新，涉及数字图书馆的开发，是国家创新政策的一个重要部分。目前我国《著作权法》并没有明确规定孤儿作品的权利归属、授权与利用问题，这一空白亟须在《著作权法》修法中予以弥补。

第五，避风港规则使用中存在的局限性。避风港规则实际上是支持版权人发现侵权行为，然后由网络服务提供商对侵权行为加以制止或屏蔽，而并非网络服务提供商用于规避侵权和逃避责任的“避风港”。

4. 优质内容匮乏

数字出版的本质是人们一直思考和关注的问题。数字出版是以内容为王，还是技术为王，还是形式为王？长期以来数字出版领域有一个误区，是让技术和形式驾驭内容。有些数字出版商甚至认为，把内容加上音频、视频、互动就成了一部电子书。

第一，一些数字出版商坚持“技术为王”，而忽视“优质内容”的产出。近年来随着互联网等新兴媒体迅猛发展，新兴媒体掌握着先进的互联网技术，而技术上的先进带来了数字出版产业的跨越式发展，因此，“技术为王”逐步取代“内容为王”，数字出版产品往往技术或形式大于内容，“优质内容”产出偏少制约了数字出版产业的发展。因此，坚持单一的“内容为王”或者“技术为王”

已经不能完全适应数字出版环境下消费市场的需求。

第二，我国数字出版产业中数字产品的集中度较低，主流数字产品开发不足，优质内容较少，产品吸引力和竞争力不强。2011 年 4 月，Kindle 电子书的销量首次超过纸质书，用户最终会依据数字内容的吸引力选择终端，电子书是否具有竞争优势必须围绕优质内容来做文章。

第三，数字出版产业优质内容数量偏少、同质化竞争加剧已影响到产业的健康发展。以各种手机报为例，无论在内容、编辑、发行还是传播方式上，都呈现出同质化的现象，使得手机报缺少特色和竞争力。除了少数全国性大报和各地主流都市报外，大多数同质化的手机报由于自身报媒品牌没有竞争优势而难以吸引足够多的用户订阅。

#### 5. 数字出版内容监管难度大

由于数字出版与传统出版不同，其技术发展日新月异，市场环境变化多端，特别是数字出版大众参与度高，准入门槛低，传播速度快，因此对数字出版内容监督管理的难度越来越大。

数字出版是一把“双刃剑”，在带来消费者阅读革命的同时，也加大了对数字内容监管的难度。随着互联网技术的发展，新兴的数字出版形式层出不穷，而新兴的阅读方式也层出不穷。数字内容发布的个性化、便捷化，阅读器和阅读方式的多样性，都为内容监管带来极大挑战。按媒介形态划分监管主体和监管对象在实际操作中将越来越难以把握，谁是数字出版内容和质量的监管主体，谁来为数字出版的内容担责？是数字产品的出版商还是数字产品的发布平台；是内容提供商还是技术服务提供商；是数字出版企业还是数字出版市场的监督管理部门？这些都需要明确职责。

另外，作为数字出版硬件终端之一的数码印刷设备，可以实现即时印刷、按需印刷和异地印刷等功能，随着其日益推广和普及，在为小批量和绝版出版物出版提供方便的同时，也为盗版和非法出版物印刷、流通提供了方便，将给市场监管带来更大难度（何格夫，2008）。

## 二、我国数字出版产业面临困境的破解之道

#### 1. 明确定位和分工，形成真正的产业链

数字出版产业链的链条是作者—数字出版者—技术提供商—读者，链条上各

主体定位要准确，通过分工协作形成数字出版利益共同体，实现各主体间的利益平衡。

第一，数字出版产业链的上中下游企业要找准自己的位置，实现分工与合作。无论是上游的内容提供商、技术服务商，还是中游的内容运营商、网络运营商、虚拟网络运营商，或是下游渠道的终端设备供应商，都必须打破以“我”为主、各自为政的狭隘的思路，在产业链各个环节上找准自己的位置，实现分工与合作，推动数字出版产业链的形成和良性循环。

第二，打破技术提供商一家独大的局面，督促传统出版企业向数字出版企业转型，在我国数字出版产业链中占据一席之地，不断推出自己的优质内容产品，逐步在产业链中取得主动和优势地位，扩大自己的利益份额。

第三，实现数字出版产业链中各主体之间的利益平衡。应重新调整三大电信运营商与出版社、作家等内容提供者之间的利益分配，充分尊重版权人的权利，维护其经济利益。例如，英国版权权利人与英国电信分成，英国电信大约只占30%。把利益让给版权权利人，才能形成健康的数字出版产业链。①

2. 制定统一、兼容的行业技术标准

政府主管部门要高度重视数字出版技术标准的制定工作，把它作为一项战略任务来完成。虽然我国已经在数字出版的标识标准、电子书标准、手机出版标准、MPR 标准、数字版权保护标准、发行流通标准等方面着手制定技术标准，但检验技术标准的优劣，一定要考虑制定出来的技术标准是否具有统一性、兼容性，是否能够被企业和市场所接受，如果不具备以上条件，再先进的技术标准也会被市场所淘汰，美国铱星卫星通信计划的失败就充分说明了这一点。

另外，要加快基础性标准和关键性标准的制定工作，如元数据、编码、格式等标准的制定工作，因为它覆盖面宽，涉及数字出版产业链的各个环节，只有当元数据、编码、格式等技术标准具有统一性，被企业和市场所接受，上升为法定的技术标准或者成为事实上的技术标准，才能消除数字出版标准不统一带来的行业之痛、生产者之痛和消费者之痛，才有利于数字出版企业之间的合作，有利于优质内容与技术的融合，有利于数字出版产品的使用和传播，才有利于政府对数字出版内容的监管，促进数字出版产业的快速发展。

---

① 张洪波.“百度文库事件”提升了公众版权意识[EB/OL].http://www.ce.cn/culture/whcyk/gundong/201104/28/t20110428_22390999.shtml[2017-8-6]

3. 加强版权保护的力度

在数字出版环境下数字产品的创作、利用和传播具有其特殊性，版权保护的难度大大增加。

第一，著作权法要适应数字出版环境下出现的新情况、新问题。建议修改《信息网络传播权保护条例》，对网络环境下的合理使用和法定许可的范围进行调整，把网络转载、数字图书馆纳入法定许可的范围，完善“避风港”规则的相关条款。努力实现权利人、网络内容提供商、网络技术提供商、使用者之间的利益平衡。

第二，在数字出版环境下，建立多元化的版权授权模式，充分发挥著作权集体管理组织的功能。建立国家级数字版权资源平台和交易平台，平台应承载数字版权内容数据库建设、著作权登记与查询、著作权交易管理与备案等功能，与现有的版权登记机构、版权集体管理机构、出版行业协会等建立紧密的业务联系。进一步完善版权登记制度，在第三次《著作权法》修法中增加孤儿作品的权利归属、授权与利用的条款。

第三，明确数字出版环境下版权侵权认定规则，充分认识侵权行为的表现形式、直接侵权与间接侵权的界限，加强对侵权赔偿规则的研究，增加惩罚性赔偿的额度。加强在数字出版环境下私力救济的研究，明确何种情况下采用私力救济，何种情况下采用公力救济，最大限度地保护版权人的利益。

4. 重视作品原创、提供优质内容

在数字出版产业链中最核心的环节是优质内容的提供，如果优质内容提供不足，数字出版就可能成为无米之炊，因此优质内容已经成为数字出版商关注的焦点，产业链上各主体之间的竞争将围绕优质内容而展开。只有能够把内容运营好的数字出版，才是有生命力的数字出版。因此，数字出版商应重视和培育优质内容，加大资金投入，提高优质原创内容创作和产出，形成“内容为王”和 “技术创新”融合的格局。

数字出版要做到“内容为王”与“技术创新”深度融合，在新常态下发展，必须坚持以内容为本、技术为用，内容为体、技术为翼，两者共同构成数字出版的核心竞争力。数字出版是新兴的互联网技术与传统出版内容的深度融合，并为用户提供个性化的定制产品。先进的技术是支持内容生产的手段和工具，可以使内容的生产更加简捷，内容的表现形式更加多元，内容也更容易送达不同的受众。对于数字出版产业而言，内容是根本，优质的内容永远是决定自身生存与发展的关键。技术是一种先进生产力，它决定着内容生产的方向、结构和水平，它是推动出版业发展的重要动力，同时也促进了出版业中传播者与受众之间关系，以及内容生产方式的变革。

未来的数字出版需要产业链各主体之间的相互融合、优势互补、相互促进、共同发展，并充分运用先进的信息技术和多媒体技术，丰富和优化内容呈现，满足用户的多元需求，不断完善用户体验。

5. 明确责任制、强化对数字出版内容的监管

数字出版的技术发展日新月异，市场环境变化多端，特别是数字出版大众参与度高、准入门槛低、传播速度快，数字内容发布的个性化、便捷化，阅读器和阅读方式的多样性，使数字内容的监管难度越来越大。国家新闻出版广电总局在2013 年 12 月发布的《关于加强数字出版内容投送平台建设和管理的指导意见》中明确要求：各类数字出版内容投送平台是内容传播的责任主体，应对其传播和上线运营的数字出版内容和质量依法依规进行审核监督，并按要求向国家出版行政主管部门提供内容监管数据，承担相应法律责任。要建立规范的数字出版内容质量监控机制、科学的内容筛选发布流程、严格的内容把关和质量保障体系，以及传播有害信息的责任追究制度，强化内容版权审核和确权管理，规范编辑出版标准，建立产品准入制度和上线运营规则，确保为读者提供导向正确、格调高雅、积极健康、质量上乘的数字出版内容①。

① 国家新闻出版广电总局. 关于加强数字出版内容投送平台建设和管理的指导意见[EB/OL].http://www.gapp.gov.cn/news/1663/185929.shtml[2017-8-10]

# 第二章　我国数字出版亟须构建标准体系

## 第一节　数字出版为何要推行技术标准

### 一、技术标准的含义与类别

#### （一）标准与标准化

标准是一定历史条件下的产物，至今已有100多年的历史。标准的原始定义是重复性的事项在一定范围内的统一规定。现代标准是指为在一定的范围内获得最佳秩序，对活动或其结果规定共同的和重复使用的规则、导则或特性的文件，该文件经协商一致制定并经一个公认机构批准。标准的基础是科学、技术和经验的综合成果，标准的目的是促进最佳的社会效益。标准一般以系统的方式存在并发生作用，例如，为规范某种产品的质量，企业制定了该产品的质量标准，为达到该标准还必须制定对实现产品最终质量要求起保证作用的原材料、零部件、工艺装备及管理等标准，共同发挥作用。

标准化是制定标准工作的总称，即为了在一定的范围内获得最佳秩序，对实际的或潜在的问题制定共同的和重复使用的规则的活动，它包括制定、发布及实施标准的过程。标准化活动是一种特殊活动，其结果是生产一种特殊产品，即标准。也就是说，标准是标准化活动的成果。随着高新技术的发展，标准化的对象和领域都在不断地扩展和深化，标准的内容也会变化得越来越丰富，特别是包含有一些特定技术解决方案的技术标准会越来越多。

#### （二）技术标准的含义与类别

技术标准是指对标准化领域中需要协调统一的技术事项所制定的标准。技术标准的原始定义是，重复性的技术事项在一定范围内的统一规定。按照国际标准化组织（International Organization for Standardization，ISO）对标准的定义，技术标准是指一种或一系列具有一定强制性要求或指导功能，内容含有细节性技术要求和有关技术方案的文件，其目的是使相关的产品或服务达到一定的安全要求或进入市场的要求。也就是说，要通过在技术标准中确立技术要素和设立技术指标的手段形成贸易的技术壁垒，限制其他产品的进入。

从宏观上看，技术标准的实质就是对一个或几个生产技术所设立的必须要达到的“门槛”，以及能达到跨越该“门槛”的实施技术。它包含两层含义：①统一性。即对技术要达到的要求划了一道线，并以此线区分其技术为合格还是不合格，能达到此线的认为是合格的生产技术，达不到此线的认为是不合格的生产技术。②方便性。即技术标准中的技术是完备的，如果生产技术达不到要求，可向标准体系寻求技术的许可，从而获得相应的达标生产技术（张平和马晓，2002）。

技术标准是从事生产、建设及商品流通的一种共同遵守的技术依据，各级技术标准按其内容、作用和性质又可分为以下几种。

1. 按标准化对象特征和作用分类

技术标准按其标准化对象特征和作用可分为基础标准、产品标准、方法标准、计量标准、安全卫生与环境保护标准等。基础标准在一定范围内作为其他标准的基础并普遍使用，具有广泛的指导意义。该技术要求综合性强、立项、审定和审批过程复杂，任务难度大，完成时间长，适合于技术关联度大、综合性强的系统类技术产品。产品标准，是对产品结构、规格、质量和检验方法所做的技术规定。产品标准对市场面广的通用性产品意义巨大，适合于公共消费类技术产品。方法标准，是规范行业应用的一种标准，适合于检测方法类的技术产品。计量标准，是对用于计量类技术产品的计量检定所做的技术规范，适合于计量类技术产品。

2. 按标准的级别分类

技术标准按照其级别可分为国际标准、区域标准、国家标准、行业标准、地方标准和企业标准。根据《中华人民共和国标准化法》，我国标准分为国家标准、行业标准、地方标准、企业标准四级。

3. 按标准的性质分类

技术标准按其标准的性质可分为强制性标准、推荐性标准。推荐性标准，又称非强制性标准或自愿性标准，是指在生产、交换、使用等方面，为了努力达到特殊的兼容性或实施的先进性，通过经济手段或市场调节而自愿采用的一类标准。这类标准不具有强制性，任何单位均有权决定是否采用，违犯这类标准，不构成经济或法律方面的责任。但推荐性标准一经接受并采用，或各方商定同意纳入合同中，就成为各方必须共同遵守的技术依据，具有法律上的约束性。推荐性标准一般用符号T表示，如《外径千分尺》（GB/T 1216—2018）就是推荐性标准。

强制性标准，是指必须执行的标准，通常适用于保护、生产、管理、兼容，它强调了绝对的最小限度可以接受的要求。例如，2003年12月14日，欧洲标准化委员会对打火机ENISO9994安全标准由原来的一般执行改为强制执行，这将成为中国打火机行业的一道难越的“门槛”。因为ENISO9994标准规定，打火机气箱承受温度要达到65℃，这要比现在中国打火机的承受温度高出整整10℃，温州600多家打火机企业至少有2/3达不到该标准。

4. 按标准的来源分类

技术标准按其标准的来源可分为法定标准、事实标准。法定标准是指由政府及其授权的标准化组织或国际标准化组织制定或确认的技术标准，它的产生是一种创设的过程。事实标准是指不是由标准化组织制定的，而是由处于技术领先地位的企业、集团制定，由市场实际接纳的技术标准，它的产生体现了新经济时代的特点。

事实标准又可划分为两类：一类是形成的事实标准；另一类是普通事实标准。形成的事实标准是指单个企业的某种技术产品由于市场运作的成功而自动形成的统一或单一的产品格式，这种格式由于受消费者偏爱，其技术竞争者难以进入该市场而成为一种标准。这类标准的特点是，既不是产生于特定组织的标准制定行为，又不是企业从本质上所追求的，而是由于市场运作的成功而自动形成的。例如，美国微软公司的Windows操作系统和英特尔公司的微处理器及QWERTY的键盘布局，均得到世界公认，在计算机产业上被人们视为标准而广泛采用与承认，这种形成的事实标准在实际中比较少。

普通事实标准，是指企业或企业的联合出于标准化工作或标准许可的目的，通过有目的的标准化工作产生的非法定标准。例如，DVD生产技术基本由两大事实标准机构所控制。一个是 6C 联盟，另一个是索尼/飞利浦企业联合组织。这两个组织都是典型的企业间通过专利技术控制 DVD 产品生产的普通事实标准联合组织。普通事实标准从一开始就是企业所建立的企业标准，随着企业的发展而逐渐成为行业标准和国际标准，这种普通事实标准一旦成为国际标准将比事实标准的威力更大。在“DVD 专利”事件中，6C 联盟的核心专利技术还没有以国际标准的面目出现，仅是以事实标准运用的初级阶段而出现，就已经对我国 DVD 企业造成了一定的影响。如果 6C 联盟将 DVD 的核心专利技术完善成一套国际标准，那么，对我国企业的制约力将会比现在大得多。据有关部门统计，我国有 60%的出口企业遭到过国外技术壁垒的限制，因此使我国的出口额每年损失约 500 亿美元。

事实上，在现在的标准中，最多的是法定标准和企业联营中的事实标准（普通事实标准）。尽管人们试图加快标准化制定程序，但法定标准由于制定程序中的公开性或一致性等问题往往难以在较短时间内产生，一般制定标准的周期平均为 4～5 年，所以普通事实标准正是利用了法定标准的缺陷，而得到了快速的发展。

## 二、技术标准的确立过程及特点

### （一）法定技术标准的确立过程

技术标准产生于技术的发明和创新过程中，并随着专利的积聚而上升为技术标准。技术标准产生的先后顺序往往先是企业标准，然后是行业标准和国家标准，最后是国际标准。在技术标准的产生过程中，往往是那些在技术创新中先发明技术和产品的企业具有明显优势。如彩电行业中，背投彩电的技术标准主要由长虹公司决定；而数字彩电的技术标准则参考了美国的技术标准。

法定技术标准的形成过程是，企业在技术创新中积累核心技术和必要专利，在此基础上抢先制定技术标准，并在生产和市场上运用推广，通过信息反馈不断修正和完善，尽可能多的被其他企业所认可接受。最关键的一步是企业主动将自主技术标准向政府及其授权的标准化组织或国际标准化组织申请，确认为法定技术标准，一旦被确认为法定技术标准，便在行业中推广，形成技术垄断，其他企业要使用该技术标准，往往需要取得技术标准背后的专利许可。

### （二）事实技术标准的确立过程

事实标准的产生通常取决于产品的市场份额，当使用该技术的产品拥有足够大的市场份额时，技术就形成了事实标准，同一个产品还可能存在多个事实标准（梁志文和李卫军，2004）。因此企业制定的自主技术标准即使没有被确认为法定标准，只要为其他企业所接受，就会被市场接纳为事实标准。事实标准还产生于法定标准过度迟延的产业，法定标准由于制定程序中的公开性或一致性等问题往往难以在较短时间内产生，法定标准的制定周期一般在四年左右，由于法定标准产生的滞后性，在过度迟延发布法定标准的产业中就一定会产生事实标准。

事实标准形成的特点区别于法定标准，法定标准是由官方组织、行业组织等正式组织制定，并有相应规则执行的技术或技术组合，它的产生是一种创设过程。因此，能否成为事实标准不在于是否为标准化组织所制定，而在于是否在产业上被人们视为标准或被其他企业广泛采用与承认。

### （三）技术标准确立过程的特点

1. 被选择的技术标准，是应用最广泛的技术标准

在新技术产生后，法定标准出台前，市场上有按照不同技术标准生产的同类型的不同产品。因此，比产品竞争更剧烈的是技术标准的竞争，技术上的优势不能保证在技术标准确立上的优势。分析一些被采用的技术标准可以发现，那些最先占据市场较大份额的技术，最终被选定为法定标准，也就是说使用范围广的技术最终获胜。而且，先被采用的技术方案，可以通过规模经济迅速降低生产成本，回收技术投资，进而继续扩大市场份额，在法定标准出台前成为事实标准。

在国家对技术标准的选择上，技术的先进性往往不是唯一的因素，必须考虑在市场上被认可的技术使用情况，以及技术标准确定对用户既有产品维护、更新的影响。因此，为了照顾用户的使用成本，往往倾向于采纳使用范围最广的技术，那些技术未必最优的企业，就可以通过市场手段建立在技术标准确立上的优势（葛亚力，2003）。法定标准在一般情况下比较开放，缺点是企业和市场可能不认同，可能成不了事实上被接受的标准。

2. 法定标准与事实标准相比较，在技术性能上未必是最优的

一种新产品研发出来后，可能有多个企业先后以不同的技术路线生产该产

品，因此，不同企业以产品形态在市场上竞争时，也包含了在产品技术路线上的竞争。失败的一方将失去回收技术投资的机会，也失去通过已有技术进行深度开发，推出下一代产品的机会。而成功的一方，则可以通过市场范围的扩大，推动企业标准成为市场上的事实标准；还可以通过出让专利获得收益。由于法定技术标准确定的滞后性，往往是被用户广泛接受的技术方案，最终成为法定的技术标准。

对技术性能的评价，一般是以技术使用的效率来衡量，那些被市场采纳的技术标准，通常能够被确定为法定技术标准，但是那些被市场采纳的技术标准有些未必就是技术性能最优的方案，如 QWERTY 键盘设计、PC 的系统结构、录像机的 VHS 系统等。因此，技术相对落后的企业，可以通过构建技术标准战略，使自己的技术标准获得市场上的广泛认同，以事实标准来对抗竞争对手的技术优势。

3. 技术标准一经确立，具有一定的稳定性

由于用户已经在使用中形成了习惯，对被广泛使用的技术标准进行改变，必然增加用户的转换成本。所以，从用户的角度来看，希望技术标准是稳定的，以迁就自己的使用习惯，或者出现更方便、更容易使用、效果更好、学习更简单的标准。如微软的建立在 Windows 平台下的 Word，替换了 DOS 平台下的 WPS 就是如此，Word 比 WPS 更方便，使用更容易、效果更好、学习更简单，微软也通过 Word 树立了新的文字处理技术标准。同时，用户还希望后续的技术开放能兼顾以往的使用习惯，减少技术升级因改变使用习惯而增加的学习成本，减少因学习新技术而浪费的时间成本。

只有用户喜欢的标准才能成为法定的技术标准，也只有用户肯定的标准才能成为法定标准。而且，法定的标准一经确立，用户就希望能够稳定，在技术升级过程中也能保持既有习惯，除非新出台的技术标准能提供更简单、易用的技术（葛亚力，2003）。技术标准的特性，使得企业在技术竞争落后的形势下，能够通过构建技术标准战略，构建竞争壁垒，营造持续的竞争优势。

## 三、数字出版标准的概念和特点

### （一）数字出版标准的概念

技术标准是指对标准化领域中需要协调统一的技术事项所制定的标准，即从

事生产、建设及商品流通的一种共同遵守的技术依据。通俗地说，就是对一个或几个生产技术所设立的必须达到的“门槛”，以及能达到跨越该“门槛”的实施技术（华鹰，2013）。

数字出版标准是标准应用在数字出版中所形成的具有数字出版行业特点的标准。数字出版标准是指数字出版各个环节和相关行业，为了实现最佳秩序而对数字出版发展中需要协调统一的技术事项所制定的标准，是数字出版企业共同遵守和重复使用的技术依据。

### （二）数字出版标准的特点

数字出版标准相对于传统的纸质出版有着自己鲜明的特点，具体体现在技术性、系统性、先导性和动态性。

#### 1. 技术性

科技发展是数字出版的主要推动力，网络出版、手机出版、电子书等新媒体形态无一不是建立在信息技术、软硬件技术、显示技术发展的基础之上的。因此数字出版标准具有很强的技术性，如内容格式标准是用来规范格式软件开发的，测试标准有明确的技术指标，有些需要开发专门的测试工具。

#### 2. 系统性

传统出版的标准往往是单一标准，针对一个目标，解决一个问题，数字出版标准则具有较强的系统性特点，是为解决一个问题需要相互支撑和配套的一族标准。如在线信息交换（online information exchange，ONIX）标准，就是围绕出版供应链，以交易数据、交易流程、交易单证等标准为核心，并与销售信息、图书馆供应、数字对象唯一标识符（digital object identifier，DOI）、元数据等相关标准一起，构成一个相互联系的、科学的有机整体。

#### 3. 先导性

按照传统的标准化方法，标准是在技术相对成熟后才能制定的，显然这样的做法不符合数字出版的要求。如果在数字出版产业发展初期，不能将接口统一问题、通用互换问题、兼容性问题及其他必须统一的问题及时地严格统一和有效控制，待到这类产品遍地开花时，再想治乱已经为时过晚，即使能得到解决也要付出较大代价，目前格式的混乱就是一个很好的例证。

4. 动态性

由于数字出版技术发展很快，如果按照传统的标准制修订程序，两年制定、五年复审修订显然不能满足数字出版的需要。数字出版标准体系及数据类标准等很多标准都需要动态维护。数字出版技术发展很快，数字出版标准体系及数据类标准等都需要动态维护；数字出版技术更新换代快、产品生命周期短，所以要求标准化适当超前，对产业的发展起导向作用。更频繁地修订才能真正发挥促进产业发展的作用。

## 四、数字出版标准的类型

### （一）通用类标准

通用类标准具有广泛的适用性和兼容性，给标准用户留有较多的发展余地，允许标准用户在遵循统一标准的前提下选择及改制一些数据项目。数字出版产业是一个包含多个技术领域、覆盖面极其广泛的产业，也是一个新兴的、具有无限潜力的朝阳产业，亟待制定和完善通用类标准。一是行业术语标准，以保证业界在交流上顺畅、在认识上统一。二是数字出版物的标识标准，以统一数字出版物的索引编码，为网络化流通打下基础，便于数据检索和交换。三是按照国际惯例明确数字出版物的分级分类体系。这个标准兼具技术性和政策性，既是市场需求，又是内容挖掘的基础，也是管理规范化的要求。

### （二）内容产品类标准

数字内容产品具有异构性、多源性、多尺度、动态性、海量性、综合性等特点，内容产品的形成离不开技术标准，数字内容产品类标准主要有如下几种。

第一，复合文档结构的相关标准。结合数字产品的富媒体特性，定义复合文档基础的结构规范和扩展规范，使复合文档的组织和制作有章可循，给应用和管理带来便利条件。

第二，编目标准。编目是数字出版的重要环节，编目的质量直接影响数字内容的采集、制作、加工、存储、展示、交换、共享等多个环节。统一数字出版各领域不同数字出版物的编目标准，是使数字出版物便于流通和交易的一项基础性工作。

第三，引文格式标准。数字出版物必然涉及引文和参考文献的著录问题，目前存在较多的版本，著录项目和著录格式标准不一，需要制定统一的数字参考文献著录标准。

第四，元数据标准。针对数字出版领域制定统一的元数据标准来满足所有数字出版领域分支的需求。元数据标准应包括核心元数据和分领域可扩展的元数据，还要考虑与其他领域的相互操作。

第五，数据压缩和解压缩标准。编解码技术是数字内容存储、传输和播放等环节的前提，必须制定统一的各种类型的数据压缩和解压缩的标准。

### （三）数据规格类标准

为解决数字出版产业各个领域的产品技术规格混乱的问题，需要制定如下标准。

第一，文档存储格式标准。制定各种产品类型的文档的存储格式规范，为用户终端减轻负担，给用户使用带来方便，也为数字出版物的统一管理、检索、版权保护提供有利条件。

第二，数字出版支撑平台标准。该标准规范各类数字出版支撑平台的功能要求和技术架构，为数字出版支撑平台的开发、建设、管理提供依据。

第三，数据交换标准。在数字出版的各个领域和类型中，其信息化都需要数据交换的规范或依据，有了数据交换的规范或依据，某个领域的数据才能共享和互通，数据才能活起来。

第四，阅读终端适配标准。制定阅读终端适配的技术接口、消息处理流程、测试方法等方面的标准，解决多样性终端设备的适配问题，以保证终端适配的通用性。

### （四）平台传播类标准

数字出版的传播环节是体现数字出版产业实力的重要环节，它涉及发布、服务（营销、检索、在线支付等）、从业、经营等多个方面。目前国际上已经有一些发布相关的传播类标准，但国内在数字出版产业的传播环节尚未出台相关标准，因此亟需传播类的标准来保证数字出版产品的高效、有序传播。

### （五）管理类标准

数字出版产业的健康发展需要统一、规范和相对稳定的管理体系，管理类标准有如下几种。

第一，内容监管标准。数字出版物内容的政治性监控是维护整个国家和民族的意识形态的重要工作，制定数字内容产品的监管规范，有利于相关部门的尺度把握、职责分工和协同监管。

第二，定价标准。在促进数字出版产业发展和坚持价值规律的前提下，规范数字出版物的定价机制。合理的定价既要考虑价值规律和消费者的购买能力，又要考虑利益平衡原则，平衡数字出版企业、著作权人和数字技术商三者的利益。

第三，产品质量评价指标体系。对数字出版产品质量的评价，是尊重知识产品、强化生产者和经营者的产品责任，维护消费者合法权益的表现，建立完善的数字产品质量评价指标体系有助于产品的质量管理。

第四，发行管理标准。发行是数字产品从出版商发布到实体店、网络运营商、服务提供商的过程，随着互联网的普及，越来越多的数字产品由网络渠道销售，制定发行相关的管理流程规范有助于保持数字产品网络发行渠道的畅通。

### （六）版权类标准

为解决数字出版物的版权纠纷，提高著作权人和数字出版商的积极性，维持数字出版产业的健康有序发展，需要制定如下版权类标准。

第一，版权技术保护措施的标准。版权技术保护措施的标准是所有数字出版产品需要重点关注和研究的内容。目前有很多企业开发出了对数字产品加密和解密的技术标准，但各个企业各类产品都不统一，而且加密和解密技术标准是与具体商业模式相关联的，如是否允许拷贝转发，按照播放次数收费等。在加密和解密方面制定统一的技术标准，能够使各企业各类产品统一起来，降低技术保护措施与商业模式的相关性。

第二，版权保护管理流程标准。对数字内容版权保护的管理流程进行规范，让内容创作者知道如何向相关的版权保护管理部门申请保全来保护权益，数字内容作品的版权使用方知道按什么流程来维护自身使用的数字内容作品的合法权益等。

## 五、数字出版推行技术标准的意义

相比于传统的纸质出版，数字出版从载体形态、内容形式、传播渠道、运营模式等都颠覆着人们对出版既有的认识。数字出版这辆高速列车，如果没有高水平的轨道给予支撑，其运行是不可想象的，而这个高水平的轨道就是数字出版行业的技术标准。

### （一）出版企业的数字化转型亟须标准的引导

目前我国传统出版企业的数字化转型正在探索和实践过程中，其中数字化转型最关键的问题是需要数字出版标准的引导。没有统一的技术标准，各出版企业就可能各自为战，形成各自的标准体系和各自的信息孤岛，制约数字出版产业的发展。从我国数字出版产业发展的现状来看，还存在数字出版产品质量参差不齐，市场竞争无序和混乱，出版企业投入盲目跟风等现象。数字出版产品质量差表现在，电子图书错字连篇、内容粗俗不堪、编排毫无美感，而手机出版标准不统一，需要下载多个阅读器才能阅读不同的作品等，以上问题的解决都需要研究和制定相应的技术标准来规范。由此可见，出版企业的数字化转型的核心是技术标准的引导，制定数字出版产业的标准体系是实现行业数字化转型的基础和条件。

### （二）数字出版的有序发展亟须标准的优化与协调

数字出版企业通过积极参与制定行业技术标准或国家技术标准，可以提高产品或服务准入门槛，通过技术标准来巩固自己的市场垄断地位。同时，数字出版技术标准又是协调一致的产物，数字出版技术标准的制定过程需要产业内的技术领先企业的广泛参与，它不可能仅仅由一家企业编制而成，往往需要技术领先企业的积极参与和多方协调。只有这样才能保证数字出版技术标准的科学性、合理性、产业的适用性，并能够被市场所接受，被多数企业所接受，最后上升为法定标准。通过制定数字出版技术标准来规划数字出版产业的发展，有利于协调数字出版各环节的协调健康发展。

### （三）数字出版技术创新亟须上升为标准体系

技术标准是技术主导的产物，数字出版领域的技术创新和专利技术在集成的基础上可以上升为技术标准的形式，即技术标准成为技术追求的最高形式。同时标准更是利益的载体，基于谁的技术制定的技术标准，谁就自然成为技术标准的先行者和市场的垄断者，“得标准者得天下”已被产业界无数活生生的事实演绎得淋漓尽致（华鹰，2013）。中国 DVD 企业被诉是如此，3G 三大标准之争同样是如此。目前业界广为流传的一句俗话是“三流企业卖苦力，二流企业卖产品，一流企业卖专利，超一流企业卖标准”，这句话简单通俗地阐释了产业分工的金字塔结构，研发和掌握标准的企业是处在金字塔的顶端，掌控产业的命脉，主导产业发展，获得最丰厚的利润。因此，数字出版企业必须坚持自主创新，研发数字出版核心技术并申请专利，在此基础上制定出技术标准并上升为标准体系，被同行业企业和市场所接受，这应该是数字出版企业追求的最高境界。

# 第二节　国内数字出版标准发展现状

我国出版业标准化工作始于 1984 年，而数字出版标准的研制始于近几年，目前已有出版、印刷、发行、信息化四个标准化技术委员会，标准化机构的业务范围实现了出版产业链的全覆盖，数字出版标准的制定和推广正在紧锣密鼓地进行，主要集中在以下方面。

## 一、数字出版标准体系的顶层设计取得成效

在数字出版产业链中仅有一个或几个环节的孤立的标准是远远不够的，只有针对数字出版产业链上的各环节制定一系列标准，形成标准体系才能有效地发挥标准的作用。目前我国的数字出版标准正在紧锣密鼓的制定过程中，有的已经颁布实施，但数字出版标准体系的构建不是一蹴而就的，而是一个循序渐进的过程。

由新闻出版总署信息中心、全国新闻出版信息标准化技术委员会负责组织实施的数字出版标准体系研究项目已于 2011 年底前完成。其成果由以下内容构成，《数字出版标准体系研究报告》《数字出版标准制定及实施指南》《数字出版标准体系表》《数字出版标准体系公共术语表》及各相关分领域的研究报告。

“数字出版标准体系研究”是新闻出版总署为加快我国数字出版产业发展，创造公平市场竞争环境，形成符合行业规范的数字出版标准化体系开展的一项重要工作。其整体目标是通过调研国内外相关领域的现状和发展趋势，为构建数字出版领域的标准体系提供全面详尽的依据，为制定各项数字出版标准奠定基础。研究项目组长单位为新闻出版总署信息中心，副组长单位为北大方正集团有限公

司、北京书生电子技术有限公司，分为电子图书、数字报纸、数字期刊、网络原创文学、手机出版、数据库出版等多个分领域，分别由中国新闻出版研究院、高等教育出版社、北京万方数据股份有限公司、中国移动通信集团公司等单位具体负责。该成果就数字出版标准体系的研究背景、国内外发展趋势、标准体系的设计编制原则等进行详细说明。由此，我国数字出版顶层设计取得成效，对整个产业的规范发展和产业标准制定工作具有引导作用。

## 二、我国数字出版标准制定现状

目前，我国数字出版标准的制定主要集中在标识标准、元数据标准、手机出版标准、电子书标准、MPR 出版物标准、数字版权保护标准、发行信息流通标准等方面。

### （一）标识标准

我国自 1978 年改革开放后，出版产业逐步与国际接轨，出版行业标准化机构对 ISO 2108 ISBN 国际标准进行了采标，自 1987 年 1 月 1 日起，使用国际标准书号取代了全国统一书号。此后，又相继采标了 ISSN、ISRC，分别作为期刊刊号和音像出版物版号，在我国行业管理和生产、流通中发挥了重要的作用。但在数字出版环境下，由于载体形式的变化、内容的碎片化等原因，这些标识难以充分发挥作用。新闻出版业非常重视标识类标准的研究，已经完成和正在制定的数字出版标识有《新闻出版数字资源唯一标识符 PDRI》《数字版权唯一标识符 DCI》《中国标准乐谱出版物号 ISMN》等，《中国标准录音制品编码 ISRC》的修订版也开始全面实施，ISRC 由标识制品调整为标识作品，与国际上 ISRC 的使用保持了一致性[①]。

### （二）元数据标准

元数据被称为描述数据的数据，对数字内容资源的描述、检索和建立资源目录具有重要作用。2008 年出版元数据系列行业标准立项，2009 年国家质量监督检验检疫总局质检公益专项“数字出版核心基础标准研究——内容资源及元数据”启

① 刘颖丽. 数字出版标准的现状与思考[EB/OL].http://www.chinapublish.com.cn[2017-2-5]

动了数字出版元数据的研究工作，项目要求形成数字出版元数据系列国家标准①。

数字出版物描述元数据规范用于描述数字出版物的内部或外部特征，包括数字出版物的名称、责任者、日期信息、摘要信息、标识信息、格式信息、版权信息等。其作用主要在于提供检索、定位、发现资源。从广义上讲，个性化数字出版服务所提供的数字出版物，无论其最终形态或呈现方式如何，数字出版物的类型应包含任何类型的数字对象。鉴于采用一种元数据规范来描述所有类型的数字对象存在诸多问题，通常的做法是根据分类来确定不同类型描述元数据规范。从数字出版物最终形态来看，其形态主要有网络资源、电子图书、图像、音频、视频等。

第一，网络资源描述元数据规范。据文献分析，普遍采用的网络资源描述元数据规范是由美国联机计算机图书馆中心（Online Computer Library Center，OCLC）发起的国际合作项目“都柏林核心元数据”（Dublin core metadata initiative，DCMI）设计而成的 Dublin core（DC），其目的是实现网络资源的著录、发现和挖掘。由于 DC 元数据的简单易用，加之 OCLC 的大力推广，以及网络资源著录的巨大需求，DC 发展成为可适用于任何媒体的元数据标准。

第二，电子图书描述元数据规范。电子图书是以数字形式制作、出版、存取和使用的图书，一般以磁性或电子载体为存储载体，并借助一定的阅读软件和设备读取。目前有两种相关规范：①我国数字图书馆标准与规范建设项目“专门数字对象描述元数据规范”子项目组通过对现有电子图书的表现形式、来源形式、载体形式、文件格式形式、阅读软件形式和内容描述形式等特点的分析，制定了电子图书描述元数据规范。目前，该规范已在数字图书馆领域得到了广泛推广。②图书馆机读目录格式（machine-readable cataloging，MARC）是全世界图书馆普遍用于描述馆藏文献资源和联机检索的一种较为复杂的元数据标准，它可以描述任何类型的图书，包括各种电子图书。鉴于其普遍性，在出版领域的图书在版编目（cataloging in publication，CIP）中也得到了广泛使用。

第三，音频资源描述元数据规范。音频资源是主要以人的听觉器官来感知的信息资源。按信息存储载体划分，有一般的录音载体资源（即以唱片、录音带、CD 等为存储载体的音频资料）和数字化的网络音频资源。按信息内容来分，主要有以语言为主的语言类资源和以音乐为主的音乐类资源。对于面向家庭的个性化数字出版服务而言，音频资源是其重要的出版类型之一。我国“数字图书馆标

① 刘颖丽. 数字出版标准的现状与思考[EB/OL].http://www.chinapublish.com.cn[2017-2-5]

准与规范建设”项目“专门数字对象描述元数据规范”子项目组通过对现有音频资料的特定分析，制定了音频资料描述元数据规范，其适应范围以数字化的网络音频资源为主，包括语言类和音乐类音频资源。

第四，视频资源描述元数据规范。视频资源是主要以人的听觉和视觉器官来感知的信息资源。按信息存储载体划分，有一般的视频载体资源（即以录像带、VCD、DVD 等为存储载体的视频资料）和数字化的网络视频资源（如数字电影、数字电视等）。对于面向家庭的个性化数字出版服务而言，视频资源，特别是通过网络传播的网络视频资源是其重要的出版类型之一。然而对于电影、电视、音像出版物等视频资料的元数据描述，我国数字图书馆标准与规范建设项目的研究成果未涉及。为此，我国文化信息资源共享工程推荐使用国家广播电视总局颁布的《中国广播电视音像资料编目规范》（GY/T 202.1—2004）标准，并规定根据资源管理和应用的要求对资源进行节目层、片断层的两级描述。

第五，其他类型资源的描述元数据规范。除了上述四种类型资源描述元数据规范之外，我国“数字图书馆标准与规范建设”项目“专门数字对象描述元数据规范”子项目组还制定了古籍、家谱、拓片、地方志、期刊论文、会议论文、学位论文等在内的各类图书馆馆藏文献资源的描述元数据规范。这些规范的最大特点是都以 DC 核心元素集为基础进行扩展，其核心元素基本一致。

### （三）手机出版标准

手机出版作为数字出版的重要形式之一，其增长速度和营利能力都超过了其他数字出版类型。2017 年，我国手机用户达到 14.2 亿，近几年手机出版的受众群体越来越庞大，每年呈现千万级的增长，手机被称为带着体温的“第五媒体”。此外，手机出版有较为成熟的盈利模式和数字版权保护手段。因此，作为数字出版的重要形式之一，手机出版越来越成为一种代表未来出版方向的新业态。在这样的大背景下，业界对手机出版相关标准的需求日益迫切。

美国、日本等国对手机出版极为重视，早已制定了相关的系列行业标准。我国从 2009 年开始研制手机出版标准，主要包括《手机出版标准体系》《手机内容审核要求》《手机出版数据格式技术规范》。2010 年 8 月 3 日，全国信息与文献标准化技术委员会出版物格式分技术委员会在北京主持召开了《手机出版标准体系表》行业标准审查会。标准审查小组由来自科研机构、出版单位、IT 企业及管理部门的专家组成。审查专家经过热烈的讨论和认真的审议，认为该指导性技术文件提出的手机出版标准体系框架，设计科学合理、层次清晰、列项完整，在未来的一段时间内对手机出版标准的制定具有指导作用。

### （四）电子书标准

2009 年电子书快速成为业内外关注的热点，2010 年 10 月全国新闻出版标准化技术委员会成立了电子书内容标准项目组，成员超过 50 家单位，包括内容出版商、平台运营商、技术提供商、设备生产商，涉及电子书的内容生产、加工、传播、版权、检测和管理。2011 年推出了电子书内容的第一批 12 个标准提案，涉及标准体系、术语、元数据、标识、版权页、格式、平台、版权保护、检测等。目前上述标准大部分已经研制完成。例如，在电子书格式标准方面，目前我国市场上存在的电子书格式主要有清华同方公司的 CAJ 格式、北大方正阿帕比的 CEB、XEB 格式、重庆维普的 VIP 格式、超星公司的 PDG 格式、上海通力公司的 BOK 和 ABM 格式、国家图书馆的 NLC 格式，以及华康公司的 WDL 格式等；上海世纪采用的是与国际接轨的 EPUB 格式，高等教育出版社制定了科技类图书内容结构化标准 HEPBOOKDTD。

由北大方正集团自主研发的基于混合 XML 的公共电子文档（common e-document of blending XML，CEBX）标准，是一种独立于软件、硬件、操作系统、呈现/打印设备的文档格式标准。2013 年 2 月 28 日发布的《数字阅读终端内容呈现格式》行业标准，就是以 CEBX 技术为基础研发制定的，以帮助行业用统一的格式出版数字阅读内容，改变数字阅读终端内容呈现格式纷乱问题和自主知识产权的问题。CEBX 技术是新一代版式文档技术，能够实现版式、流式的切换，满足打印、重排等功能，先进于当前的国际标准 PDF 格式及国际数位出版论坛（International Digital Publishing Forum，IDPF）标准 ePub（electronic publication）格式。采用 CEBX 技术的数字内容，可以实现版式、流式一键切换，既保证版式的精美排版，又保证流式的实时重排。电子书使用 CEBX 技术后，既可以在电脑、平板电脑等大屏幕上保证美观的排版，又可以在手机、PSP 等小屏幕上自由变换文字大小与换行，而且不影响文字、图片等的阅读顺序。

### （五）MPR 出版物标准

MPR 出版物系列标准是目前我国数字出版业一项重要的标准，是我国自主研发的一种具有将纸质印刷制品通过光电识读技术，与相应的声音、图像、图片等数字媒体文件关联，实现共同呈现、同步播放的出版技术，其核心是 MPR 码。该技术实现了纸质出版物的有声听读，是传统出版转向数字出版、跨媒体出版的一次飞跃，其广泛应用将极大地促进传统出版的产业升级，成为拉动出版产业增长的重要的高新技术成果。作为一项拥有我国自主知识产权的新的出版技术，尽快制定成为行业和国家标准，申报并发布国际标准，将有利于该项技术的普及和应用，并占领国际出版技术的制高点，增强我国在国际上的话语权。

2008 年 11 月，全国信息与文献标准化技术委员会正式报请国家新闻出版总署批准立项制定 MPR 出版物行业标准。2012 年《MPR 出版物》等五项标准获颁为国家标准，于 2012 年 3 月 1 日开始实施。标准旨在定义和规范 MPR 码的符号结构、编码规则、出版物制作、印制、质量检验和编码管理等。MPR 标准包括：第一，MPR 码符号规范规定了 MPR 出版物使用的 MPR 码的符号结构、数据编码和符号生成方法及符号质量评级；第二，MPR 码编码规则规定了 MPR 出版物 MPR 码的编码规则，适用于 MPR 码的编码；第三，通用制作规范规定了 MPR 出版物的制作规范，对 MPR 出版物的制作和出版具有规范和指导作用；第四，中国国家标准化管理委员会在 2011 年发布的《MPR 出版物第 4 部分：MPR 码符号印制质量要求及检验方法》为 MPR 码的印制生产和质量检验提供了依据；第五，基本管理规范规定了 MPR 出版物中 MPR 码前置编码和数字媒体文件基本管理规范，适用于 MPR 出版物的出版管理。

### （六）数字版权保护标准

为解决版权问题，探索一条标准化的解决之道，2009 年全国出版物发行标准化技术委员会（简称发行标委会）申请立项制定数字版权保护系列标准。

DRM 是目前对网络中传播的数字作品进行版权保护的主要手段。DRM 是由美国出版商协会来定义的，是指“在数字内容交易过程中对知识产权进行保护的技术、工具和处理过程”。DRM 是采取信息安全技术手段在内的系统解决方案，在保证合法的、具有权限的用户对数字信息（如数字图像、音频、视频等）正常使用的同时，保护数字信息创作者和拥有者的版权，根据版权信息获得合法收益，并在版权受到侵害时能够鉴别数字信息的版权归属及版权信息的真伪。数字版权保护技术就是对各类数字内容的知识产权进行保护的一系列软硬件技术，用以保证数字内容在整个生命周期内的合法使用，平衡数字内容价值链中各个角色的利益和需求，促进整个数字化市场的发展和信息的传播。具体来说，包括对数字资产各种形式的使用进行描述、识别、交易、保护、监控和跟踪等各个过程。数字版权保护技术贯穿数字内容从产生到分发、从销售到使用的整个内容流通过程，涉及整个数字内容价值链。

DRM 是针对网络环境下的数字版权保护而提出的一种新技术，一般具有以下六大功能：第一，数字媒体加密。打包加密原始数字媒体，以便于进行安全可靠的网络传输。第二，阻止非法内容注册。防止非法数字媒体获得合法注册从而进入网络流通领域。第三，用户环境检测。检测用户主机硬件信息等行为环境，从而进入用户合法性认证。第四，用户行为监控。对用户的操作行为进行实时跟踪监控，防止非法操作。第五，认证机制。对合法用户的鉴别并授权对数字媒体的行为权限。第六，付费机制和存储管理。包括数字媒体本身及打包文件、元数据（密钥、许可证）和其他数据信息（如数字水印和指纹信息）的存储管理。DRM 技术无疑可以为数字媒体的版权提供足够的安全保障。

### （七）发行信息流通标准

全国出版物发行标准化技术委员会制定的图书在线信息交换标准，主要针对泛欧书业 EDI 组织（the Pan-European Book Sector EDI Group，EDItEUR）与英国书业通讯委员会（Book Industry Communication，BIC）和美国书业研究会（Book Industry Study Group，BISG）等机构开发的在线信息交换（online information exchange，ONIX）开展研究，ONIX 是出版商用来给批发商、零售商、图书馆和其他图书销售人员发布图书电子信息的一种国际标准格式，在世界上应用广泛。ONIX 的研究和采用对于我国促进出版供应链的融合、提高发行业信息化水平具有重要意义。

# 第三节 我国数字出版标准制定实施中存在的问题及对策

## 一、我国在数字出版标准制定和实施中存在的问题

### （一）数字出版相关技术标准的缺失

第一，数字内容产品缺少统一标准，数字资源无法有效整合。数字内容产

品类标准在整个数字出版技术标准中所占的比重最大，囊括了从数字产品内容的创作、文档结构到数据加工处理所需的所有技术标准。数字内容产品具有多源性、海量性、动态性、异构性、多尺度和综合性等特点，如果产品内容创作、组织和制作方面的技术标准缺失，将导致数字资源无法有效整合（华夏，2015）。

第二，缺少格式技术标准，导致格式规范的混乱。目前，我国数字出版物的文本格式多种多样，彼此各不兼容，主要体现在如下几个方面：一是文档存储格式混乱，导致用户终端需要安装不同的阅读器才能打开阅读，给用户选购带来了极大的困难，给阅读和使用都造成了一定的负担。二是缺少数据交换的技术规范。没有数据交换的技术规范，数据就无法共享和互通。三是缺少数字出版支撑平台建设的技术规范。目前各类数字出版支撑平台的功能非常混乱，技术标准不统一、技术架构多样化，急需技术标准来规范。四是缺少阅读终端适配标准。面对终端设备的多样性，适配问题亟待解决，目前缺少阅读终端适配的技术接口、消息处理流程和测试方法等方面的技术标准，来保证终端适配的通用性。

### （二）数字出版技术标准存在“两多两少”

目前我国数字出版技术标准的制定相对滞后，存在“两多两少”现象：一是国际标准偏多，中文标准偏少；二是企业标准偏多，行业标准与国家标准偏少（黄玉寅和陈思，2014）。第一，国际标准偏多，中文标准偏少，是制约我国数字出版产业发展的因素之一。尽管在局部标准（如 MPR 出版标准）的自主性上，我国已取得了一定的突破，但从全球数字出版技术标准制定的主导性上看，发达国家仍占据主导地位和优势。例如，在全球互联网行业 4000 多项国际标准中，仅有三项技术标准是中国企业自主制定的，这与我国逐步构建数字出版产业“安全墙”的构想相差甚远，也与我国从出版大国向数字出版强国目标的转变存在较大距离。第二，企业标准偏多，行业标准与国家标准偏少，实力雄厚的大企业希望通过掌控标准制定的主导权来提高产业准入门槛，巩固自身的竞争优势和垄断地位，因而在制定数字出版技术标准时，大企业参与的积极性高，而中小企业不愿参与技术标准的制定，导致数字出版技术标准与公共利益相悖的可能性增大，因此技术标准的科学性与共融性很难得到保障。

### （三）数字出版技术标准制定中的协商机制不健全

数字出版技术标准的制定是利益平衡的结果，需要兼顾各方利益，它是多方主体参与共同协商和妥协的过程。但在数字出版技术标准的实际制定过程中，大型企业掌控话语权与技术标准的制定权，排斥中小企业，中小企业的作用和意志往往被忽略。例如，中国移动、百度、中文在线、汉王科技等多家大型企业，就主导和垄断了电子图书、手机出版、有声读物等十三种类别的技术标准的制定。而协商机制的不健全将导致数字出版技术标准的科学性、公益性、合理性缺乏制度上的保障，有可能为数字出版产业的发展埋下隐患。

### （四）数字出版技术标准制定后的推广实施乏力

数字出版技术标准一旦制定和公布，就需要在市场中不断地被用户应用和实施。虽然我国数字出版技术标准的基本框架已初步具备，形成法定标准和事实标准，但很多数字出版技术标准的应用与实施推广的效果并不理想，还有一些公布的数字出版技术标准不为人知。有学者曾将其原因归结为数字出版技术标准大多是推荐性标准，因而不属于被政府强制实施和执行的范畴，出版企业可以在各种技术标准之间自由选择（黄先蓉和郝婷，2013）。笔者认为，当前数字出版技术标准的实施推广机制不健全，是造成技术标准实施乏力的重要原因。

## 二、我国在数字出版技术标准制定和实施中的对策

### （一）构建完善的数字出版技术标准体系

虽然我国数字出版技术标准体系的制定正在紧锣密鼓地进行，但数字出版技术标准体系还存在缺失，应优先制定当前数字出版发展最迫切需要的标准，尤其是数字出版中的内容产品标准和格式标准等。

第一，制定内容产品类标准，有效整合数字资源。一是制定复合文档结构的相关标准。二是制定统一的数字参考文献著录标准，解决引文格式不统一的问题，规定统一的著录项目和规范的著录格式。三是制定统一的元数据标准。标注元数据是数字出版的重要环节，元数据的质量直接影响到数字内容的采集、制作、加工、展示、交换、存储和共享等多个环节。四是制定统一的数据压缩和解压缩标准。编解码技术是数字内容存储、传输、播放等环节的前提，制定统

一的数据压缩和解压缩标准，使不同类型的数据实现通编通解，给信息的获取带来便利。

第二，制定格式技术标准，解决格式标准的混乱问题。制定格式技术标准解决文本格式各不兼容的问题，一是通过技术标准规范文档存储格式；二是制定统一数据交换规范，使该领域的数据实现共享和互通；三是制定统一的数字出版支撑平台的建设规范，统一数字出版支撑平台的功能和标准，使各类数字出版支撑平台的技术架构形成一致性；四是制定统一的阅读终端适配标准，制定统一的阅读终端适配的技术接口、消息处理流程和测试方法等方面的技术标准，以保证终端适配的通用性。

## （二）在数字出版技术标准的制定中要敢为人先

要尽快改变我国数字出版技术标准制定相对滞后的问题，要充分发挥技术领先型企业的主导性作用。第一，应鼓励技术领先型企业的自主创新，研发数字出版核心技术，在形成技术优势的基础上制定数字出版技术标准，向标准化管理机构申请认定为法定标准，或者被市场和其他企业所接受成为事实标准。第二，技术标准的制定一定要遵循与国际接轨、产业通用的原则，做到被同行业企业或市场所接受，一味地追求高门槛、高尺度，可能适得其反，不被企业和市场所接受，成为空中楼阁。第三，数字出版技术标准的适度超前与适时修订。数字出版技术更新换代的高频率决定了数字出版产品的生命周期较短，数字出版技术标准的制定应考虑企业的长远发展，因而数字出版技术标准的制定要适当地创新、超前，制定之后还应根据数字产品技术的发展与市场的需求，对其进行动态的调整和修订，以确保技术标准对数字出版产业的发展起到引导作用。

## （三）健全数字出版技术标准制定的协商机制

目前，我国数字出版技术标准的协商制定机制还不健全，在技术领先型企业之间，谁都希望成为数字出版技术标准的起草者，如果没有一个数字出版技术标准的协商制定机制，将可能引发市场恶性竞争并导致技术标准垄断和滥用等一系列不良后果，这与通过标准化实现技术兼容、内容共享，并使数字出版链条上各主体的利益均衡背道而驰。所以，数字出版技术标准的制定需借助良好的信息共享和沟通平台，经过多元主体的协商与交流后，才能将其技术标准公布实施。其多元主体的参与包括数字出版企业、各级政府及其职能部门、科研院所、标准化委员会、独立的专家学者等。

### （四）加强数字出版技术标准的实施力度

加强数字出版技术标准的实施力度可以从以下三方面入手。第一，在数字技术标准制定颁布实施后的一定时间内，重新考量数字出版技术标准中不同类型标准之间的比重，逐步提高强制性数字出版技术标准在整体标准中的比重，逐步改变目前我国数字出版标准多为推荐性标准的现状。第二，在条件成熟时，可以将部分事实标准上升为法定标准，提升数字出版标准的权威性，以数字出版标准的刚性规定去促进企业实施。第三，提高数字出版企业和企业法定代表人的标准化意识，提高数字出版企业对标准的执行力，从而形成有效的竞争力。

# 第三章　数字出版环境下版权利益失衡及制度检视

数字出版产业作为文化产业的重要组成部分，以数字技术为手段、版权保护为核心，商业运作为平台，已经成为我国新闻出版产业发展的必然趋势和新的经济增长点。但如何加强数字版权保护也成为新的挑战，近年来发生的“谷歌侵权门”、“百度文库纠纷”等事件已经表现出权利人、数字出版商、社会公众三者之间存在利益冲突。本章重点分析了数字出版环境下利益失衡的若干表现，并从导致利益失衡的法律制度层面进行检视，如何从利益失衡状态实现新的利益平衡，需要法律对此进行新的制度安排。

## 第一节　数字出版环境下的利益失衡问题分析

### 一、数字出版法律关系

数字技术的广泛运用带来了数字出版产业的迅速发展，数字出版凭借其成本低、传播快、范围广、易获取等优点，将逐步取代传统媒体，成为我国文化产业的核心部分，是我国的一个新的经济增长点。新的出版形式涉及新的法律关系，对数字出版利益失衡法律控制的探究，可从厘清数字出版法律关系入手。

#### （一）数字出版法律关系主体

数字出版较之于传统出版在内容提供、传播和使用等环节融入了数字技术，使得拥有著作权的作者与拥有技术和传播通道的传播者在数字出版领域的合作更加紧密，因此涉及更多的主体。通常情况下数字出版涉及三大主体，即数字内容著作权人、数字出版商和用户，分别充当了创造者、传播者和使用者的角色。同时，多样化的作品表现形态也直接导致了使用者多层次的使用体验，互动式和定制化的作品使用方式，则进一步加剧了各方的利益纠葛。下面就具体分析考察三类数字出版主体。

1. 数字内容著作权人

数字内容著作权人是数字内容的著作权所有者，有可能是作品数字化之后享有权利的传统著作权人，也有可能是直接创作数字化作品的作者。在实践中，数字内容著作权人有可能是作者和出版社，也有可能是网络内容提供商或者是影视剧制作商，他们可以是数字作品的直接创作者，也可以是经授权获得数字化作品著作权的权利人。当前，数字内容的著作权往往由作者授予传统的出版社或著作权集体管理组织，因而在解决数字出版问题的过程中，需要对作者授权的过程进行研究，同时也需要关注传统出版社及著作权集体管理组织在行使相关权利过程中存在的问题。

2. 数字出版商

数字出版商是连接作者和使用者之间的桥梁，它是否能够有效发挥信息传递和平台搭建的作用，将直接影响出版物价值的实现和使用者需求的满足。在传统出版中，出版商往往是指《中华人民共和国出版管理条例》（简称《出版管理条例》）中所述的出版单位①，而数字出版商是从事数字出版业务的合法经营主体，在数字环境下通常有两类数字出版机构：一是传统出版单位下设置的数字出版机构；二是专门从事数字出版的网络经营主体。网络经营主体又包括内容提供商、技术提供商和狭义的数字出版商②。当然，实践中这些主体并不是仅仅提供内容服务或是技术，他们往往涉及多重身份，从事多种业务。

此外还应当看到，数字出版是一项融文学艺术和科学技术为一体的文化产品生产活动，作为数字出版商，必须同时具备相应的出版资质和技术条件，具有传统出版优势的出版单位和具有技术优势的数字服务提供商应当进一步建立起密切

①《出版管理条例》第九条列明，我国的出版单位包括报社、期刊社、图书出版社、音像出版社和电子出版物出版社等

② 狭义的数字出版商是仅仅从事出版业务的单位，不包括提供内容和提供技术服务

的合作关系，以实现内容与手段的互补与兼容，以进一步推动数字出版行业的产业化运营。

3. 数字出版物使用者

数字出版物的使用者也就是数字出版物的消费者，通过有偿或无偿的方式使用数字出版物。技术手段的发展改变了人们的生活方式，而人们对生活品质的追求也直接推动了技术革新。数字技术的发展正是人们追求更完善感官享受和用户体验的必然结果，从数字化初期的电子书阅读，到当前如火如荼的跨平台阅读，从技术层面上看是数字技术的变现手段和实现方式不断革新，从用户体验上看则是使用者使用方式和使用习惯的不断革新。使用者使用的自由必然会限制权利人权利的实现，数字条件下使用者擅自使用的侵权行为多有发生，如何优化使用者和作者之间的关系成为实现数字出版双赢结局的关键。

数字出版极大地冲击了传统出版行业业已形成的产业链条，出版主体增多、产业链延伸、各主体之间面临角色转变和角色协调问题。版权人与出版商、出版商与使用者之间的矛盾由于传播手段和消费习惯的日益变化而变得尖锐起来。在版权人与出版商之间，一方面，版权人在传统出版和数字出版之间需要寻求一种利益最大化的抉择，另一方面，出版商则面临数字内容海量授权带来的困扰；在出版商与使用者之间，一方面出版商需要在多样化出版模式之下获得更多利益，另一方面，使用者希望自己的消费能够最大限度地实现“一次消费，复合受益”。简而言之，供方希望最大限度地获取所提供内容的对价，而需方则希望以最为低廉的价格获得最为优质的服务。在数字出版模式下，由于买方市场的不断建立、数字出版主体身份不断转变，这势必带来主体利益冲突的加剧。

## （二）数字出版法律关系客体

数字出版的客体是指将各种信息以数字形态存储在磁、光、电等介质上，通过计算机网络进行海量高速传递，并用计算机终端或其他电子设备进行阅读的出版物。数字出版物的形态越来越多样。目前，国内外主流的观点认为，数字出版的客体往往包括两种类型，一种是封装型出版物（package media），另一种是网络型出版物（online media）。

封装型出版物主要是指电子出版物，如多媒体光盘及 CD、VCD、DVD 等音像光盘。这些封装型出版物的内容制式有统一的规格，而且一般是通过较为严格的编辑、审核、封装的过程得以出版，与使用者见面的。封装型出版物的法律监管一般适用《出版管理条例》。

网络型出版物主要是指网络出版物，如网络期刊、按需印刷、博客和播客等通过在线传播方式发行的出版物。这些网络型出版物能够集成大量传统出版物所不具备的多媒体效果，同时具有海量存储、更新迅速、获取便捷和人机交互等优点，使使用者能够不受时间和空间限制地接触出版物，大大提高了数字出版物的受众范围。网络型出版物的法律监管应适用《互联网出版管理暂行规定》。

需要指出的是，数字出版获得著作权保护的前提是出版客体构成作品，出版物应当属于著作权法保护的作品类型。在当前条件下，随着技术手段的不断更新，多媒体、跨平台出版已经成为数字出版的主流，交互式、定制化出版已经越来越受到出版商和使用者的青睐，因此在数字条件下如何应对作品在定制过程中和转换过程中出现的权利交叉和授权许可问题，成为人们日益关注的焦点。同时，数字出版物的出版、传播也应受到国家的监督、管理，我国已经就部分类型的数字出版行为及出版物管理出台了专门性的规定，需要特定主体按照适用情形予以遵守。

### （三）数字出版法律关系的内容

在法律关系的视角下，数字出版内容是指数字出版所涉及的各项权利和义务。数字出版形成数字作品，该作品的权利人应当享有《著作权法》赋予其的全部权利内容，包括《著作权法》所列明的所有精神性权利和财产性权利，包括作者权和邻接权。数字出版中主要涉及的著作权精神性权利有发表权、署名权、修改权、保护作品完整权；数字出版中主要涉及的著作权财产权利的内容包括，作品的信息网络传播权、复制权、发行权等，这些都属于对世权，是以不特定多数人为义务主体的民事权利。在我国著作权保护体系中，除法定许可和合理使用两种制度规定的情形以外，任何人都必须按照“授权-使用”的模式利用他人作品。在数字出版中，权利人通常是以合同的形式将以上三种权利授予版权代理机构、著作权集体管理组织等单位代为管理，数字出版商再从代为管理的机构获得授权，或者是著作权人将其权利直接授予数字出版商。无论采用哪种方式，使用者都必须履行相应义务，尊重权利人权利，以合法的方式获得使用作品的权利。

## 二、数字出版环境下利益失衡的表现

### （一）数字出版环境下传播者侵占版权人利益

2016年我国数字出版产业创历史新高，产业整体收入规模达到5700亿元，比2015年增长29.9%（卢扬和郑蕊，2017）。在数字出版产业迅速发展的同时，出现了许多利益纷争，从法律的视角也发现了它的另一面，即版权人与使用者、传播者的利益平衡被打破，频频出现版权纠纷也影射出版权保护问题日趋严重。笔者以版权人利益受损的角度，分别从数字出版商、内容提供商、平台运营商三大主要传播者的行为进行论述。

#### 1. 数字出版商侵占版权人利益

在我国，存在海量作品和海量作者，著作权人与使用人之间的授权不畅，使得数字出版商短时间难以获得有效授权。实践中，数字出版商通常大多采取“先斩后奏”的策略，侵占版权人利益，主要包括直接使用、擅自将他人作品数字化后进行出版和不按约定使用作品三种情形。第一种情形，直接使用，即未经权利人许可直接使用他人数字作品的行为。如2008年，影响颇大的万方数据中国学位论文数据库侵权案，数百名硕士、博士联名起诉万方数据，诉称万方未经权利人许可将其论文建成电子数据库，并且从中获利。由于我国《信息网络传播权保护条例》规定的在网络环境和数字出版条件下合理使用和法定许可适用范围非常有限，仅限于扶贫和教育两种情形，而数字出版商擅自使用作品通常不属于以上两种情况。未经权利人许可直接使用他人数字作品的行为，未支付作品使用对价，降低版权人原本可以获取的相应收益。第二种情形为擅自将他人作品数字化后进行出版。如2011年，贾平凹、韩寒等50位作家公开发布《中国作家声讨百度书》，指责百度文库未经权利人同意，将其出版的纸质的文字作品擅自转化为数字化形式，进行网络传播，侵犯版权人利益。《关于制作数字化制品的著作权规定》第二条明确指出将他人已经出版的作品数字化属于复制行为，需要经过权利人许可。未经权利人许可擅自将他人作品进行数字化传播，侵犯了版权人的权益。第三种情形为不按约定使用作品，不尊重版权人利益。此种情况主要是指数字出版商向著作权集体管理机构、版权代理公司等笼统寻求授权，但却不按照具体规则使用作品，如超期使用作品、不按照约定使用作品等，侵犯版权人利益。

2. 数字出版内容提供商侵占版权人利益

内容提供商是指数字出版中，为数字出版提供作品数字内容的组织，通常为一些传统出版企业和版权代理机构等。实践中，根据取得作品信息网络传播权的方式不同，数字出版商也可能兼具内容提供商的身份。内容提供商强占版权人利益表现为以下两种情况。第一，利用模糊表述，“骗取”版权人授权。有的内容提供商在其格式合同中使用“数字版权”“电子版权”“数字化制品权”“网络版权”“多媒体版权”等非法律术语，大都没有明确具体的权利种类（张洪波，2012）。这一方面导致作者对作品网络信息传播权的约定出现理解上的偏差，从而做出错误意思表示签订了此类“权利模糊”的合同，进而发生纠纷。另一方面，某些单位利用此类“模糊授权”将权利转授给他人谋取利益，导致权利人利益受损。第二，传统出版商作为最为典型的内容提供商，利用其强势地位，以格式合同限定版权人利益。2001 年我国《著作权法》首次将网络信息传播权纳入保护范围。在信息网络传播权立法之前，传统出版商与著作权人并未对此权利进行明确约定。在信息网络传播权立法之后，基于对该项权利的关注，著作权人往往会与传统出版商据理力争保有该项权利（杨延超，2014）。而实践中，强势的内容提供商以格式合同的形式限定版权人权利，要求其将作品一系列权利打包，版权人利益得不到充分尊重。

3. 网络服务提供商规避侵权间接获得利益，侵犯版权人利益

当前网络服务提供商提供的上传、下载平台大多是免费的，以吸引更多用户点击其网页，增强网站影响力。用户通过其免费平台，上传文件的目的无非是与其他用户分享或根据网站规则，增加用户积分，以方便下载该网站的其他资源。不管是网络服务提供商提供免费平台的行为还是用户上传下载文件的行为，都无侵害版权的意图，单独看来都不构成直接侵权，但结合起来就可能会产生侵犯他人著作权的消极后果。“由于文档的集聚形成了社会财富的公开集聚，这种社会财富的公开集聚使得作品处于无保护状态，进而这些被公开的财富就有可能被他人加以商业利用，因而导致作品权利的侵害”。在我国当前互联网法律框架下，网络服务提供商有效地规避了直接侵权，即使涉及作品侵权，网络服务提供商在不知情的条件下同时又履行了相应的“删除加通知”义务，通常也不承担赔偿责任。

对于用户上传的作品侵犯版权人权利的案件，我国《信息网络传播权保护条例》规定了网络服务商在不知侵权的情况下，未直接获得经济利益，并接到通知

及时采取措施的，不承担赔偿责任。关于直接获利，《信息网络传播权保护条例》没有给出具体的标准，但根据法理，直接获利指的是网络服务提供商以直接销售或租赁等形式利用数字出版物获得经济利益。而互联网经济是一种“注意力”经济，当前网络服务提供商的获利主要来自于因点击量带来的广告收益、服务接入费和用户信息带来的无形资产，这种间接获利的形式，使得其并不符合直接获利这一条件。网络服务提供商收到权利人发出的侵权通知后，仅仅是删除侵权作品及链接，这种删除义务对于网络服务提供商而言根本无关痛痒。网络服务提供商仍然可以通过现有的盈利模式继续间接获得利益，而因各大网络服务提供商服务对象免费上传作品导致版权人利益受损的事实并没有改变，如不做出相应制度调整，利益失衡必将加重，也将引起更多的利益冲突。

### （二）数字出版环境下使用者行为失范

数字环境下使用者行为失范，是当前数字出版利益失衡中尤为明显的表现。未经许可擅自复制他人作品后上传网络、刻盘用作商业用途，在网络空间里提供他人作品链接等，这些行为不仅仅侵犯作者民事权益，还可能涉及刑事犯罪。

虽然我国知识产权制度较为完善，保护力度也逐渐加强，但在数字环境下知识产权保护意识还较为薄弱。一方面，使用者长期以来形成的信息资源“免费”价值观，加之数字出版物极易复制，导致随意下载上传的现象屡见不鲜。事实上，用户对数字作品的使用已经超出了合理使用的范围，使得数字作品的私人复制逐渐演变到“滥用”的程度。例如，用户下载作品之后上传网络与不特定多数人共享，或者在其博客页面等可控网络领域为他人提供免费链接，由于无法确定共享对象的使用目的，有可能为数字出版免费提供内容，损害版权人利益。实践中大量 P2P 软件的应用，作品免费使用显得更为容易，对作品保护不利，尤其是音乐作品。利用 P2P 模式免费使用作品的行为有违著作权法保护原理，并不符合合理使用的范畴，若任由其发展，则所有作品都将进入公共领域，作品著作权财产价值丧失殆尽，有违《著作权法》制定初衷。另一方面，用户对作品技术保护措施的破译和进一步分享，可能会涉及侵权，加深了版权利益失衡。实际上，为了应对侵权，版权人采取技术保护措施也存在过度保护的情形，可能会限制公众接触作品的利益。因此，使用者行为失范不仅会损害版权人利益，而且会反过来影响公共利益，加剧版权利益失衡。

数字出版环境下，用户的集体行为失范，既是对版权保护的挑战，又是对数字出版产业的挑战。以上使用者行为失范，加剧了我国数字出版利益失衡局面的形成，要扭转利益失衡格局，必须正确处理权利人与使用人之间的矛盾，对合理使用、技术保护措施等版权制度进行相应的调整和完善。

## 第二节　数字出版环境下利益失衡的制度检视

### 一、数字出版环境下现有版权授权模式存在短板

获取优质的作品资源是数字出版企业的生存法则，能否获取优质的作品资源，一方面取决于如何进行权利授予，另一方面受具体授权模式的影响。我国《著作权法》规定，除法定许可和合理使用的情形外，奉行先授权后使用的模式。授权使用也称为许可使用，国际上称其为版权许可证贸易。其效力来源于著作权人与数字出版商所签订的授权许可合同，著作权人可以通过该合同约定获得相应的报酬，而数字出版商可以通过其获得该作品的复制权、发行权、信息网络传播权等相应授权。但是，由于海量作品、海量作者的存在，数字环境下海量授权问题已经制约了数字出版产业的发展，原有的著作权授权模式已不能适应数字出版时代的需求。

#### （一）“一对一”授权模式不能适应海量数字出版的需求

在直接授权中，“一对一”的授权模式已经不能适应海量数字出版的需求。“一对一”的授权模式是指数字出版商与著作权人或者网站等平台运营商“一对一”签订合同（电子合同）完成的授权。此种模式充分尊重当事人双方意思自治，合同中约定使用形式、使用期间、价格等一系列事项，可有效预防纠纷发生。即便双方发生纠纷，该合同也可为双方提供有效证据。然而，就“海量作品、海量作者、需海量授权”的数字出版领域来讲，此种模式仍存在致命的弱点。首先，寻找海量作者困难重重。由于作者众多和孤儿作品的存在，数字出版商选中优质作品以后要找到所有的著作权人几乎不可能。其次，“一对一”授权模式效率不高，满足不了数字出版海量作品的需求。实践中，数字出版商除了要与部分知名作家、知名音乐人等特殊群体采取此种授权模式以外，还要与其他著作权人签约，此种授权模式的缺陷就非常明显，无法满足数字出版海量授权的需要。

## （二）交叉许可模式适用范围有限

交叉许可模式是指版权人以授权个人或组织使用其作品为条件，换取版权人使用他人或组织版权作品的权利，在我国这种模式由超星数字图书馆率先尝试使用，因此又被称为超星模式（刘志刚，2006）。超星图书馆以与作者直接签约的方式，获得作品的网络信息传播权，同时赠予签约作者 10 年的读书卡。这是版权保护中最基本的自愿许可模式，节约了使用费，减少了侵权的风险。然而，此种模式下，超星图书馆作为数字出版商在作品内容获取上极其被动，因为交叉许可模式能够良好运行的前提是作者的参与度高，如果作者不愿意与超星签约，将自己的作品放进超星数字图书馆，超星公司是不能获得作品信息网络传播权的。此种模式适合学术期刊数字出版，有需求的作者会主动参与，将自己作品的信息网络传播权许可给超星图书馆，据此享用其数据库资源。

但这种“以权换权”授权模式的适用范围极其有限。因为在数字出版中，著作权人将自己作品的信息网络传播权等权利授权给数字出版商，并不都是为了使用其他数字作品资源，而更多是要求数字出版商尊重自己的权利并获得相应的对价。

## （三）要约授权模式可操作性不强

要约授权是权利人在作品出版纸质图书时即作版权声明并置于该书末尾，将使用作品的条件均列明，并予以公告。相当于向不特定多数人发出要约，任何个人或机构只要接受该要约中载明的条件即可自动达成合同。满足条件的个人或机构需根据约定的方式履行合同义务，如按照约定方式支付相应费用、使用作品等。2004 年北京出版社出版了钟洪奇先生的《最后 1 根稻草——企业营销之公共传播故事》一书，该书第一次采用授权要约这一版权声明方式授予数字传播权，是我国要约授权模式的首次尝试。作者钟洪奇先生在图书上发表要约，包含版权声明、授权范围、授权费用、支付方式、使用方式和保留其他权利。使用人按照约定的方式合法使用该作品，无须和著作权人另行洽谈授权。这种方式尊重权利人意志，降低了洽谈的成本，同时提升了授权效率。

但是面对数字出版海量作品需求，要约授权仍然存在以下缺陷。首先，要约内容的设计需要一定的专业知识，即使采用一个标准化的要约模板给权利人参考，但权利人是否使用，标准化要约模板能否满足著作权人的个性化的要求，这是权利人自愿选择的行为。其次，费用的计算和收取通常要借助专业版权代理机构实施，数字图书出版、音乐数字出版、手机出版较为适合，而网络商的出版若想借助专业版权代理机构来实现收费，难度相对较大。最后，著作权人版权要约（声明）的信息非常分散，数字出版商需要花费大量精力来进行海量搜寻。

### （四）集体管理组织授权模式存在缺陷

著作权集体管理，是指著作权集体管理组织经权利人授权，集中行使权利人的有关权利并以自己的名义进行下列活动：一是与使用者订立著作权或者与著作权有关的权利许可使用合同；二是向使用者收取使用费；三是向权利人转付使用费；四是进行涉及著作权或者与著作权有关的权利的诉讼、仲裁等。目前我国著作权集体管理组织有：中国文字著作权协会、中国音乐著作权协会、中国音像集体管理协会、中国摄影著作权协会、中国电影著作权协会等。

根据我国《著作权集体管理条例》，著作权集体管理组织为信托组织，代替作者管理作品，法律赋予该组织管理著作权人作品的权利，具有一定行政色彩，而该权利的获得又源自于著作权人自愿授权，具有信托色彩。数字出版商通常是从著作权集体管理组织那里“一揽子”打包授权获得作品的信息网络传播权等权利，以避免侵权风险。

但是，在著作权集体管理的运行中还现存四大问题：一是著作权集体管理组织的代表性不强。著作权集体管理组织只代表加入组织的会员行使权利，不能代表大量的非会员行使权利。二是授权管理作品的转化率和报酬率较低。集体管理组织的非营利性使得其避开了市场竞争，一方面容易导致作品授权费用与市场价格不相当，另一方面可能导致利益分配不均衡。而授权费用分配问题作为作者考虑加入组织的重要因素，利益分配不均衡不利于吸纳更多作者登记。三是管理运作不够透明。尽管集体管理组织的官方网站设置了查询功能，事实上依然无法实现作品具体信息查询，对于作品授权的收费标准、收取费用的管理和分配，会员的满意度不高。四是缺乏监督审计机制。因此，在现有的著作权集体管理制度的授权模式下，其作用和功能还是非常有限的，需要对著作权集体管理制度加以改造。

### （五）版权代理机构授权模式因体制和机制原因发展受限

版权代理机构授权模式是指著作权人将自己享有的著作权，全部或部分委托版权代理机构，由版权代理机构以著作权人的名义行使权利，使用人通过向代理机构交纳相应费用获得作品授权，代理机构将部分报酬转交给著作权人。目前，我国经国家版权局批准的国有版权代理机构有28家。

版权代理机构授权模式存在的问题是，第一，国有版权代理机构基本上是事业单位，大部分为地方版权局工作人员的兼职，体制和机制缺乏灵活性，推行商业化运作模式困难重重。第二，版权代理授权只是其业务范围中的很小一部分，而被委托以后才能主动寻求授权，其委托著作权授权的数量比较少。第三，国内代理版权授权的对象主要是图书类著作权和音像作品著作权，范围非常有限。第四，收取的代理费过高。代理费没有统一的标准，视具体的代理合同而定，一般要扣除著作权人版税或稿酬的10%～40%。收费过高，势必会损害著作权人的利益。

## 二、版权登记制度存在缺陷

数字出版涉及大量作品，包括已经数字化的作品出版和其他形式的作品数字化后出版。不管哪种形式的作品，都涉及作品的权利状态，根据其权利状态可寻找到权利人，以寻求授权。因此，能有效查询作品信息，成为数字出版商的迫切希望。此外，完善的版权登记制度对维护交易安全，提高交易效率，为版权纠纷提供初始证据，妥善解决纠纷，平衡各方利益等都可起到举足轻重的作用。

我国虽然已经开始尝试著作权登记，但登记制度存在一些问题。首先，我国著作权登记机关不统一。《著作权法》第二十六条规定：以著作权出质，需向国务院著作权行政管理部门办理登记。《计算机软件保护条例》第七条规定：软件著作权人可向著作权行政管理部门认可的登记机构进行权利登记。国家版权局《作品自愿登记试行办法》第三条规定：各省、自治区和直辖市版权局负责本区域的作品的版权登记工作。从上述规定看，首先，不同类型的作品的著作权登记机构不同。针对同一类型作品而言，著作权登记机构也可分为中央一级的版权保护中心和地方版权局及其认可的登记机构。著作权登记机关的不统一不利于权利人登记，也不利于使用人查询信息。其次，著作权登记的内容不完整。我国目前著作权登记的内容主要是权属登记及质权登记，对权利继承、转让等变动情况未作规定。事实上，著作权发生继承、转让等情况经常发生，而著作权登记内容不包括权利变动，使用人查询不到作品的明确信息，难以发挥公示作用。

## 三、大量孤儿作品的存在，相关法律规定缺位

学界将孤儿作品分为真正的孤儿作品、表见的孤儿作品和假定的孤儿作品。真正的孤儿作品是指著作权仍在保护期内，但权利人实际上已经不再存在，使用人经过勤勉的寻找甚至多年的追踪，或者借助特定的法律程序，已经无法确定权利人的身份或下落的作品。表见的孤儿作品，是使用人通过合理的、勤勉的寻找，无法确定权利人身份与下落的作品，实际上权利人具有复出的可能。假定的孤儿作品是使用者在没有通过合理的、勤勉的寻找以确认找到权利人的情况下，任意声称某作品属于孤儿作品。本书所称的孤儿作品专指真正的孤儿作品，真正的孤儿作品仍享有著作权，对它的利用应当符合著作权法的基本规则，获得合法授权。

目前我国尚无机构对孤儿作品的数量和规模做过系统调查，但根据我国历史文化和法律的现实情况估计，我国孤儿作品应该为数不少。我国历史上发生过巨大社会变动，大量的作品信息档案或记录因此灭失，大量作品沦为孤儿作品。加上我国著作权集体管理组织制度起步较晚，大多数作品未被登记，散落在“民间”，寻找起来极为困难。在我国现行《著作权法》框架下，数字出版商要合法使用孤儿作品，几乎不可能。《著作权实施条例》曾试图解决此问题，《著作权实施条例》规定，使用者如果能找到作品原件的所有人，就可能获得授权。首先，利用这一规定解决“孤儿作品”问题需要找到原件的所有人；其次，实践中难以区分作品的原件与复制件，难以确定谁是真正的著作权人。

2012 年，人民教育出版社委托中国文字著作权协会（简称文著协）向作者发放其 2011 年法定许可教科书的稿酬 68.65 万元，涉及作者 1400 余位，文字作品 2904 篇，涵盖各类教科书 80 种。其中，有 1200 多篇作品暂时联系不到著作权人，这中间又有 300 多篇孤儿作品。对于那些暂时联系不到作者的文学作品，文著协在官方网站上公布作者姓名和篇名，希望作者看到可以主动联系文著协。对于未署名的孤儿作品，文著协在官网和微博上发布作品的篇名，希望借助网络的力量，帮助这些孤儿作品早日回家。

孤儿作品并非少数地方的个别现象，而是很多国家和地区共同存在的问题，而找寻著作权人所需的高昂成本也成为阻碍孤儿作品利用的重要因素。孤儿作品问题涉及知识的利用和创新，涉及数字图书馆的开发，是国家创新政策的一个重要部分。目前我国《著作权法》并没有明确规定孤儿作品的权利归属、授权与利

用问题，这一空白亟须在著作权法修法中予以弥补。

我国 2014 年 6 月发布的《著作权法修订草案（送审稿）》第五十一条提出：著作权保护期未届满的已发表作品，使用者尽力查找其权利人无果，符合下列条件之一的，可以在向国务院著作权行政管理部门指定的机构申请并提存使用费后以数字化形式使用：①著作权人身份不明的；②著作权人身份确定但无法联系的。这意味着我国对于孤儿作品的利用拟采取的是“中央授权许可+提存”的方式，而且没有限定利用范围，即对所有孤儿作品的所有使用方式都采取这一种模式。

## 四、避风港规则适用中存在的局限性

我国版权制度中并没有“避风港”这个概念。避风港规则源于美国《千禧年数字版权法》。为发展网络服务，保持网络中立原则，《千禧年数字版权法》对网络服务商在从事特定活动时的版权侵权责任做了限制。避风港规则是信息网络传播权法律制度的重要内容，意指该规则给予相关主体一种特殊庇护，引用这一规则就像船舶进入避风港一样安全。避风港规则的功能之一是防止法院不加区分地让网络服务提供商承担严格责任；功能之二在于帮助版权人发现网络虚拟世界隐藏的侵权人，正向激励版权人与网络服务提供商的合作，共同抵御版权侵权危机。鉴于版权人对于版权专业知识和自身版权作品的熟悉程度，避风港将发现和鉴别网络侵权行为的任务主要放在了版权人身上，而符合避风港的网络服务商在多数情况下并不需要主动审查侵权。同时，由于网络服务商与网络用户之间的服务关系，网络服务商往往能够通过删除相关网页或终止网络用户账号等方式，有效制止侵权行为的继续。避风港规则实际上是支持版权人发现侵权行为，然后由网络服务提供商对侵权行为加以制止或屏蔽，而并非网络服务提供商用于规避侵权和逃避责任的“避风港”。

笔者认为实践中避风港规则的具体适用存在一些问题，《著作权法》需要对其加以明确。

首先，关于“直接获利”，《信息网络传播权保护条例》第二十二条规定了直接获利是赔偿的前提之一。实践中的网络服务提供商免费提供上传下载平台的运营模式基本都不符合直接获利的条件，这导致认定网络服务提供商存在直接侵权的难度较大。经济利益的获取与否、数额大小与侵权性质认定及赔偿责任认定都有着重要的关系，如果不能以互联网环境下的网络平台营利特点为考察获利情况的出发点，就有可能造成司法的疏漏或者不公。在实践中，网络服务商著作权侵权案件会出现赢了官司依然利益受损的情况，这就有可能是法律的赔偿机制存在问题，导致法庭赔偿金额不足以补偿权利人因被侵权而造成的损失。

其次，关于“侵权通知”。如网络服务提供者收到了权利人的侵权通知，就意味着他应当知道侵权内容的存在，如不及时采取必要措施就产生了过错，需要负责，这一点毋庸置疑。倘若权利人的通知不是合格通知，那么网络服务商就没有采取必要措施的义务。这就涉及一个问题，即网络服务提供商需要对版权人发出的侵权通知进行审查。但是《信息网络传播权保护条例》第十四条规定了版权人发出的侵权通知应采用书面形式，内容应当包括权利人的姓名（名称）、联系方式和地址；要求删除或者断开链接的侵权作品、表演、录音录像制品的名称和网络地址；构成侵权的初步证明材料。该条款关于侵权通知的规定存在以下两个缺陷。其一，要求侵权通知载明侵权内容的链接地址，这一点在实践中难以实现，并且在我国避风港规则适用第一案例“雅虎案”中，曾因为原告在侵权通知中未载明全部链接地址而引发该案是否能援用避风港规则条款的讨论。随着 P2P 技术和虚拟服务器技术的推广，用户每次登陆的 IP 地址都由网络服务器随机分配。因此，许多侵权内容的网络地址通常会处于动态变换之中（刘家瑞，2009）。事实上，网络服务提供商断开侵权链接并不需要所有文件的网络地址，而只需要通过对侵权作品关键词搜索或数字指纹即可以删掉相关内容。“雅虎案”的实践和技术上的困难表明了，《信息网络传播权保护条例》第十四条对侵权通知的规定过于僵化，脱离实际，不适合实际操作。其二，要求侵权通知应当包括构成侵权的初步证明材料。对于侵权通知应载明的初步证明材料，法律虽没有作出具体要求，但依《中华人民共和国民事诉讼法》（简称《民事诉讼法》）的规则，初步证明材料是指能够说明案件基本问题并有相应证据证明的材料，这要求权利人在发出通知书前要准备证据材料。这一方面增加了权利人维权的工作量和成本，造成维权阻碍；另一方面也给网络服务者增加了审查负担，需要根据版权人发出的侵权通知中载明的初步证明材料判断是否存在侵权行为，履行删除义务，同时还要基于与用户之间的服务关系向其发删除通知，并可能还会收到和处理涉及侵权用户发出的反侵权通知。网络服务提供者不是司法机关，也不具备准司法机关的性质，没有权利和义务审查侵权的初步证明材料。因此，《信息网络传播权保护条例》第十四条关于通知应当具备的初步证明条件规定也不合理，同时加大了版权人和网络服务提供者的负担。

最后，关于“明知或应该知道”的标准。《信息网络传播权保护条例》第二十三条的但书部分吸纳了“红旗标准”，网络服务提供商明知或者应知所链接的作品、表演、录音录像制品侵权的情况下，需要承担责任。学术界将“红旗标准”视为避风港规则的例外，即侵权事实像一面鲜亮的红旗在网络服务提供者面前飘扬，即使权利人没有发现，但作为普通的理性人也知道侵权的存在，而网络服务提供商对其视而不见，则不能援用避风港规则免除赔偿责任，而要承担共同侵权的责任。关于“明知或应当知道”，是该条款施加给网络服务提供者的合理注意义务。目前在司法实践中，判断是否“明知或应当知道”，通常是从网络服务商对侵权通知的审查程度来判断其是否履行“合理注意义务”。网络服务提供者对侵权通知的审查虽然可以判断其对侵权事实的知情程度，但这加重了其对侵权通知的实质审查义务，网络服务提供商作为第三方平台，不是法院等司法机关，侵权通知的设计也是版权人的自我救济。侵权通知仅仅是将来可能导致的诉讼中的某一证据，无须在诉讼之前就对其进行实质审查。对每一个侵权通知进行实质审查会影响通知的效率，动摇避风港规则的价值。实践中的做法属于当前制度下的无奈之举，网络服务提供商对侵权通知的实质审查不属于其合理注意义务，对于避风港条款中“应当知道”的注意义务，随着网络服务技术和运营模式的成熟，法律也应当做出相应的更清晰的界定。红旗不应该是一面面目模糊的红色旗帜，需要用具体的、便于实操的法律来使它起到警示作用（芦世玲，2014）。

笔者认为应进一步明确避风港规则的适用问题，因此必须解决好权利人利益和网络服务提供商利益的平衡问题，不能使网络服务提供商承担过重的义务而阻碍网络行业的发展，也不能放任网络服务提供商的侵权行为对权利人利益造成巨大损害，以平衡权利人与网络服务提供者的利益，减少纠纷发生。

# 第四章　数字出版环境下的著作权利益平衡机制

## 第一节　利益平衡理论概述

### 一、利益平衡的界定

什么是利益平衡？要理解这个概念，必须先了解什么是利益，以及怎样才能实现利益平衡。目前，学术界对于“利益”这一概念存在着不同的界定。根据《现代汉语词典》的定义，“利益”指的就是“好处”，对人们未来有好处的事物（中国社会科学院，2012）。付子堂（2011）在《对利益问题的法律解释》一文中认为，利益，就是为了满足生存和发展而产生的对于一定对象的各种客观需求，当然这种客观需求受所处经济社会条件的制约。利益来源于人们内心的需要，是人们生存和发展的不断追求。综合以上两种观点，笔者认为利益就是人们在社会生活过程中，基于自身实际情况对于物质产品或者精神产品的一种客观需求。利益可分为个人利益、集体利益及国家利益三种，从本质上讲这三种利益关系是辩证统一的。

利益平衡，也称为利益均衡，是指在特定的利益格局或者利益体系之下，各个利益相关方处于一种平稳和谐的状态，彼此之间的利益矛盾相互抵消，不再发生冲突。就法律层面来说，利益平衡是指通过法律的权威来协调各方面冲突因素，使相关方的利益在共存和相容的基础上达到合理的优化状态（陶鑫良和袁真富，2005）。当然，利益平衡不仅仅是一项立法原则，同时也是一项司法原则，法律、规则和制度都建立在利益平衡的基础之上。法律是维护社会关系平衡的工具，当平衡被打破的时候就要适度调整相关法律来建立新的平衡，否则冲突将会加剧，法律也将失去公平、公正和有效性。从这个意义上讲，利益平衡是现代法律体系中最为核心的精神。

在人类的法制史上，利益平衡的确立是一个循序渐进、不断完善的历史过程。尽管英美法系与大陆法系基于不同的立法目的，在调整作品的创作者、传播者和使用者这三者之间的关系时也选择了不同的侧重点，但追求利益均衡这一法律的基本精神是不变的，是相通的。之所以追求利益平衡，主要是由著作权法的二元价值目标导向决定的。著作权法所追求的利益平衡具有深刻的理论意义和实践意义。著作权的专有性与社会公众对于知识追求的共有性是著作权法中一对最主要的矛盾，制定著作权法的目的就是建立一个使得这对矛盾能够得到解决的平衡机制。

## 二、利益平衡原则

利益平衡理论的精髓就是利益平衡原则，利益平衡原则在利益平衡理论中处于核心地位。一般来说，利益平衡原则就是把利益平衡作为处理或者协调各类利益关系的指导性规则（冯晓青，2008）。具体而言，就是在处理或者协调各利益方的利益关系时，遵循利益平衡的精神，使各方的利益在相互依存、相互对立的基础之上，实现相互共容、和谐统一的平衡状态。

在很多情况下，利益之间的博弈可以依靠社会自发的调节加以解决。但是，随着时代的发展和进步，人们的利益需求变得十分复杂和多样，原本平衡的利益关系被打破，人与人之间产生了各种各样的利益冲突。这时候社会自发的调节机制失灵，不能很好地解决现实生活中所有的利益冲突问题，人与人之间的矛盾加剧。

根据利益平衡原则，当社会产生利益矛盾或者利益冲突时，就需要构建一定的制度体系进行平衡。与此同时，法律作为解决利益冲突和矛盾的一项有效手段就产生了。因此，利益平衡原则可以说是法律的基础性原则，具有重要的指导意义。利益平衡理论就是在利益平衡原则的基础之上构建起来的理论体系，利益平衡原则在该理论体系中处于核心地位。

总而言之，利益平衡理论的精髓就是利益平衡原则。就法律方面而言，由于利益平衡原则的重要性和高价值，人们必须将之深入贯彻到法律法规的整个构建过程中，作为立法的基本原则。另外，还要落实到具体的司法实践中，做到理论与实践的统一，发挥出利益平衡原则的真正价值和意义。

## 三、利益平衡的价值

首先，利益平衡体现了法律的基本价值。考察法律的发展历程，可以发现：法律之所以产生主要就是为了解决人与人之间的利益冲突问题，对利益进行合理分配，实现各方的利益平衡。因此，公平与正义是法律的价值追求和价值体现。但是，现实的社会并不是理想国，人们对于利益的诉求往往会让其失去理智，为追求利益不择手段，这严重阻碍了法律公平正义的实现。这时候就必须利用利益平衡的原理，对利益的各个涉及对象重新进行法律关系的调整，予以一定的制度安排。例如，对于那些依靠某种手段获得高利益者，必须对其进行一定权利限制；而对于那些利益受到损害的人，又必须强化他们的权益保障。法律就是通过对规则的制定和制度的安排，对不同利益进行调整，以此实现利益平衡。因此，利益平衡体现了法律的基本价值。

其次，利益平衡维护了社会的和谐有序。让社会充满活力又和谐有序，是建立科学有效的法治目标所在，也是提高社会治理水平的必然要求。那么怎么才能实现社会和谐有序这一目标呢？笔者认为，社会和谐有序的关键就是对不同利益主体进行妥当的制度安排，以利益平衡为指导思想，充分保障每个社会成员的利益，那么社会自然就会和谐有序。具体的做法是，根据当前的经济社会发展水平和发展要求，对全社会的利益问题进行规划和协调，统筹兼顾，全面均衡。因此，利益平衡对社会的和谐有序具有积极意义。

# 第二节　著作权利益平衡理论

## 一、著作权利益平衡的提出

根据上节的相关论述可以得知：利益平衡理论是建构法律体系的基础性理论，同时也是建构法律体系的指导性理论，具有十分鲜明的理论价值与应用价值。这在《著作权法》的制度设计方面体现得尤为明显。《著作权法》作为知识产权法律体系的重要组成部分，遵循“二元价值目标”，强调权利人的私权与社会公众的公权之间的利益平衡（易艳娟，2005）。因此，著作权利益平衡理论的提出也就顺理成章，并且十分必要了。

考察著作权法的产生历史，可以发现，自从著作权法诞生以来，世界范围内的许多国家都依据自己的经济社会发展水平，制定了适合本国国情的著作权法。但各个国家著作权法都经过若干次修改，其直接动因就是科学技术，尤其是网络信息技术的发展给作品的创作、传播和使用带来了一些新的变化。原本这三者之间的利益平衡状态被打破，并导致出现了各种各样的利益冲突或者矛盾。鉴于这种形势，根据利益平衡理论的基本原理，结合我国当前的《著作权法》要求，笔者提出了著作权的利益平衡理论，这对于人们在网络环境下解决利益失衡问题具有重要理论意义和实践意义。

## 二、著作权利益平衡的对象

就著作权利益平衡理论的研究对象来说，笔者认为它主要处理以下两类著作权的利益平衡问题，或者说是利益分配问题。

第一类是作品的创作者与作品的传播者及作品的使用者之间的利益平衡问题。对于著作权的保护与限制，应该既不能让权利人过分垄断而妨碍信息资讯的传播、利用和交换，又不能否认著作权所具有的私权性质，否则将会从根本上遏制创造和革新，严重影响创作的积极性和主动性。在这个过程中，涉及三个行为主体，分别是作品的创作者、作品的传播者及作品的使用者（李琳，2011）。正是通过他们之间的利益博弈，著作权法才得以产生。

换言之，著作权法就是他们之间利益博弈的结果，而著作权的利益平衡理论就是调整这三者之间关系的基本思想。然而，每一次的复制和传播都有可能打破旧的著作权利益平衡，使之发生倾斜失衡，不论是有利于创作者还是使用者，因此著作权法必须经过一定的修订补充，建立起新的平衡。这种情况在网络信息时代尤为明显，因此处理好网络环境下创作者、传播者及使用者之间的利益关系，使之达到平衡状态，这也是本章论述的重点和关键。

第二类是发展中国家和发达国家之间的利益平衡问题。由于历史原因，发展中国家与发达国家之间在科学技术水平和经济发展总量上差异很大，这就导致了各国在著作权利益分配方面存在失衡现象。一些西方发达国家依靠雄厚的经济实力，大肆向发展中国家进行知识产权倾销，构筑严格的著作权保护制度及技术措施壁垒，这对于发展中国家来说很不公平。发展中国家与发达国家之间利益失衡，亟须构建公平、合理的著作权平衡机制（李智，2010）。由于本章主要针对我国网络环境下著作权限制制度的研究，所以这方面不做过多论述。

## 三、著作权利益平衡的基本原则

在著作权的保护与限制博弈过程中，著作权利益平衡遵循以下三个基本原则，分别是著作权权利人适度保护原则、使用者适度利用原则、技术中立原则。其基本思想可以表述为：著作权制度应当以平衡精神为指针，在作品的创作、传播及使用过程中，应该对作品的创作者、作品的传播者和作品的使用者之间的利益关系进行平衡，使著作权权利人的个人利益与社会公众的公共利益之间保持平衡，对社会资源进行合理配置，以下进行具体论述。

### （一）权利人适度保护原则

我国《著作权法》的立法目的就是保护作品创作者的合法权益，以便调动广大创作者的创作积极性，进一步繁荣我国社会主义科学文化事业，推动人们物质文化水平的提高（任仲平，2004）。

首先，要对著作权权利人的合法权利进行保护。我国《著作权法》明确规定：著作权权利人对其著作权享有人身权和财产权，禁止他人未经许可，以抄袭、剽窃、歪曲篡改等不法行为使用其作品。这就为保护作者的正当权益，尊重创作者的创作成果提供了法律上的保障。对著作权权利人进行法律保护，保障他们的各项权利不受侵犯，著作权权利人的创作积极性就会被显著调动起来，更多更好的作品就会不断产生和涌现出来，科学文化事业就会更加繁荣和进步。

其次，对著作权权利人的保护要适度。我国《著作权法》不仅要保护著作权人的合法权益，同时也要对作品的传播者及社会公众的合法权益进行保障，让科学技术文化成果可以在全社会中得到共享。因此，对著作权权利人的保护要适度，不能超过一定的范围和水平。例如，当对著作权权利人的权利过度保护时，社会公众正常获得与使用作品就会受到限制，《著作权法》无法实现文化发展和繁荣的目标；反之，对著作权权利人的权利保护不够时，社会公众使用作品较为自由，但创作者创作作品的积极性和动力就会严重不足，难以创作出社会需要的一定数量和质量的作品，这同样会影响文化发展与繁荣的目标的实现。所以，对著作权权利人的权利应该加以限制，不能让其滥用。可见，权利人适度保护原则中的“适度”是指在避免保护不足与过度保护之间的合理保护，这是一种最佳的利益平衡，是划分版权专有和公有的界限，是权利人利益和社会公众利益达到相对平衡与协调的状态。

## （二）使用者适度利用原则

使用者适度利用原则就是在对著作权权利人的专有权利进行合理保护的同时，又要对作品的使用者的合法利益进行保障。让各类使用者，尤其是社会公众对于具有著作权的作品能够适度加以利用。“社会公众”对作品的“接近”是《著作权法》的核心问题（冯晓青，2004）。这里的“社会公众”就是作品的使用者，“接近”实际上就是利用的意思。换言之，社会公众可以对具有著作权的作品进行合理利用，并且在此过程中能够从中受益，这也是我国《著作权法》旨在实现的价值目标。

从这个角度上讲，著作权法通过建立著作权权利限制制度，促进著作权作品的社会传播，让社会公众尽量能够利用作品。一般来说，文学、科普、历史、政治、法律、经济、电影等类型的著作权作品能够比较容易地让社会公众“接近”。社会公众一旦接近了这些作品，就能从中受益，著作权权利人的个人利益和社会使用者的公共利益都将得到实现，这是双方利益平衡的理想状态。但是，当前许多国家的著作权法在利益的天平上存在着向著作权权利人利益倾斜的趋向，社会公众接近著作权作品的成本越来越高，这对社会公众接近著作权作品来说很不利。在这种情况下，保护社会公众对著作权作品的适当的、必要的接近权利，与保护著作权权利人的权利有着同样的重要性。所以，《著作权法》要以鼓励新作品的传播、关注社会公众利用作品等种种方式，促进社会公众更广泛地使用著作权作品，保证作品在创作、传播、使用之间相对平衡，实现更为广阔的社会公共利益。

## （三）技术中立原则

技术中立原则是指无论作品附着于何种媒介，著作权权利人均享有同等的著作权保护，其标的物不仅含有书籍、期刊、录音带、电子存储媒介（如 CD、DVD）等事物，甚至包括沟通或娱乐系统（如广播媒介）、表达模式；与此同时，传播者可以一定技术手段进行出版发行，使用者可以借助一定技术手段进行合理使用。因此，就技术本身而言，它是中立的，是客观存在的，是不以人的意志为转移的。技术中立的精髓就在于：以科技本身的客观性而非科技所导致的结果判断是非，适时地赋予新兴科技提供者自由研发的空间，避免著作权的权利范围不当扩大而钳制科学技术的未来发展（郭鹏，2010）。当然，网络时代技术中立原则并不是无条件和无限制的，更不应将其作为各类侵权的挡箭牌。一方面，作为解决责任分配的法律规则，“技术中立”必须结合于具体的法律法规之中，不应抽离出来，单纯地谈技术中立，这是不合法理及缺乏逻辑的。在技术中立原则的指引之下，作品的表达可依附于现有的或者未来的媒介，如此可以鼓励作者多加创作，进而促进科学与文化的进步。另一方面，技术中立原则不仅可以使《著作权法》不偏好某一特定媒介或者科技，还可以在新兴科技成熟时，推进著作权的立法工作，并使之不断补充完善，以适应社会的发展。

## 第三节　以利益平衡原则构建著作权权利限制制度

《著作权法》的立法目的在于确立著作权的保护制度，并以此对著作权权利人的合法权益予以适当保护。与此同时，《著作权法》又没有赋予著作权权利人无限制的权利，以防权利被滥用。换言之，《著作权法》为了在著作权权利人的个人利益与社会公众的公共利益之间进行平衡，在具体的制度安排上引入了著作权权利限制制度。基于这两方面的考量，《著作权法》的制度设计遵循的是“二元价值目标”，也就是在对著作权这一私权利益进行保护的同时，又要考虑到社会公共利益，通过对这两种利益冲突进行协调，实现社会整体利益的最大化。因此，著作权权利限制制度充分体现了利益平衡理论的基本思想。

基于《著作权法》的“二元价值目标”，我国在《著作权法》中除了对著作权保护进行相关制度设计以外，对著作权权利人的权利也进行了一些制度限制（冯晓青，2012）。这也就是所谓的著作权权利限制制度。通常而言，著作权权利限制指的就是作品的使用人可以在法律规定的范围内，不经著作权权利人的许可而使用其作品。当然，这种使用可以是免费的，也可以是有偿的，但均不构成对著作权权利人的侵权。也就是说，著作权权利限制制度设立的目的，是对著作权权利人依法享有的许可权及获得报酬权给予适当的限制，目的是方便社会公众对著作权权利人的作品进行适当使用，让社会公众可以感受由该作品带来的价值，以实现《著作权法》促进社会文化发展的目的。

我国《著作权法》中，对著作权限制的情况依作品的性质和使用方式可以分为三种：其一，不支付报酬可自由使用的情况；其二，支付报酬后可自由使用的情况；其三，取得作者许可并支付报酬后可自由使用的情况。在我国著作权理论中，第一种情况称为“合理使用”；第二种情况称为“法定许可”；第三种情况称为“强制许可”。应当注意到的是，目前我国《著作权法》中并没有涉及强制许可的规定，故在本书中不对强制许可做过多的论述（吴汉东，2007）。本书研究的重点是在《著作权法》中占有重要地位的两种基本的著作权权利限制制度——合理使用制度与法定许可制度。之所以对这两种制度进行研究，主要是因为它们在著作权权利限制制度体系中居于十分重要的地位，对于限制著作权权利人的利益，保护社会公众的利益，实现这两者之间的平衡具有重要意义。从这个角度上说，以合理使用与法定许可为代表的著作权权利限制制度充分体现了利益平衡。

# 第五章　数字出版环境下著作权合理使用制度的重构

## 第一节　著作权合理使用制度概述

### 一、我国《著作权法》规定的合理使用制度

著作权合理使用制度是著作权权利限制制度中的一项重要的制度，是对著作权权利人权利最普遍和极为重要的限制手段。通常来说，合理使用是指作品使用者按照法律的有关规定，以某种形式使用具有著作权的作品的著作权权利限制制度。合理使用不需要得到著作权权利人的许可，也不需要向著作权权利人支付任何报酬，作品的使用是完全免费的（向凌，2012）。不过，作品的使用者在使用作品时，必须标明作品的具体来源及作者的姓名。从著作权权利人的角度来讲，合理使用制度是一种权利限制制度，从使用者的角度来讲则是一种法定抗辩，是对权利人指控侵权的一种抗辩。笔者认为，合理使用应该属于划分著作权权利人权利范围的一个边界，只不过这个边界是从反向界定。总而言之，合理使用制度作为一种著作权权利限制制度，它体现了对著作权权利人的权利限制，也体现了对社会公共利益的保障。

我国《著作权法》对于合理使用的具体情形主要在第二十二条中作出了明确规定，具体划分为十二种合理使用的情形，笔者将其简单梳理为：时事新闻报道中的使用；适当的引用；时事性文章的使用；国家机关公务性使用；在公众集会上讲话的使用；课堂教学或科研中的使用；对室外公共场所艺术品的复制；图书馆等对馆藏作品的特定复制和传播；免费表演；制作盲文版本；制作少数民族语

言文字版本，以及个人使用等。

当然，由于我国《著作权法》制定的时间较早，上述规定的十二种情形主要是对传统环境下著作权权利人权利的限制，但并不是专门针对网络环境制定的著作权权利人的权利限制。因此，上述法律规定能否全部适用于网络环境下的著作权，笔者持质疑态度。

## 二、我国《信息网络传播权保护条例》规定的合理使用制度

为了弥补《著作权法》规定的不足，实现网络环境下著作权的利益平衡，国务院于 2006 年制定颁布了《信息网络传播权保护条例》。这一条例于 2013 年进行了第一次修改，对于指导人们在网络环境下合理使用著作权作品具有重要的意义和价值。《信息网络传播权保护条例》对网络环境下有关著作权的合理使用情形作了说明，对著作权权利人的权利进行了一定的限制。

《信息网络传播权保护条例》中第六条和第七条明确规定了网络环境下的合理使用，共有九种情形：一是适当的引用；二是时事新闻报道中的使用；三是对时事性文章的使用；四是在课堂教学和科研中的使用；五是公众在集会上的讲话的使用；六是国家机关公务性使用；七是以盲人可感知的独特方式提供已经发表的作品的不以营利为目的的使用；八是制作少数民族语言文字版本的使用；九是图书馆、档案馆、纪念馆等在特定情况下的合理使用。

由《信息网络传播权保护条例》的上述具体规定可知，由传统环境向网络环境转变过程中，著作权合理使用制度的范围变窄了，而著作权权利人的权利却扩大了，并且排除了个人使用等情形。这一做法对于著作权权利人来讲当然是好事，但对于社会公众来讲则反之。

# 第二节　数字出版环境下著作权合理使用制度面临的困境

## 一、合理使用制度判断标准的缺失

“合理性判断标准”是数字出版环境下判断作品合理使用行为的核心，也是著作权权利人专有权的止境与公众获取作品自由的起点。我国《著作权法》

及《信息网络传播权保护条例》对著作权合理使用问题作了列举且穷尽式的规定，也就是说符合规定的是合理使用，否则都不是合理使用。诚然，这种规定起到了明确的规范和引导作用，避免了认定标准的不统一，但是由于条文表述本身固有的缺陷和封闭式的立法模式，立法已经远远不能满足实践的需要，司法也不得不突破原有的范畴，走在了立法之前，立法与司法的矛盾日益显现。

目前，世界各国对合理使用制度的立法模式主要有三种：一是以美国为代表的因素主义立法模式；二是以中国（不含港澳台）为代表的规则主义立法模式；三是因素主义与规则主义相结合的立法模式，属于一种折中的立法模式。前两种合理使用的立法模式在世界范围内应用比较广泛，最后一种立法模式只在少部分地区使用，如我国的台湾地区。

首先，因素主义立法模式。因素主义立法模式是指，法律把合理使用的判断标准划分为若干个构成因素，并以之作为判断是不是合理使用行为的原则的一种立法模式。如果符合构成因素规定的条件就构成了合理使用，反之则不构成合理使用。美国是典型的因素主义立法模式国家，主张在判断作品的使用是否构成合理使用时，应该从四个构成因素来考量：其一是被使用的作品是否公开发表；其二是作品使用的目的与性质，包括营利性使用与非营利性使用；其三是使用行为给该作品的潜在市场价值带来的影响；其四是作品使用的数量与实质性程度（Madison，2004）。前两个构成因素主要是从使用作品的定性方面对合理使用进行判断；后两个主要是从使用作品的定量方面对合理使用进行判断。

其次，规则主义立法模式。规则主义立法模式是指，法律采用列举的方式对构成合理使用的行为类型作出具体规定，符合这些类型的行为就是合理使用，而这些类型之外的其他情况就不构成合理使用的一种立法模式（丁丽瑛，2008）。中国、德国、法国、日本等大陆法系国家多采用这种立法模式。规则主义模式的优点在于清楚明确、指引性强，法院在审理具体案件时易于适用，能够有效防止法官对自由裁量权的滥用。当然，规则主义立法模式的缺点也十分明显，那就是无法穷尽现实生活中所有合理使用的情形。因此，在司法审判过程中一旦出现了法律列举以外的其他情形，法官就会于法无据而使裁判陷入僵局。因此，纯粹的规则主义立法模式显得过于死板，缺乏法律应有灵活性和概括性，不能很好地应对网络环境下出现的新问题。因而，规则主义立法模式并不是最优的选择。

我国作为典型的规则主义立法模式的国家，采用了纯粹的规则主义立法模式。在法条中具体列举出每一种合理使用的情形，作为法官进行审判的标准。但是，由于难以穷尽合理使用的范围，作为判断合理使用的标准来说缺乏法律应有的概括性的功能。于是，在司法实践中缺乏应有的灵活性的缺陷暴露无遗。在当前数字出版环境下，这种立法模式显得过于滞后。

## 二、数字出版环境下合理使用的范围受到挤压

随着互联网技术的发展，对著作权人的权利保护从传统领域延伸到了数字空间，在数字出版环境下著作权的权利范围出现了扩张的趋势，并逐步得到法律上的确认。著作权权利的扩张主要体现在两点：一是《著作权法》所保护的作品种类更加广泛，与数字技术相关的智力成果逐步被纳入《著作权法》保护范畴，如原创网络文学、数据库、数字图书馆、手机出版物等；二是著作权权能得到拓宽，法律赋予了著作权人信息网络传播权、出租权等新的财产权利。虽然《著作权法》对著作权的权利内容和功能进行了扩充，但却未成比例地扩大合理使用的范围，这使合理使用制度的适用范围受到相对挤压，我国现行《著作权法》的规定非常明显地反映了这一点。

我国《著作权法》第二十二条共列举了十二种合理使用的情况，但在《信息网络传播权保护条例》第六条和第七条中却减少到九种。《著作权法》第二十二条中非常重要的一项，即"为个人学习、研究或者欣赏，使用他人已经发表的作品"属于合理使用，而在《信息网络传播权保护条例》中被排除在外，未被纳入合理使用的范畴。由此可以看出，在数字出版环境下合理使用的门槛相应提高了，这也成为合理使用空间缩小的一个主要原因。

因此在数字出版环境下，合理使用制度的适用范围受到相对挤压，打破了著作权人、数字出版商和消费者之间的利益平衡。

## 三、数字出版环境下合理使用制度与私人复制之间的冲突

私人复制是指个人或者家庭通过某种技术或手段复制他人受《著作权法》保护的作品的非商业性使用行为。大多数国家的《著作权法》将私人复制纳入合理使用的范围，我国《著作权法》也将私人复制作为著作权合理使用的情形之一，《著作权法》第二十二条规定：为个人研究、学习或欣赏的目的，可以不经著作权权利人许可，并不向其支付报酬而使用其已发表的作品（张书勤，2014）。

在传统环境下私人复制主要通过图书馆查阅图书、报纸杂志，或者购买后通过复印、扫描、翻拍等方式来实现，私人复制对作品的销售产生的实质性影响很小，著作权权利人对私人复制纳入合理使用的范围并未提出质疑。但是在网络环境下，私人复制是否可以一概认定为合理使用呢？

随着网络的普及、网络技术的日新月异，作品的存在和使用方式都发生了根本的变化，作品的复制和传播变得异常简单，使用人突破了时间和地点的限制，可以轻松地在网络上找到自己所需要的作品，通过操作计算机即可无限地复制下载，网络环境下未经授权无偿使用作品的行为不计其数，使用者不必支付任何对价便可使用作品，导致传统的使用方式不可避免地发生了替代，著作权权利人的权益因为网络的出现和发展而被大打折扣，严重地损害了作者的权益。

在此种情况下，为了弥补著作权权利人的损失，德国等国家在著作权法中首创了对私人复制的著作权补偿金制度，它既承认私人复制权的合法性，又对著作权权利人因合理使用造成的损失进行补偿，同时对那些提供复制设备的制造者、输入者收取不高于设备售价 5%的费用（郑小鸿，2005）。德国的著作权补偿金制度，在网络环境下虽然对著作权权利人与社会公众之间的利益平衡起到了一定的作用，但并不能从根本上解决合理使用与私人复制之间的利益冲突。如何解决网络环境下合理使用与私人复制之间的利益冲突，仍然是摆在各国著作权法律制度面前的一个难题。而我国的《信息网络传播权保护条例》对私人复制是否属于合理使用的问题，并没有作出相应的回应和规定。

## 四、数字出版环境下合理使用制度与技术保护措施的冲突

在网络环境下人们利用技术手段获得他人作品非常容易，侵权行为日趋严重，为了防止作品被他人擅自复制或下载，著作权权利人便在数字化作品中采用各种技术保护措施来进行私力救济，用于防范未经许可擅自复制或下载的行为。权利人通常采用的技术保护措施如下：加密、电子文档指示软件、数字水印、口令加密技术、电子签名、指纹技术、反复制设备等。技术保护措施能够跟踪、监视、测量、控制对数字作品的使用，使著作权权利人能够成功地保护作品不被他人侵权。而对于普通使用者来讲，由于技术上的原因，他们是无法破解和规避技术保护措施的，他们不可能按照自己的需要接触作品，因此技术保护措施将会把

部分合理使用行为排除在外，限制了社会公众对作品的合理接触，甚至还可能将已超过保护期，可以进入公共领域的作品纳入技术保护措施的范围。技术保护措施对著作权权利人提供的保护已远远超出了法律保护的界限和范围，从而使传统的著作权合理使用制度所形成的著作权权利人与社会公众之间的利益平衡出现了向权利人的倾斜。

目前多数国家的著作权法已经把规避技术保护措施及提供规避装置和服务的行为规定为非法。我国《著作权法》也不例外，对此问题作出了相应的规定。我国《著作权法》第四十七条规定：未经许可故意破坏或避开权利人采取著作权或者与著作权有关的权利的技术保护措施构成侵权。我国《信息网络传播权保护条例》第四条和第十二条对网络环境下技术保护措施及其规避行为作了更加明确的规定。

各国立法者在对技术保护措施提供法律保护的同时，也注意到技术保护措施作为权利人的私力救济手段，会对著作权权利限制造成不利影响并使利益的天平倾向著作权权利人，因此，各国立法者试图在著作权法中规定技术规避措施，以实现新的利益平衡。我国的《信息网络传播权保护条例》第十二条就明确规定了四种可以避开技术保护措施的情形，但不能向他人提供这些避开技术保护措施的装置、部件或者技术。虽然《信息网络传播权保护条例》对技术保护措施进行了一定程度的限制，但是合理使用制度与技术保护措施之间冲突的解决不可能一蹴而就，因为随着技术手段的发展，技术保护措施的规避与反规避是此消彼长的过程。

## 第三节　数字出版环境下著作权合理使用制度的重构

### 一、明确合理使用制度的判断标准

在网络环境下，明确合理使用的判断标准，是建构著作权合理使用制度的基础。对此，我国可以参照美国的因素主义立法模式，引入“合理性”的判断标准。就目前而言，我国《著作权法》对合理使用的规定，采取的是规则主义立法模式。换言之，就是将所有合理使用的情形一一列举出来，但并没有设置关于合理使用的判断标准。尽管规则主义的立法模式具有简单明了、便于实施执行的特点，而且在审判过程中也易于被法官所掌握，但规则主义立法模式本身存在的缺陷及缺乏应有的灵活性，导致规则主义立法模式不能穷尽合理使用的所有情形，这给法官带来审判上的难题和无据可依，缺乏制度应有的包容性和适度的前瞻性。

由于缺乏判断合理使用的标准，司法实践中法官只能机械地将案情与合理使用的情形一一对应，进行判决。但是判断一种行为是否属于合理使用不能简单对号入座，更需要在理解合理使用构成要素的基础上作出合理判断。因此，我国《著作权法》合理使用制度就应该在规则主义立法模式基础之上，借鉴因素主义立法模式，明确合理使用的判断标准。这样既有利于解决现行合理使用标准的不确定性和随意性，保护著作权权利人的合法权利，同时也为使用者合理使用其作品，为法官正确运用法律法规提供原则性的依据。从根本上说，这有助于合理使用制度在网络环境下更好地平衡著作权权利人与社会公众之间的利益。

笔者建议修改《信息网络传播权保护条例》相关条款，在对网络环境下合理使用的情形进行一一列举的同时，确定一个合理使用的基础性判断标准，以适应现实生活中纷繁复杂的情况。具体做法如下：第一，完善网络环境下著作权合理使用的情形。笔者主张网络环境下合理使用的范围适度放宽，明确规定把私人复制纳入合理使用范围之内；第二，明确规定网络环境下著作权合理使用制度的判断标准。采用规则主义和因素主义相结合的混合立法模式，可避免一些本来符合合理使用标准的行为被排除在合理使用情形之外，在实现法律的概括性功能基础之上又具有更大的灵活性。

## 二、适度放宽合理使用的适用范围

著作权合理使用制度的功能就在于平衡著作权人与社会公众之间的利益，通过压缩公众合理使用作品的范围来达到保护著作权人利益的方式，并不利于促进作品的利用和传播，也不符合这一制度设置时追求的二元价值目标。笔者认为，著作权人的权利保护应当通过建立多元化的著作权授权模式、方便快捷的数字交易平台、适于数字出版环境的著作权救济机制来实现，而不是一味依靠压缩公众使用作品的空间。虽然随着互联网技术的发展，一些在传统领域中合理的使用因为在网络环境下会对著作权人的利益造成实质性损害而不再合理，但在新的网络领域中，也存在着新的合理使用的情形，在这些新的情形中合理使用不会对著作权人的利益产生本质性损害，却对公众受教育权、学习权等公益的实现产生积极作用。这就要求法律适应社会发展的需要，合理划定数字出版环境下著作权合理使用的适用范畴，将丧失合理性的使用情形从著作权合理使用的范围中剔除出去，将具备合理性的使用情形吸收到著作权合理使用的范围中来。因此，数字出版环境下“为个人学习、研究或者欣赏”而使用作品的，在现阶段原则上仍然应当认定为合理使用。

有学者主张可以结合实际情况采用多样化认定标准区别对待。一是根据作品性质不同，可以对一般文字作品从宽认定合理使用；对于原创程度较高的影视作品和音像作品从严认定合理使用。二是根据数字作品使用目的不同，可以对于以个人学习和研究为目的而进行的使用从宽认定为合理使用；对于以欣赏娱乐为目的的使用从严认定合理使用。

## 三、将私人复制纳入合理使用范围

《信息网络传播权保护条例》虽然将《著作权法》规定的合理使用范围延伸到网络环境中，但并未专门针对网络环境下出现的新问题设置新的合理使用范围。《信息网络传播权保护条例》第六条和第七条明确规定了网络环境下的合理使用。由以上规定可知，在网络环境下，著作权合理使用的范围变窄了，排除了私人复制、个人使用等情形。

私人复制是网络环境下最具争议的焦点性问题，在网络环境下作品的复制变得十分简单和便捷，这突破了人们对传统复制概念的认知。根据我国现行《著作权法》中关于“复制”概念的表述，它是“以印刷、复印、拓印、录音、录像、翻录、翻拍等方式将作品制作一份或者多份的行为”。在现实生活中整个网络传播都离不开复制，而复制又派生出临时复制和永久复制，其中临时复制占很大比重，因为在网络传输过程中，计算机或网络系统不可避免地产生临时复制。如果将这些复制统统纳入著作权权利人的复制权范围中，势必会妨害社会公众对信息的获取。但我国《信息网络传播权保护条例》并没有对网络环境下私人复制和临时复制作出任何规定，在立法上采取回避态度，即没有对私人复制和临时复制做出许可或禁止的明确规定。

笔者认为，在修改《信息网络传播权保护条例》关于个人使用部分的时候，应该与《著作权法》的相关规定保持一致。换言之，就是应当承认某些个人使用属于合理使用，将私人复制明确纳入到合理使用的范围之内。需要特别指出的是，私人复制一定是出于个人学习、研究和欣赏的目的，而不能擅自传播以营利为目的。将私人复制纳入合理使用的范围可以使作品的使用者不至于因为上述复制行为而担心侵权，承担侵权责任。这样做的好处是既可以让具有著作权的作品在网络环境下进行广泛的传播，充分实现作品作者的个人价值；同时也可以满足社会公众对网络作品的需求，保护好社会公众的利益。

## 四、协调合理使用与技术保护措施的冲突

技术具有中立性，是一种客观存在，但技术保护措施却带有明显的价值取向，它更加倾向于对著作权权利人的保护。从某种意义上讲，技术保护措施是一把双刃剑，如果对著作权权利人实行过度保护，那么社会公众的利益就会遭受损失；同样，如果对社会公众的利益予以过度关注，那么著作权权利人的利益就得不到保障。这与著作权法的基本精神相违背。对著作权权利人的过度保护或者保护不够都会打破他们之间的利益平衡，都会对某一方的利益造成损害。因此，《著作权法》在对权利人的作品实行技术保护措施时，不能妨碍社会公众对作品的合理使用。因此需要合理界定技术保护措施，并对其作出相应的限制，来化解合理使用制度与技术保护措施之间的冲突。

就我国《信息网络传播权保护条例》的规定，涉及有关技术保护措施方面的不多，很多方面不够透彻，存在很多问题。这对于平衡网络环境下著作权权利人与社会公众之间的利益问题十分不利。为此，可以借鉴美国的《千禧年数字版权法》及欧盟的《版权指令》中有关技术保护措施的规定，并结合我国的实际情况来完善我国关于技术保护措施方面的制度建设。

首先，重新对技术保护措施进行界定并对其划分类别。例如，在美国通常将技术保护措施划分为两类：第一类是有关控制作品使用的技术保护措施；第二类是有关控制作品访问的技术保护措施。美国正是通过对作品的使用与访问加以限制，实现了技术保护措施对著作权权利人与社会公众利益平衡的保障（陈杭燕，2012）。因此，笔者建议我国在修改《信息网络传播权保护条例》时，可以借鉴美国的类似做法，采取对技术保护措施进行分类的方式修订，综合考虑各方利益关系，实现利益平衡。

其次，为防止过度保护著作权权利人的利益而对社会公众利益造成损害，可以对技术保护措施本身进行外在限制和内在限制。在外在限制方面，仅对控制作品使用的技术保护措施进行限制，对控制作品访问的技术保护措施不进行限制；内在限制方面，可以将主体、目的和措施三个方面作为判断该技术保护措施是否属于法律保护范围的标准，即主体适当、目的合法并且措施有效。内在限制适用于所有的技术保护措施，无论是控制作品使用的技术保护措施还是控制作品访问的技术保护措施都应当遵守。

# 第六章　数字出版环境下著作权法定许可制度的构建

目前，我国的出版企业正在由传统的出版模式向数字出版模式转型。数字出版是指利用数字技术进行内容编辑加工，并通过网络传播数字内容产品的一种新型出版方式，其主要特征为内容生产数字化、管理过程数字化、产品形态数字化和传播渠道网络化。数字出版的实质就是通过网络传播数字内容产品，因此在数字出版环境下，已不适用现行《著作权法》的法定许可制度，必须探索数字网络环境下的著作权法定许可制度，并在立法上积极跟进，以适应数字出版高速发展的需求。

## 第一节　现行《著作权法》对法定许可制度的规定

### 一、《著作权法》的规定

《著作权法》规定了以下五种法定许可使用的类型。

第一，编写出版教科书法定许可。我国《著作权法》第二十三条规定："为实施九年制义务教育和国家教育规划而编写出版教科书，除作者事先声明不许使用的外，可以不经著作权人许可，在教科书中汇编已经发表的作品片段或者短小的文字作品、音乐作品或者单幅的美术作品、摄影作品，但应当按照规定支付报酬，指明作者姓名、作品名称，并且不得侵犯著作权人依照本法享有的其他权利。前款规定适用于对出版者、表演者、录音录像制作者、广播电台、电视台的权利的限制。"这是著作权法修改时新增的法定许可条款。

第二，报刊转载、摘编法定许可。《著作权法》第三十三条第二款规定：“作品刊登后，除著作权人声明不得转载、摘编的外，其他报刊可以转载或者作为文摘、资料刊登，但应当按照规定向著作权人支付报酬。”

第三，制作录音制品法定许可。《著作权法》第四十条第三款规定：“录音制作者使用他人已经合法录制为录音制品的音乐作品制作录音制品，可以不经著作权人许可，但应当按照规定支付报酬；著作权人声明不许使用的不得使用。”

第四，广播电台、电视台播放他人已发表的作品法定许可。《著作权法》第四十三条第二款规定：“广播电台、电视台播放他人已发表的作品，可以不经著作权人许可，但应当支付报酬。”

第五，广播电台、电视台播放录音制品法定许可。《著作权法》第四十四条规定：“广播电台、电视台播放已经出版的录音制品，可以不经著作权人许可，但应当支付报酬。当事人另有约定的除外。具体办法由国务院规定。”

## 二、《信息网络传播权保护条例》的规定

《信息网络传播权保护条例》第八条、第九条规定了信息网络传播权的法定许可。

第一，义务教育的法定许可。“为通过信息网络实施九年制义务教育或者国家教育规划，可以不经著作权人许可，使用其已经发表作品的片断或者短小的文字作品、音乐作品或者单幅的美术作品、摄影作品制作课件，由制作课件或者依法取得课件的远程教育机构通过信息网络向注册学生提供，但应当向著作权人支付报酬。”

第二，扶助贫困的法定许可。“为扶助贫困，通过信息网络向农村地区的公众免费提供中国公民、法人或者其他组织已经发表的种植养殖、防病治病、防灾减灾等与扶助贫困有关的作品和适应基本文化需求的作品，网络服务提供者应当在提供前公告拟提供的作品及其作者、拟支付报酬的标准。自公告之日起 30 日内，著作权人不同意提供的，网络服务提供者不得提供其作品；自公告之日起满 30 日，著作权人没有异议的，网络服务提供者可以提供其作品，并按照公告的标准向著作权人支付报酬。网络服务提供者提供著作权人的作品后，著作权人不同意提供的，网络服务提供者应当立即删除著作权人的作品，并按照公告的标准向著作权人支付提供作品期间的报酬。”适用此条款时，不得直接或者间接获得经济利益。

## 三、《网络著作权解释》的规定

2003 年 12 月 23 日最高人民法院修正的《网络著作权解释》第三条规定：已在报刊上刊登或者网络上传播的作品，除著作权人声明或者报刊、期刊社、网络服务提供者受著作权人委托声明不得转载、摘编的以外，在网络进行转载、摘编并支付报酬、注明出处的，不构成侵权。但转载、摘编作品超过有关报刊转载作品范围的，应当认定为侵权。2006 年 11 月 20 日，最高人民法院对《网络著作权解释》进行了第二次修正，最终没有保留这条规定。

# 第二节　国际公约、各法域对法定许可制度的规定及比较

## 一、国际公约对法定许可制度的规定

### 1.《伯尔尼公约》中的一般性规定

《保护文学和艺术作品伯尔尼公约》，简称《伯尔尼公约》。出于保护作者权利的立约宗旨，《伯尔尼公约》允许各成员国对作者的权利设定法定许可使用限制的条款，并作为任意性规范，各成员国可以规定，也可以完全不规定。具体而言，公约的法定许可使用规范分别涉及复制权、广播权和音乐作品的录制权（王清，2001）。

（1）成员国国内法可以确定为传播信息的目的，将讲课、演讲和其他性质相同的公开发表的作品以报刊、广播形式复制，以有线方式向公众传播和将其作为第十一条第一款中的公开传播方式的客体条件。

（2）成员国国内法有权允许在某些特殊情况下复制本公约保护的文学艺术作品，只要这种复制不与该作品的正常利用相冲突，而且不给作者的合法利益带来不合理的损害（第九条第二款）[①]。

（3）成员国国内法对作者享有的广播权确定的条件，在任何情况下不得损害作者的精神权利，也不得损害作者取得公平报酬的权利。如果在报酬问题上达不

① *The Beme Convention*, Sectoin 9[2016-2-20]

成协议，由主管当局确定报酬额（第十一条第二款）。

（4）成员国国内法对授予音乐作品的作者及允许其歌词与音乐作品一道录音的词作者的许可，对上述作品录音的专有权利规定的保留和条件，在任何时候均不得损害这些作者获得公平报酬的权利。如果在报酬问题上达不成协议，由主管当局确定报酬额（第十三条第一款）。[①]

第九条第二款所规定的关于复制权限制的“三步检验法”中，第三步所确定的“不给作者的合法利益带来不合理的损害”已经隐含了概括性授权，为各国国内法在某些特殊情形下，规定复制权的法定许可使用提供了公约依据。

对广播权（第十一条第二款）而言，成员国国内法可以对作者行使其广播权设定条件，但所定条件在任何情况下不得损害作者的精神权利，也不得损害作者取得公平报酬的权利（王清，2007）。其中，“条件”并未被限定，因此可以是法定许可使用，也可以是对声音或图像接收器的购买者实行的税收征纳制度（所征税款再分配给作者）。

“音乐作品的录制权”（第十三条第一款）实际上是公约第九条第一款所规定的复制权的一种，即机械复制权。该规定是在机械录音技术发展的背景下，音乐作品的权利人集团（主要是出版商）与新兴的唱片行业之间利益妥协的产物。唱片行业无偿地、自由地利用音乐作品逐渐兴盛发达的现实，激发了音乐作品权利人或出版商的不满，他们强烈要求立法保护自己的作品不被肆意使用而影响自己的经济收益。因此，在 1908 年《伯尔尼公约》柏林修订会议后，公约将作者的复制权扩大至包括对作品的机械复制。同时，为保证唱片行业能够得到足够的作品，公约增加了上述法定许可的规定。

2.《与贸易有关的知识产权协议》中的相关规定

《与贸易有关的知识产权协议》（*Agreement on Trade-Related Aspects of Intellectual Property Rights*，简称《TRIPS 协议》）第十三条规定，成员在某些特殊情形下，可以对专有权作出限制或例外规定，但这些特殊情形必须不妨碍作品的正常使用，且不会不合理地损害相关权利人的合法利益。此外，协议还规定了对广播组织、表演者及录音制品制作者的保护，任何成员国均可以在《保护表演者、音像制品制作者和广播组织罗马公约》（*Rome Convention for the Protection of Performers*，*Producers of Phonograms and Broadcasting Organizations*，

① *The Beme Convention*, Sectoin 13[2016-2-21]

简称《罗马公约》）允许的范围内，作出各种条件、限制、例外和保留规定。这些条件、限制、例外、保留都可以作为各国规定法定许可制度的依据。

3.《世界知识产权组织版权条约》中的规定

《世界知识产权组织版权条约》（*World Intellectual Property Organization Copyright Treaty*，WCT）于1996年在日内瓦召开的关于版权和邻接权若干问题外交会议上通过。该条约第十条第一款规定，在不与作品的正常适用相违背，也不对作者合法权益有损害之虞时，缔约各方可在其国内法中限制或例外规定对依本条约授予的文学艺术作品作者的权利。第二款规定，缔约各方在适用《伯尔尼公约》时，对公约所规定权利的限制和例外不得损害作品的正常使用，且不得损害作者的合法权益。WCT将《TRIPS协议》所规定的版权专有权扩大至邻接权中，且WCT将《伯尔尼公约》所规定的复制权及允许的例外适用于数字情形下，指以数字形式适用作品的情况，这样WCT就弥补了网络环境下权利限制的缺陷。为法定许可制度适应时代发展要求，进入网络环境下信息传播、流转领域奠定了基础。

## 二、典型国家和法域对法定许可制度的规定

1. 德国

《德国版权法》规定了四种法定许可使用：第一，为了宗教、学校或者教育使用目的，在文集中汇编已经发表的文字及音乐作品的片段、单幅美术作品或者照片，或者为非音乐学校的音乐教育而汇编音乐作品。其条件是：在书名页或其他适当位置清楚地标明文集的使用目的；复制前应以挂号信方式通知作者，如果其住所或临时居住地不详，通知寄给权利持有人，通知寄出两星期后方能复制。如果权利持有人的住所或临时居住地也不详，应在《官方公报》（*Bundesanzeiger*）上刊登该通知（第四十六条）。第二，为教学目的，教师培训与继续培训学校和机构以录音录像方式复制学校广播节目中的作品。如果在学年末不销毁该录音录像制品，应向作者支付公平的报酬（第四十七条）。第三，复制、发行关于日常政治、经济或宗教问题的单篇广播评论和报刊文章，该评论和文章没有权利保留声明，但只复制部分内容，或者仅以评论方式发行或公开传播的除外（第四十九条第一款）。第四，如果根据作品的性质，预料作品将会通过录制广播节目、转录现有录制品的方式进行复制而用于个人使用，则该作者有权向这些复制设备和录音、

录像载体的制造商或进口商索取公平的报酬（第五十四条）（胡开忠，2004）。

2. 法国

《法国知识产权法典》著作权法部分规定了两种法定许可使用，即在公共场所（非娱乐场所）直接传播、广播或者同时以有线方式传播以营利目的而出版的录音制品（第 L.二百一十四条）；或为个人使用之目的，复制录音制品或录像作品，报酬由录制媒介的制造商或进口商一次性支付（如为其自己使用，相应款项可退还）（第 L.三百一十一条）。

3. 日本

《日本著作权法》规定了五种法定许可使用为私人使用之目的，以某些数字录制设备录制录音录像作品（第三十条第二款）；在由文部科学省审定或者文部科学省编撰的学校教科书（小学、中学或其他类似学校用书）中复制已公开出版的作品，并可适用于高级中学函授课程教科书和教师指导用书（该教师指导用书必须由出版教科书的同一出版社出版）（第三十三条）；以广播或以有线方式传播包含在与学校课程标准相符的广播节目或有线广播节目中的已出版作品（第三十四条）；为营利目的，在入学考试或其他知识或技能考试或证书考试的试题中复制已公开发表的作品，所支付的报酬应相当于正常使用费（第三十六条第二款）；指定的非营利的音像教育机构及其他机构向公众免费出借电影及其他音像制品（第三十八条第五款）。

4. 加拿大

《加拿大著作权法》[①]规定了三种情形：已出版的作品，其作者去世 25 年后允许复制，但复制者必须将其复制的意图按规定作出书面通知，并按规定支付版税（第七条）；任何人依据著作权上诉委员会（后改为著作权委员会）的规定，定期向各个表演权协会支付一笔费用后，即可以获得公开播放音乐或音乐戏剧作品的许可（第四十八条至第五十条）；任何音乐、文学或戏剧作品制成磁带、唱片或其他类似制品，若该制品以前已由著作权所有人制作或经其同意制作，或者制作人已按规定通知了制作意图并已支付规定的版税，则其制作不应认为是对作品著作权的侵犯（第十九条）。关于录制作品的许可至 1988 年修订著作权法时予以废止。

---

① *Copyright Act of Canada* (R.S.C., 1985, c. C-42)

5. 澳大利亚

《澳大利亚版权法》规定了十种法定许可使用：为广播作品及其改编目的而录制录音制品或电影（第四十七条第三款）；持有为残疾人服务的广播许可证的人广播已出版的文学、戏剧作品（第四十七 A 条）；为播放电视节目而复制电影作品（第七十条第三款）；为广播录音制品而录制该录音制品（第一百零七条第三款）；公开播放已出版的录音制品（第一百零八条）；在某些情况下广播已出版的录音制品（第一百零九条）；为了政府执行公务，在特定情况下复制作品（第一百八十三 A 条）；教育机构及其他机构为残疾人而复制和传播广播节目（第 VA 部分）；教育机构及其他机构大量复制、传播作品和期刊文章（第 VB 部分）；二次播放有线广播节目（第 VC 部分）。

6. 芬兰

《芬兰版权法》规定了四种法定许可使用：为了教育目的，汇编出版 5 年后的文学或音乐作品的部分，或者短作品的全部及以图片形式复制已发行的艺术作品（专为教育目的而出版的作品除外）（第十八条）；除公共图书馆或者研究、教育图书馆外，向公众出借作品（建筑作品、手工艺作品或实用艺术品除外）（第十九条）；有线电视系统转播广播、电视节目（第二十五 i 条）；制造或进口为个人使用的录音、录像、磁带或其他媒介（第二十六 a 条～二十六 h 条）（王清，2007）。

7. 西班牙

《西班牙著作权法》只有一种法定许可，即大众传播媒体有关时事问题的论文和文章，其他大众传播媒体可以复制、发行和向公众传播，但要说明来源和作者姓名，且文中无保留版权的声明（第三十三条第一款）。

8. 瑞士

《瑞士版权法》规定了五种关于个人复制已出版作品（计算机程序除外）的法定许可：教师为课堂教学而使用；企业、政府机关、研究所、委员会及类似机构为了内部收集信息和文献目的而复制；超出个人范围而全部或大量复制可以通过商业性途径获得的作品；复制美术作品、音乐作品曲谱；将作品的演讲、表演进行录音、录像或数据记录的（第二十条第二款）；制造或进口空白盒式录像带或其他可以录制作品的录音、录像载体（第二十条第三款）。

## 三、典型国家和法域法定许可制度的比较

### （一）法定许可制度的相同点

从以上各国家和法域的规定对比分析来看，法定许可制度具有以下共同点。

#### 1. 以宗教、培训和教学为目的的法定许可

以宗教、培训和教学为目的的法定许可在德国、日本、芬兰和澳大利亚的著作权法律里都有规定。《德国版权法》的规定是为了汇编教材而进行的复制。从目的方面来看，比其他的国家多了一个宗教目的。另外，《德国版权法》还规定，这些教育机构为教学需要而进行的这些复制如果在学年末没有销毁，则要向作者支付报酬。《日本著作权法》有一条相似的规定，就是为编撰由文部科学省组织的教科书时可以复制已公开出版的作品，这其实是一种汇编。它还规定在各种考试试题中可以复制公开发表的作品。另外，《芬兰版权法》规定为教育目的可以汇编文学或音乐作品。《澳大利亚版权法》则规定教育机构大量复制或传播适用法定许可。

#### 2. 广播电台、电视台传播的法定许可

第一，广播电台、电视台传播的法定许可在德国、日本、法国、澳大利亚和芬兰的著作权法律里都有体现。只是《澳大利亚版权法》规定得更详细，条文更多。《澳大利亚版权法》用了三个条款细化了广播电台、电视台法定许可的情形。它把此类法定许可限定为录音制品或电影、广播文学或戏剧作品、为广播录音制品而录制该录音制品三种情形。而且更为人性化的是，它考虑到了残疾人的需要，对于持有为残疾人服务的广播许可证的机构有优待。第二，从他们的目的来看，有的是为了自己广播电台和电视台的自身业务需要，有的是为了教学的需要，也有的是为了在公共场所传播，含有一定的公共利益需要。第三，从付酬的方式来看，德国规定由录音、录像设备的制造商或进口商支付，其他国家没有明文的规定。

#### 3. 为私人使用目的复制的法定许可

私人复制在很多时候又被称为个人使用，但是私人复制又不能等同于个人使用，确切地说，私人复制只是个人使用方式的一种。私人复制通常是指为个人使用而少量地重复再现受著作权保护的作品。它主要是指非权利人的复制行为，目的是为个人使用，数量上为少量，性质上为非营利，同时没有给著作权人的合法利益造成损害。

为私人使用目的复制的法定许可在日本、法国和芬兰的法律制度里都有体现。只是支付报酬的方式有些差异，《法国知识产权法典》直接规定由录音设备和媒介的制造商或进口商支付法定的使用费，其他的都是规定向著作权人支付。但是即使是向著作权人支付，一般也不是直接支付，而是通过著作权集体管理组织代转（间接支付）。

## （二）法定许可制度的不同点

上述国家和法域著作权法规定的法定许可也有不同之处。

1. 呈现了从合理使用向法定许可转移的趋势

从以上国家和法域有关于法定许可的规定和发展趋势来看，受国际公约的影响，“不得不合理损害权利人的利益”的标准越来越多地被接纳、适用，典型的如《德国版权法》中的有关规定，就体现了由合理使用向法定许可的过渡，因为合理使用制度是不用问著作权人的意思而直接由国家法律加以明文规定适用，且不用支付著作权人或相关权利人任何报酬的，相比较于法定许可制度规定了使用人支付报酬的义务，后者更多地体现了对权利人利益的弥补、保护，即呼应了“不得不合理损害权利人的利益”的国际公约标准。《德国版权法》规定复制或公开传播单篇广播评论和报纸文章等，其内容应为日常的政治、经济或宗教问题，且文中未注明不许转载才可以适用法定许可这种情形。此情形在我国法律中规定在合理使用制度里。由此可见，合理使用与法定许可之间存在一种转移的趋势。这也是知识产权保护水平越来越高的表现，此点在与发达国家著作权法进行的比较研究中体现得非常明显。

2. 两大法系国家规定法定许可范围的侧重点不同

英美法系规定的有关于法定许可使用的制度要多于大陆法系的相关规定。英美法系国家和地区包括美国、英国、加拿大、新加坡、中国香港等，受历史发展、文化传统的影响，这些国家和地区的社会认可中更多注重公共的、现代的因素的影响，它们的法定许可多见于面向大众的、技术性较先进的广播传媒方面。而大陆法系以欧洲的德国、法国为代表，这些国家崇尚自由、传统，一般都规定了以教学、教育为目的的法定许可，是英美法系国家很少涉及的。此外，大陆法系国家将大多数国家都采用合理使用方式规定的有关于政治、经济、宗教的时事性文章的转发、复制规定为法定许可方式，更多地体现了对个人权益的保护。

3. 不同国家和地区的法定许可独具特色

《加拿大著作权法》有两个独具特色的规定：一是在作者死后25年即可复制作者已经发表的作品。二是对于音乐和戏剧作品，任何人向表演权协会支付一笔费用后即可获得播放的权利。而《澳大利亚版权法》规定，播放戏剧作品的法定许可的主体只能是持有为残疾人服务的广播许可证的人。

# 第三节　现行法定许可制度存在的缺陷

## 一、现行《著作权法》关于法定许可规定的缺陷

1. 合理使用范围太宽，法定许可范围太窄

法定许可是依据法律的直接规定而限制著作权人的许可权，达到平衡著作权人与社会公众之间利益目的的制度。法定许可制度的产生，正是弥补了合理使用制度的缺陷，适应了社会发展的要求。我国现行《著作权法》规定了十二种合理使用的情形，规定了五种法定许可的情形，但是合理使用范围太宽必然影响著作权人的经济利益，特别是将汉语言文字作品翻译成少数民族语言文字作品在国内出版发行；将作品翻译为盲文；将广播电台、电视台的转播规定为合理使用是不恰当的，必将影响作品和文化产品创作的积极性。目前许多国家的著作权法已将传统合理使用的某些类型也转化为法定许可使用，如将私人复制和家庭复制的合理使用规定为法定许可。各国立法的变动，在很大程度上反映了法定许可在维护著作权人经济利益时的价值取向。

因此在著作权利益平衡机制的设计中，有必要重新考量法定许可情形的范围，在原本五项法定许可的基础上，作更多的延伸，除了将传统合理使用的某些类型转化为法定许可使用以外，还必须考虑数字网络环境下法定许可的问题，以实现网络与网络相互之间、报刊和网络相互之间的合法转载，以及“数字图书馆”的构建，这样才能有效规范非法转载的混乱局面，以满足网络环境下作品传播的需求。

2. 《著作权法》规定的法定许可情形，不能适用数字网络环境

《著作权法》设立法定许可制度的目的在于保护公共利益，促进信息的广泛

传播。我国现行《著作权法》规定了五种法定许可的情形，但在列举的情形中没有关于数字网络环境下法定许可的规定。由于法定许可是著作权保护的例外，所以对于该制度的适用应该相当慎重，严格限制。

2000 年颁布的《最高人民法院关于审理涉及计算机网络著作权纠纷案件适用法律若干问题的解释》的第三条规定了网站可以有条件（注明出处、支付报酬）地不经过作者同意转载、摘编报纸上的文章。该司法解释在 2004 年进行修改的时候，该条有所变动，但其实质内容没有发生变化。2006 年 5 月，国务院公布的《信息网络传播权保护条例》对网络中的法定许可进行了有利于作者的规定，只规定了两种法定许可的情形，该规定明显与上述司法解释相冲突。2006 年 11 月，最高人民法院对上述司法解释进行了第二次修改，删去了第三条的规定，以保持与《信息网络传播权保护条例》相一致。目前有关数字网络环境下的法定许可是以《信息网络传播权保护条例》的规定为准的。然而，著作权法对数字网络环境下的法定许可不作规定，而由下位法来规定，显然是不恰当的。

3. 法定许可的收转机制不具备可操作性

报刊转载法定许可限制了著作权人的许可权，只保留了获酬权，其立法本意是使作品得到更广泛的传播，使著作权人获得更多利益，同时也照顾到转载报刊的使用方便。但是多年来的实践表明，该项规定在立法上存在严重的缺陷，在实施中又缺乏有效措施加以弥补，导致该项规定不能顺利实施，立法本意难以得到充分体现，造成事实上多数著作权人的利益得不到合理保障（索来军，2007）。

我国《著作权法》虽然规定著作权集体管理组织是法定许可稿酬收转的法定机构，但著作权集体管理组织的法律地位和诉讼主体资格不明确、法律没有规定不付酬时的罚则导致集体管理组织没有采取诉讼的法律依据；著作权集体管理组织的缺位和体系的不完整、著作权集体管理制度涵盖的领域过于狭窄、缺乏有效的争端解决机制等，造成法定许可的收转机制不具备可操作性。

目前收转机构遇到的困难主要是：第一，因著作权人信息不全而无法转付报酬；第二，因无法核实著作权人身份，不能保证收转报酬的准确性，错发和冒领报酬的现象难免发生；第三，收转报酬工作成本高；第四，无法转付的报酬成为遗留问题（索来军，2007）；第五，法律没有规定不付酬时的罚则，集体管理组织没有采取进一步行动的法律依据。

## 二、《信息网络传播权保护条例》关于法定许可规定的缺陷

### 1. 网络转载摘编的法定许可缺失

关于报刊转载摘编的法定许可能否扩大适用于网络环境，一直是理论界和实务界争论的话题。

持支持意见的学者认为，在网络环境下的新媒体与传统的报纸、杂志社等都是传播作品和信息产品的媒介，二者功能完全相同，故而应当享有同等的著作权法律地位。为了解决网络环境下使用他人作品的无序状态，使之得到有效及时的控制，同时考虑到网站转载他人作品前，确实存在难以找到著作权权利人，并经过授权许可支付报酬的实际状况。而且向海量权利人寻求单独授权根本无法操作，最终只会导致使用者置法律于不顾，肆无忌惮地随意使用作品，权利人的利益更难得到保护。因此，在网络环境下通过对《信息网络传播权保护条例》的修改，增加网络转载摘编的法律许可，是非常必要的（华鹰，2014）。另外，采用网络转载摘编的法定许可，可以有效减少网络著作权纠纷，至少可以减少那些仅为取得许可引发的纠纷，节约司法诉讼资源。

持反对意见的学者则认为，在网络环境下的新媒体并不能等同于报纸、杂志，二者存在实质性的差别。《著作权法》关于报刊转载的法定许可，本身就有违国际公约的规定，如果再扩大适用到网络环境，会给著作权权利人带来更大的危害。如果实施网络转载摘编的法定许可，而又不能适用报刊转载摘编的付酬标准和机制，既会导致权利人面临作品传播难以控制的风险，又无法享受到法定许可带来的经济利益，往往只能通过发表声明的方式来排除法定许可的适用。同时即使有使用者愿意支付报酬，缺少支付的标准和机制，也极大地制约了法定许可的实际应用。

笔者认为，应通过对《信息网络传播权保护条例》的修改，明确规定网络转载摘编的法定许可，并明确规定它的付酬标准和机制，所有公开发表的作品的网络传播均适用法定许可。

### 2. 扶助贫困的法定许可操作性差

《信息网络传播权保护条例》明确规定了网络环境下扶助贫困的法定许可，未经许可使用作品的范围仅局限于已发表的与扶助贫困有关的作品，包括种植养殖、防病治病、防灾减灾等扶助贫困有关的作品和适应基本文化需

求的作品（黄玉烨和舒晓庆，2014）。扶助贫困法定许可的立法目的非常明确，但由于限制条件过于严苛，实施的效果大打折扣。

这些限制条件主要有：其一，法定许可作品的范围的限制，必须是已发表的与扶助贫困有关的作品和适应基本文化需求的作品；其二，法定许可作品的作者范围的限制，只能是中国公民、法人和其他组织；其三，网络服务提供者不得直接或间接获得经济利益；其四，网络服务提供者必须依法定程序进行公告，给予著作权权利人提出异议的权利。著作权权利人虽然被赋予了异议权，但因为种种原因其异议权很难实现。

3. 义务教育的法定许可范围过窄

首先，适用范围未覆盖全部的公益性教育。我国《信息网络传播权保护条例》第八条规定：通过信息网络实施国家教育规划及九年制义务教育的法定许可，其规定的范围太窄，九年制义务教育之外和国家教育规划之外的其他公益性教育目的的使用被排除在外，如对残障人员的公益性教育。在我国除了九年制义务教育和国家教育规划之外，其他带有公益性的教育，在普及国民教育和提高国民文化素质中仍具有举足轻重的作用，同样需要使用大量的网络作品。

其次，使用方式的规定比较狭窄。《信息网络传播权保护条例》第八条还规定：为远程教育法定许可使用的方式仅限于制作课件，不得做其他用途使用。在实施远程教育活动中除了制作课件要使用已发表的作品，编写网络教科书也需要使用作品。关于制作课件是否包含编写网络教科书，笔者认为，课件是根据教学大纲的要求来编写的，它集结构和界面的设计、素材和视频的选择、授课内容的安排于一体，通常可以理解为通过计算机程序对传统教案的创新和通过多媒体的生动再现。如果从这个角度来理解教学课件，那么它很难包含网络教科书。笔者认为在公益性远程教育活动中，网络教科书与传统环境的教科书具有一样的性质和功能，编写网络教科书也应适用法定许可制度。

4. 没有确定数字网络环境下的默示许可规则

《信息网络传播权保护条例》没有在信息网络传播权的限制方式上进行制度创新，没有确定数字网络环境下的默示许可规则。信息网络传播权的默示许可，是指在一定情形下，权利人虽未明示许可在网络空间传播作品，但是从权利人的行为或者依照法律规定可以推定其对该使用不表示反对，从而认定经由许可而利用作品的情形。在默示许可制度下，著作权人可以行使的是许可权、报酬请求权和禁止权。在使用者利用作品后的任意时段，权利人都可主动提出付酬请求，使用人必须按照适当标准支付。在使用者恶意不支付的情况下，著作权人方可禁止使用者使用作品并要求其赔偿损失。

在实践中信息网络传播权默示许可情形主要有：①特定网络区域的默示许可。在网络特定空间，著作权人发表作品的基本目的就是得到更多的人转载、传播，用以提高自己的知名度。“一旦著作权人把作品放在公众网站上，这种网站的材料谁都可以链接，材料放在网站上的方式就是鼓励下载的，就等于默示授权他人可以复制。”（大卫·约翰斯顿等，2000）有些约定俗成的“网上自律规则”也说明了默示许可的存在。②从著作权许可行为推定的信息网络传播权默示许可。比较典型的情形是作者向杂志社投稿时，如没有明确的反对，则表明作者许可其作品在杂志传播的同时，默示许可作品在相关联网络通道（如期刊网）等以数字形式传播。

# 第四节　数字出版环境下法定许可制度重构的不同观点

## 一、主张取消《著作权法》中的报刊转载规定

中国版权保护中心的索来军先生主张取消《著作权法》中的报刊转载规定，他认为将报刊转载规定为法定许可为我国特有，在各国著作权法中极为罕见，《伯尔尼公约》也未提及。报刊转载法定许可的立法本意是使报刊上刊登的作品得到更广泛的传播，为著作权人获得更多利益，同时也照顾到转载报刊的使用方便，但多年来报刊转载规定在实施中所暴露出来的诸多问题表明，其立法本意并没有得到充分的体现，反而使多数著作权人的利益得不到合理保障。借《著作权法》再次修订之机，《著作权法》中有关报刊转载的规定应该有大的变化。

他认为影响报刊转载规定顺利实施的突出问题是：著作权人因没有知情权而无法得知作品被转载；因著作权人身份不明而无法将使用报酬转付著作权人；而由集体管理组织中国文字著作权协会代为负责报刊转载法定许可使用报酬达到收转，同样难有作为，收转工作成本高且得不偿失，收转机构为了这区区数额的报酬收转，却要投入相当数量的人力和物力。可以预见，由集体管理组织从事收转

工作，也不可能从根本上改变原有状况，无法转付的报酬成为遗留问题。事实证明，报刊转载法定许可是一项对著作权人的权利进行不合理限制的规定。这一规定的实施，致使多数著作权人在许可权被限制的情况下，无法保证获得报酬权得到顺利实现，其合法权利受到了损害。这种结果严重违背了《著作权法》的立法宗旨。著作权立法中有关报刊转载的规定本身的缺陷，在实施中无论通过何种努力都难以弥补。即使修订立法，增加相应防范措施，也不可能有根本的改变。在侵权泛滥的网络环境下，混乱无序的报刊转载又为网络上的非法转载提供了便利，使得作者对其权利越发难以控制。因此，解决的根本办法就是在《著作权法》中取消有关报刊转载的规定。

## 二、主张报刊转载规定不适用数字出版环境

中南财经政法大学乔新生先生认为，虽然我国《著作权法》借鉴他国经验，设置了法定许可制度，允许付费以后的使用，但是，由于我国《著作权法》没有考虑到新闻传播的崭新形态，没有控制法定许可的扩张趋势，从而使得新闻作品不断被转载，著作权人的权益根本无法得到保护。

还有部分学者认为，法定许可不宜适用于数字网络环境。《著作权法》实施以来，该法第三十三条的规定执行得并不理想。目前，报刊的文摘版很多，绝大多数有文摘版的报刊转载时都不支付稿酬，著作权人因此而提起诉讼的很少。究其原因，一则稿酬本身数额不大，诉讼标的小，二则诉讼成本比较高，很可能是赢了官司输了钱。如果再把法定许可扩大到网络上，危害比较大，口子一开，再收就比较困难。况且报刊转载本身就与《伯尔尼公约》《TRIPS 协议》等相悖。此外，根据《世界知识产权组织版权条约》第六条对发行权所作的新规定，发行必须达到作品原件或复制件所有权的转移，而数字出版环境中不存在发行问题，简单地将报刊转载的法定许可扩大于数字出版环境是有失妥当的。

## 三、主张报刊转载规定应适用数字出版环境

主张将转载摘编法定许可制度扩大至数字出版环境的学者大有人在，其理由也各异。追求产业化效应和效益最优的著作权人，不仅不会将自己的作品予以封闭，相反却期待其作品能够被广泛传播（Morrison，2006）。中南财经政法大学吴汉东（2008）认为，由于法定许可制度对著作权人损害较小，并鉴于网络社会

的快速发展，该制度的适用范围应予适当拓宽。而现行著作权制度却构成了互联网时代信息传播的重要障碍，因为如果要找到网上海量传播信息中的每一作品的作者并获得其授权，势必将影响互联网信息传播的功效。上海大学知识产权学院陶鑫良（2000）认为，网上传播国内一般作品适用法定许可制度有利于维护我国利益，无悖于我国现行法律规定，也无悖于同当前国际惯例相衔接。赵浩认为，网络转载与报刊转载的本质相同，网络转载法定许可是鼓励信息传播的需要，且法定许可转载也不是绝对的（声明不得转载的情况），况且要获得著作权人授权也不具有操作性。因此，如果仅仅赋予传统报社、期刊社转载以法定许可而将网站（网络服务提供者）这样重要的媒介排除在该制度之外，不符合法律制度的演进规律，也不符合社会发展的规律。

诚然，在数字出版环境下的作品传播领域建立法定许可制度是有其必要性和可行性的。但是，数字出版环境下法定许可制度的具体规则设计并不能想当然，更不能违反著作权立法的根本宗旨，而必须结合现实需要和长远要求进行更加深入的思考。

## 四、主张在数字出版环境下尽量缩小法定许可的范围

部分学者认为，数字出版环境下应谨慎设置法定许可制度，基于法定许可制度的弊端，为避免著作权人的合法利益受到不合理的损害，我国《著作权法》规定的现行法定许可制度只应限于在传统情形下适用，而不能照搬至数字网络环境。数字出版环境下设置法定许可制度应当比传统情形更为谨慎。如果数字网络法定许可的范围过宽，其制度弊端造成的不利影响将远甚于在传统情形下的不良影响，著作权人会面临全球范围内不计其数却又难以察觉的侵权行为。作品一旦上网便可能被公众广泛复制，著作权人的权利会受到很大影响，因此，应当由著作权人本人以明示的方式来决定其作品是否上网传播。当著作权人未做权利声明时，不能推定其默许作品上网传播。所以，为平衡著作权人、公众与传播者三者之间的利益，数字网络法定许可只应当限于已经被授权上网传播的作品，而不应当包括在报刊或者其他非网络环境下发表和传播的作品。

将数字网络法定许可局限于已在网上传播的作品而不包括网下发表的作品，最大的障碍是数字图书馆的发展建设。建立一座完备的数字图书馆，除了在网上寻找可用资源之外，还需要把网下“海量作品”搬上网。如果没有法定许可权，就必须

取得“海量作者”的“海量许可”，全部手续将极其繁杂。数字图书馆的建设速度会因此降低，甚至有的作品因为找不到作者授权而不能上网，其结果是严重制约数字图书馆的馆藏资源规模，最终损害社会公共利益。因此，有学者主张，法定许可不但适用于传播一般国内作品，还应当成为网上传播一般作品的新的国际惯例。

但是反对者认为，数字图书馆虽是公益事业，但不能轻率地因“公”废“私”，《著作权法》应尽可能从制度上寻找突破以求公益与私益两全其美。他们认为，这一问题完全可以通过建立完善的著作权集体管理组织来加以解决，著作权人可以授权著作权集体管理组织行使著作权。如果要将某一作品搬上数字图书馆，只须与被授权的著作权集体管理组织协商并签订著作权使用许可合同即可，而不必找到著作权本人。可见，利用著作权集体管理组织能大大简化作品上网传播的授权手续，“海量许可”不再是困扰，数字图书馆的发展只是暂时受到影响。

## 五、主张建立特许性法定许可制度

上海大学知识产权学院陶鑫良教授主张建立特许性法定许可制度（陶鑫良和袁真富，2004）。特许性法定许可是介于一般法定许可与强制许可之间的一种许可制度，指在现行《著作权法》上的一般法定许可的范围之外，经过国家著作权行政部门或其指定的组织审查批准后，特别允许极少数具有一定资金实力和信用保障的使用人，不经著作权人的许可使用其已发表的作品，但应当向著作权人支付适当报酬，并尊重其权利。当然，如果著作权人明确反对，可排除使用人的特许性法定许可使用。

特许性法定许可制度是在一般性法定许可的基础上，引入国家著作权管理部门对实施主体的审批，对一般意义上的法定许可的运用进一步规定限制条件，一方面有助于法定许可制度在解决数字作品大量著作权许可难的问题中发挥作用，另一方面又因其更加严格的具有可操作性的限制条件，能更好地保护著作权人在数字网络环境中的利益。

## 六、主张在数字出版环境下缩小合理使用，扩大法定许可

法定许可是一项重要的著作权权利限制制度，通过均衡保护的途径，促进科学、文化事业的发展，减少交易成本，促进交易的快捷，增加社会财富，同时也保

护了著作权人的收益。中国文字著作权协会常务副总干事张洪波先生认为，在数字网络环境下应扩大法定许可范围，在原本五项法定许可的基础上，作更多的延伸，实现报刊和网络之间的合法转载，这样能有效规范非法转载和协议混乱的局面。

近几年发生的互联网著作权侵权案中很大一部分案件是因为作品转载、期刊论文数据库、数字图书馆、远程教育使用他人作品而引发的。网络环境下，一方面是海量的作品，但权利人极其分散，单独行使权利比较困难；另一方面是巨大的用户群，权利人与用户分开交易的成本很高，而提供中介服务的数据库服务商又面临著作权侵权的风险。在此种情形下，多数学者和司法实务专家主张有必要重新考量法定许可情形的范围，在原本五项法定许可的基础上，作更多的延伸，实现报刊和网络之间的合法转载及数字图书馆的构建，这样能有效规范非法转载混乱的局面。制定或修订作品法定许可标准及付费机制，由著作权集体管理组织收取著作权使用费，转付给版权人，对拒不交纳法定许可费的使用人规定惩罚性条款，以满足网络环境下作品传播的需求。

同时将合理使用的部分情形转变为法定许可使用：第一，把公共图书馆收藏、复制、出借作品规定为法定许可；第二，把汉语言文字作品翻译成少数民族语言文字作品在国内出版发行规定为法定许可；第三，将作品翻译为盲文规定为法定许可。

## 第五节　数字出版环境下法定许可制度的构建

### 一、数字出版环境下法定许可制度的合理性

1. 数字出版环境下作品的海量传播不可能“一对一”授权

网络传播的版权作品海量的特点需要著作权法定许可制度发挥作用。网络的特点决定了其传播的作品浩如烟海，不仅是著作权人联系不上，而且有些作品还可能不知道著作权人是谁，如果使用作品的行为都要一一取得版权人的授权，不仅非常麻烦，而且实施起来也非常困难；不仅效率低，交易成本还可能非常高，这是制约数字出版、网络传播的一个瓶颈。

2. 数字出版环境下部分作品的权利人愿意自动授权

著作权法定许可制度的自动授权但需要付费的特点，在数字网络环境下能得

到更好地发挥。著作权法定许可制度针对的是已经发表的作品，作品一经发表，除非作者有特殊目的（这种情况下一般都注以禁用声明），一般情况下作者是愿意其作品被转载或以其他形式加以有益的利用的。当然，一般情况下，作者也希望获得应有的报酬。著作权法定许可制度恰好满足了作者的这样一种心理需要。网络的非中心化、全球化，使得其传播作品的能力较之传统媒体大大加强，只要不侵犯权利人的应有权益，权利人是赞同特殊情况下的未经授权、只需付费的作品使用方式的。

3. 数字出版环境下的法定许可节约版权交易成本、提高资源利用效率

网络作品传播中实行法定许可，可以极大地提高相关领域的资源利用效率，符合“保证公平正义、兼顾效益效率”的法律目的。在特定领域实行著作权法定许可，可以较大地节约人力和资源成本，并且可以与传统的版权集体管理制度结合起来发挥作用，将需要按照法律规定支付的法定许可使用费用交给版权集体管理组织，由其统一转交给相关权利人。显而易见，数字出版环境下的法定许可制度与传统版权集体管理制度结合起来，可以节约版权交易的成本，并实现最佳的资源配置效果。

## 二、数字出版环境下现行法定许可制度的修改

1. 加强扶助贫困的法定许可操作性

扶助贫困的法定许可是一种制度创新，它对于解决我国当前的“三农”问题、建设社会主义新农村及全面建设小康社会来说非常重要。就目前而言，扶助贫困的法定许可的实施有一定条件的限制。这些限制条件大大降低了扶助贫困的法定许可的可操作性。

首先，按照《信息网络传播权保护条例》中的规定，适用作品的范围是已发表的且与扶助贫困有关的作品，除此以外，均不满足法定许可的范围要求。这些作品主要是防灾减灾、种植养殖、防病治病等与扶助贫困密切相关的作品。然而，扶助贫困的作品不仅仅只有这些，在网络环境下，作品的范围应该适度放宽，扩大扶助贫困的作品范围，既便于广大农民群众对作品的使用又不至于造成著作权侵权的发生。

其次，按照《信息网络传播权保护条例》中的规定，作品传播的地域范围为贫困县和其他农村地区。但由于我国各个地区处于不同发展状态，经济差异较

大，所以对于贫困县的界定有所不同。笔者认为，应该对我国贫困县的条件加以界定，统一标准。除此以外，一些经济发达地区的偏远山区也应该成为作品传播的地域范围。通过对其赋予法定许可，推动农村地区的科学文化发展，增进社会平衡。

再次，按照《信息网络传播权保护条例》中的规定，扶助贫困的法定许可仅仅对信息网络传播权适用，而没有涉及网络环境下著作权的一些其他权利。这样做的结果是，广大贫困地区所急需的科学文化作品得不到有效传播。笔者认为，在扶助贫困的法定许可适用的范围之内，作品的使用者可以使用复制、发行、表演、广播、汇编、改编等方式使用他人已经发表的作品，不过应当向作品的著作权人支付相应的报酬。但是由于扶助贫困的法定许可只涉及信息网络传播权，而对著作权人的其他权利不予关注，这就对著作权人进行新作品创作的积极性造成一定打击，不利于推进农村地区贫困改造。

最后，按照《信息网络传播权保护条例》中的规定，作品传播的对象是贫困地区的农民朋友，但是对于在网络环境下如何确保作品仅向确定的受众传播却没有作出任何说明。而这个问题正是构建扶助贫困法定许可制度的关键性问题，解决不好这个问题对于推进扶助贫困的法定许可制度来说影响深远。笔者认为，采取一定的技术保护措施是解决此类问题的方法之一。例如，采用技术保护措施，就可以只针对作品的确定受众进行传播，而其他人则无法使用该作品，这样就可以有效防范法定许可使用作品被恶意侵权。由于网络环境下法定许可扶助贫困的受众面比较广，在对经济与效率综合考虑的基础之上，采用目前大多数网站通用办法——用户名+密码，就是一个不错的选择。这样做既能满足作品受众身份认证的基本要求，又能排除其他人恶意使用的实际情况。

2. 扩大义务教育的法定许可范围

就当前而言，我国关于义务教育的法定许可范围过窄，并不能满足我国目前的实际需求，这样十分不利于深入推进义务教育这一国策的实施。因此，针对这种现状，笔者认为应该适度扩大义务教育的法定许可范围，主要包括以下两个方面。

首先，关于义务教育的法定许可的使用目的应覆盖全部的公益性教育。笔者建议修改我国《信息网络传播权保护条例》第八条，把信息网络传播权的法定许可扩展到九年制义务教育和国家教育规划之外的其他公益性教育目的，如残障教育等。尽管九年制义务教育和国家教育规划对于提高我国的科学文化水平有着举足轻重的作用，但是其他带有公益性的教育活动，在推广国民教育、提升我国公民科学文化素质方面也发挥着十分重要的作用。显然，在这些教育活动过程中，需要使用大量的网络作品。因此，现有的义务教育的法定许可就显得过于狭窄了，应该将义务教育的法定许可范围适度扩大，以应对当前公益性教育的客观需要。

其次，关于义务教育的法定许可应对使用方式适当放宽。笔者建议对《信息网络传播权保护条例》第八条进行适当修改，远程教育的法定许可使用的方式除了包含制作课件以外，还应增加编写网络教科书这一项内容。在实施远程教育活动过程中，课件和网络教科书都是远程教育所必需的授课方式。《信息网络传播权保护条例》已经对课件的制作适用法定许可作出了明确规定，但作为远程教育必需的网络教科书却没有法定许可的制度规定，这无疑是关于远程教育的一个重大缺失。笔者认为，在公益性远程教育活动过程中，制作课件、网络教科书与传统环境的制作课件、教科书具有相同的作用和价值，从法律定性来讲，编写网络教科书也应适用法定许可制度。

## 三、数字出版环境下法定许可适用范围的扩大

基于数字出版环境下法定许可制度的合理性，有必要对著作权的限制作必要的调整，以更好地平衡著作权人和使用人的利益，即从立法上缩小合理使用的适用范围，相应扩大法定许可的适用范围。

### 1. 构建网络转载摘编的法定许可

网络转载摘编法定许可是指在网络环境下，网站或者报刊相互转载摘编著作权人作品时，可以不经过许可，但必须向著作权人支付报酬的行为。在网络环境下网络转载摘编的情况普遍存在，有互联网网站对其他网站已发表作品的转载摘编；有互联网网站对网下报刊已发表作品转载摘编；有网下报刊对互联网已发表作品转载摘编。规定网络转载摘编的法定许可，要优于网络转载摘编的授权许可，因为网络转载他人作品，有时很难找到著作权人取得授权许可并支付相应报酬。《著作权法》应对网络转载摘编法定许可作出明确规定，使著作权人的获酬权得到充分保障。

网络转载摘编法定许可有三种情况：第一，网下报刊对互联网已发表作品转载摘编的法定许可；第二，互联网网站对其他网站已发表作品转载摘编的法定许

可；第三，互联网网站对网下报刊已发表作品转载摘编的法定许可。

网络转载摘编法定许可的适用具有一定的限制：其一，网络上允许转载作品的范围必须作出限制，影视作品、录像作品和计算机软件未经许可，严格禁止网络转载。其二，网络转载的作品必须是已经发表的作品；其三，网络转载作品应当注明作者和出处。

将法定许可范围扩大至网络环境以后，其作品范围应该有严格的限制，因为影视作品的制作和计算机软件的开发都需要投入很大的人力与财力，如果允许其网络转载，将对著作权人的权益造成极大的影响，因此网络转载的法定许可应该对影视作品和计算机软件作品作出明确的限制。

2. *构建数字图书馆的法定许可*

通过建立网络环境下的法定许可制度来解决数字图书馆的作品来源问题，是一种比较可行的方案。其理由有以下几点：第一，通过合理使用制度来解决数字图书馆的作品来源问题，很大程度上是挤压了著作权人的权利。通过分析各国的图书馆合理使用可以发现，世界上绝大多数国家的著作权法，为数字图书馆设立的合理使用都受到严格的限制。我国在专门针对网络环境下著作权保护的《信息网络传播权保护条例》中，给予数字图书馆合理使用作品的情形，也仅限于为保存或陈列作品的数字化行为和在局域网内的传播行为。第二，通过授权许可来解决数字图书馆的作品来源问题难度大、成本高、效率低。虽然目前的著作权集体管理在一定程度上能解决“一对一”许可授权的难题，但我国的著作权人众多，很多著作权人没有成为著作权集体管理组织的会员，并把作品委托给著作权集体管理组织管理，因此即使再健全的著作权集体管理机制，也不可能解决所有数字版权的授权问题。

《著作权法》能否赋予数字图书馆使用他人作品的法定许可权利，关键是要符合《伯尔尼公约》和《世界知识产权组织版权条约》推行的关于设置权利限制“三步检验法”的规定：一是权利限制仅限于某些特殊情况；二是权利限制不应与权利的正常利用相冲突；三是权利限制不应不合理地损害权利持有人的合法权益（张曼，2016）。

以“三步检验法”为标准赋予数字图书馆法定许可是具有法律依据的：第一，数字图书馆以法定许可方式使用作品，向著作权人支付报酬，使著作权人有了合理的经济回报，使数字图书馆的作品来源更加充足；第二，数字图书馆适用法定许可，在很大程度上解决了授权许可中的难题，可以降低交易成本，提高数字图书馆运行的效率，充分满足数字图书馆对“海量作品”的海量需要；第三，著作权人对作品是否被数字图书馆法定许可有自主决定权，尽管法定许可是“法定授权”，但是著作权人可以通过发布“禁用声明”，阻止数字图书馆对其作品的利用。

因此，法定许可应该是协调数字图书馆著作权问题最有价值的权利限制方式之一，其作用在于：既可以免去授权许可的复杂性和不易操作性，又可以避免数字图书馆合理使用对著作权人利益的弱化。适用法定许可制度既保护了著作权人适当的经济利益，又打破了网络环境下不合理的权利滥用与著作权过度垄断，从而消除了作品传播途径中的障碍，在保护著作权人利益的同时使更多的读者受益，充分体现了社会公共利益和权利人利益之间的平衡。法定许可制度在解决数字图书馆著作权问题上的优越性，得到了实务界和学术界专家的认同，法定许可制度在解决数字图书馆著作权问题中将会发挥重要的作用。

## 四、完善著作权人声明制度

美国版权法不允许著作权人事先以声明来排除法定许可制度的适用，在对公共利益的保护上更加充分，而我国《著作权法》出于突出保护著作权人的宗旨，将《伯尔尼公约》和其他国家著作权法法定许可制度中没有的“声明保留权”引入。

我国《著作权法》所规定的法定许可使用方式中，大多规定了除外情形，即“著作权人声明不许使用”时，任何人不得以法定许可使用作为侵权使用的抗辩。可见，中国的法定许可制度因受制于权利人的声明保留权，其“法定”效力要弱于其在国际公约和外国立法的效力。由于各国对“公共利益”的规定和理解不同，笔者认为我国的突出保护著作权人的“弱效”法定许可制度与《伯尔尼公约》并不冲突，相反，其具有较强的现实意义。中国原则上允许著作权人事先以声明来排除该制度的适用，在个人利益的保护上更加周到，也更具有灵活性，我国所施行的法定许可制度相对于国际上通行的法定许可制度更为合理，应当予以坚持。通过声明权的行使，著作权人可以预先决定其作品是否允许他人未经授权就进行传播，可以自主地排除法律推定其同意作品被再传播的可能，能够充分地保护著作权人的合法权利。在一般情况下，作者的作品能够被更广泛地传播，自己也能获得更多的报酬，他们是不会反对的，只有在特殊的情况下，作者才希望特定报刊登载其作品。

著作权人的声明制度是法定许可制度的保障措施之一，有利于保障著作权人合法权益、平衡公共利益和个人利益，但我国法定许可制度并没有得到很好的执行，致使著作权人的合法权益受到损害，著作权人声明制度需要进一步完善。第一，需要明确声明权的主体。声明权的主体是著作权人，而不是作品使用人。目前，有些报社和杂志社在报纸或期刊上做出类似声明："凡本刊发表的作品，未经本刊授权同意，一律不得转载。"其实，这种声明并不能限制其他报刊对作者作品的转载。因为该作品是否允许其他报刊转载，其决定权在于作者，而不在于报社或杂志社。第二，需要明确声明权行使的时间。声明权行使的时间可以是作品发表前、作品发表时、作品发表后。应当允许著作权人在作品发表后依然可以行使声明权，我国《著作权法》应作必要的修改。

## 五、完善著作权集体管理制度及费用支付体系

我国《著作权法》修改以后将增加法定许可适用的情形，而通过著作权集体管理制度明确著作权集体管理组织的法律地位，并对法定许可使用费进行收转，是目前解决这一问题比较可行的措施。

### 1. 明确著作权集体管理组织的法律地位和诉讼主体资格

《著作权法》应明确著作权集体管理组织是网络环境下法定许可稿酬收转的法定机构，同时应赋予著作权集体管理组织在法定许可情况下的诉讼主体资格。目前我国已经成立包括中国文字著作权协会等著作权集体管理组织，并积极履行法定职能，但由于法定许可稿酬收转工作的历史变化，以及法律没有规定不付酬时的罚则，所以集体管理组织对于不付酬的报刊社和出版社没有采取进一步行动的法律依据，如提起诉讼，作者的法定许可获酬权缺乏法律制度的最终救济保障，导致作者合法权益的实现大打折扣。因此《著作权法》和《著作权集体管理条例》在明确规定集体管理组织拥有法定许可获酬权法律地位的同时，应对集体管理组织诉讼主体资格作更明确的规定，适当扩大诉权。规定集体管理组织在收取法定许可著作权使用费时可以自己的名义向法院提起诉讼，或采取其他法律手段。

### 2. 应建立切实可行的法定许可收转机制

我国《著作权法》虽然规定著作权集体管理组织是法定许可稿酬收转的法定

机构，但著作权集体管理组织的缺位和体系的不完整，以及著作权集体管理制度涵盖的领域过于狭窄，缺乏有效的争端解决机制等，造成法定许可的收转机制不具备可操作性，而网络环境下的网络转载摘编的法定许可稿酬收转就更加复杂。因此《著作权法》应该完善著作权集体管理制度以提高法定许可收转机制的可操作性。要建立切实可行的法定许可使用费收转机制必须解决两个问题，第一是要建立法定许可使用费收转制度；第二是要明确通过什么机制收转。前者应当在修改后的《著作权法》中明确规定；后者在《著作权集体管理条例》中具体落实。

因此《著作权法》与《著作权集体管理条例》应该配套修改。

第一，应在《著作权法》中对法定许可制度进行原则性的规定，形成制度框架，明确在数字网络环境下法定许可的种类、法定许可支付报酬的一般规定和特殊规定、法定许可稿酬收转的法定机构、著作权集体管理组织的法律地位和诉讼主体资格。

第二，应在《著作权集体管理条例》中对法定许可使用费收转机制的具体操作进行系统规定，而不仅限于在附则中对其进行笼统的规定。例如，应对著作权集体管理组织收取、保管和分配使用费等问题作出详细的规定，明确使用费收转时著作权集体管理组织和使用者双方的权利、义务及法律责任等问题，才能增强其可操作性。

第三，应建立有效的争议解决机制。为解决法定许可使用费收转过程中出现的争议，提高法定许可收转机制的可操作性，应建立有效的争议解决机制。有效的争议解决机制是社团性组织必不可少的制度，有效的争议解决机制能充分体现私权自治、权利人意思自治。法定许可收转中的争议主要表现在著作权使用费收取和分配的标准问题，笔者认为，可以借鉴民事争议的解决机制，设立独立的专门争议仲裁机构，就法定许可使用费收转过程中出现的争议进行仲裁，在相关立法中赋予其独立裁决权限，确定先仲裁后诉讼的原则，对仲裁不服的，可以提起诉讼。

第四，应完善著作权集体管理的监督机制，有助于法定许可报酬收转工作顺利进行。对著作权集体管理的监督一般体现在纵横两个方面：纵的方面即事前监督、事中监督、事后监督。事前监督主要是指设立著作权集体管理组织要履行一定的手续，符合一定的条件，由国家主管部门加以审批或许可，著作权集体管理组织应将使用费标准和分配规则等重大事项报主管部门批准后执行；事中监督主要是指通过对著作权集体管理组织检查和财务审计等手段对著作权集体管理组织日常运作的监督，防止损害著作权人和使用者的权益；事后监督主要是指对著作权集体管理组织的违法行为予以相应的惩罚，并且为著作权人和使用者设置一定的救济措施。横的方面分为政府的监督、权利人的监督和社会的监督。只有将纵横监督有机结合起来，才能使法定许可的收转工作公正、公平、有效地进行。

## 第六节　对《著作权法》具体条款修订的建议

### 一、方案一

1. 在《著作权法》权利的限制一节中，对法定许可的情形采用分条规定

第 条 为实施九年制义务教育和国家教育规划而编写出版教科书或者为通过信息网络实施九年制义务教育或者国家教育规划，除作者声明不许使用的外，可以不经著作权人许可，在教科书中汇编已经发表的作品片段或者短小的文字作品、音乐作品或者单幅的美术作品、摄影作品，或者使用其已经发表作品的片断或者短小的文字作品、音乐作品或者单幅的美术作品、摄影作品制作课件，由制作课件或者依法取得课件的远程教育机构通过信息网络向注册学生提供，但应当按照规定支付报酬，指明作者姓名、作品名称，并且不得侵犯著作权人依照本法享有的其他权利。

前款规定适用于对出版者、表演者、录音录像制作者、广播电台、电视台的权利的限制。

理由：在《著作权法》业已规定了基于义务教育法定许可的情形下，《信息网络传播权保护条例》又单独规定了网络环境下的义务教育法定许可，这是立法浪费；而且《信息网络传播权保护条例》通过增加条件限制该类法定许可，以低效力法规限定高位阶的法律，不符合立法原则。所以，应该在《著作权法》中直接规定在网络环境下的义务教育法定许可，确定相应的条件。

第 条 文字作品、美术作品、摄影作品在报刊或者信息网络上发表后，除著作权人声明不得转载、摘编的外，可以在报刊或者信息网络上转载或者作为文摘、资料使用，但应当指明作者姓名、作品名称和出处，按照规定向著作权人支付报酬，并且不得侵犯著作权人依法享有的其他权利。

理由：确认报刊或者信息网络上转载、文摘部分作品构成法定许可，其合理

性在于：①网络环境下，肯定转载、摘编的法定许可，有助于实现著作权人与社会公众对信息获取权益的平衡；②网络服务提供者，特别是他们设立的网站，在特定的功能上与报社、杂志社的功能相同，都是传播作品等信息产品的媒介，他们的法律地位应当相等；③著作权人通过注明“不得转载”等声明就可以获得著作权保护，法定许可对著作权权利行使不会造成实质性的影响；④在司法实践中，法定许可机制可以大量减少网络著作权纠纷，减轻当事人的负担和法院的诉讼资源。《信息网络传播权保护条例》限于立法层次较低，没有规定网络转载、摘编的法定许可，这可以理解，但《著作权法》修改时应作出明确的规定。

此条增加一款：在权利人进入网络公共社区及开设博客、播客等个人空间时，如果没有明确禁止其他网站的转载和摘编，就应该视为默示许可其他网络服务提供者未经许可进行非营利性传播。使用者必须尊重权利人的著作人身权和著作财产权。

理由：确立基于特定网络空间的默示许可规则，此规定的目的有两个：①让网络上的信息量更加充足，有利于倡导更高层次的信息共享，同时，这既不违背权利人在这些特定空间发表作品的初衷，又符合网络技术的设计理念；②有利于改变大量违法行为存在而没有被追究的状况。实际上很多网络公共社区和个人空间的作品被大量转载，但是并没有出现相应的诉讼。这一方面表明权利人本身其实并不是很注重自己的这一权利，另一方面也留下了极大的隐患。一旦权利人集体起诉，追究有关网站的法律责任，则这些网络服务提供者就有可能面临灭顶之灾，而这并不符合网络产业发展的要求，也不利于诚实信用风气的塑造。因此，应以默示许可予以规范，将权利人的请求权定位为报酬请求权，这既维护了权利人的自身利益，又减轻了网络服务提供者的经营风险，还促进了网络产业的和谐发展。

第 条　为扶助贫困，通过信息网络向农村地区的公众免费提供中国公民、法人或者其他组织已经发表的种植养殖、防病治病、防灾减灾等与扶助贫困有关的作品和适应基本文化需求的作品，网络服务提供者可不经著作权人的同意，但应按照规定向著作权人支付报酬。

理由：法律是利益的调节器，为缩减“数字化鸿沟”，实现地区发展平衡和减少农村地区数字化消费成本，《信息网络传播权保护条例》确立扶助贫困的法定许可，是很有见地的制度创新，但是在条件设置上畏缩不前，操作起来很困难。考虑到《信息网络传播权保护条例》效力的低层次性，在《著作权法》中直接以法定许可的形式予以规范。

第 条 数字图书馆以数字化形式收录已经在报刊、书籍等媒体上公开发表的作品或者直接将书籍以数字化形式收录，除著作权人声明或者受著作权人的委托声明不得收录的以外，数字图书馆予以收录并按有关规定支付报酬、注明出处，按照规定向著作权人支付报酬，并且不得侵犯著作权人依法享有的其他权利。

理由：赋予数字图书馆法定许可权利的法律依据是，①法定许可侧重于赋予涉及公共利益的某些行业，如报刊社、广播电台、电视台等信息传播媒体，图书馆是公益性事业机构，而且其传播信息的种类、速度、范围都非其他媒体可比，当属适用主体之列；②图书馆以法定许可使用作品要向著作权人支付报酬，弥补了合理使用的不足，使著作权人有了合理的经济回报；③著作权人对于自己的作品是否进入法定许可的权利范围有自主决定权，尽管法定许可是“法定授权”，但是著作权人可以通过发布“禁用声明”，阻止他人对其作品的利用，充分尊重著作权人对其权利的行使；④数字图书馆适用法定许可将在很大程度上解决授权许可中的困难，可以降低交易成本，提高数字图书馆建设的效率，满足使用者对“海量作品”数字著作权许可快速、高效、准确的需要。

第 条 在下列情况下使用作品，除作者声明不许使用的外，可以不经著作权人许可，但应当按照规定向著作权人支付报酬，指明作者姓名、作品名称，并且不得侵犯著作权人依照本法享有的其他权利。

（一）录音制作者使用他人已经合法录制为录音制品的音乐作品制作录音制品；

（二）广播电台、电视台播放他人已发表的作品；播放已经出版的录音制品；转播其他广播电台、电视台的节目；

（三）将中国公民、法人或者其他组织已经发表的以汉语言文字创作的作品翻译成少数民族语言文字作品在国内出版发行；

（四）将已经发表的作品改成盲文出版。

理由：将现行《著作权法》中合理使用的两种情形列入法定许可，符合著作权法利益平衡的原则，有利于维护著作权人的合法权益。

我国现行《著作权法》只是把电台、电视台对已发表作品和已出版录音制品的播放列入法定许可，但不包括对电台、电视台节目的转播。这种规定过于保护电台、电视台主播者的利益，随着我国文化市场的逐步开放，对电台、电视台公开节目的转播应纳入法定许可。

2. 建立延伸性集体管理制度

在第一章第八条增加一款：著作权集体管理组织行使表演权、广播权、放映权、信息网络传播权等著作权人个体难以行使的权利时，可以不必依据著作权人的特别授权，但应承担相应的法律责任。著作权人可以通过声明的方式拒绝著作权集体管理组织管理其相应的权利。

理由：在数字时代，没有任何一个作者可以直接对全球范围内使用其作品的行为实现有效授权，也没有任何一个海量作品使用者可以直接从同样海量的作者那里逐个获得使用授权，而完善的著作权集体管理制度却可以使这一难题得到根本解决。这就需要建立延伸性集体管理制度，即对于著作权人个体难以行使的权利，规定由著作权集体管理组织统一行使并向著作权人负责。作为补充，著作权人可以通过声明的方式拒绝著作权集体管理组织管理其相应的权利。

3. 增设违反法定许可使用者应承担的法律责任

第 条 著作权集体管理组织享有法定许可获酬权，作品使用者没有履行法定许可的义务，应按照国家相关法定许可著作权使用费标准的 2～5 倍支付法定许可著作权使用费，集体管理组织在收取法定许可著作权使用费时可以自己的名义向法院提起诉讼，或采取其他法律手段。

理由：现行《著作权法》规定了五种法定许可的情形，但是没有明确规定使用者不支付法定报酬的法律责任，也没有明确赋予作为法定许可著作权使用费收转机构的著作权集体管理组织针对此类侵权行为的诉权，在实践中引发诸多问题。现实情况是，即便众多的使用者不按照法定许可规定履行其法定付酬义务，权利人和集体管理组织也没什么对策，最终将导致使用人不遵守法定许可制度，严重侵犯广大原创著作权人的合法权益，并导致法定许可法律规定本身的严肃性受到质疑。

## 二、方案二

1. 在《著作权法》权利的限制一节中，对法定许可采用列举的方式集中规定

第 条 在下列情况下使用作品，除作者声明不许使用的外，可以不经著作权人许可，但应当按照规定向著作权人支付报酬，指明作者姓名、作品名称，并且不得侵犯著作权人依照本法享有的其他权利。

（一）为实施九年制义务教育和国家教育规划而编写出版教科书，在教科书

中汇编已经发表的作品片段或者短小的文字作品、音乐作品或者单幅的美术作品、摄影作品。

为通过信息网络实施九年制义务教育或者国家教育规划，使用其已经发表作品的片断或者短小的文字作品、音乐作品或者单幅的美术作品、摄影作品制作课件，由制作课件或者依法取得课件的远程教育机构通过信息网络向注册学生提供。

前款规定适用于对出版者、表演者、录音录像制作者、广播电台、电视台的权利的限制。

（二）文字作品、美术作品、摄影作品在报刊或者信息网络上发表后，除著作权人声明不得转载摘编的外，可以在报刊或者信息网络上转载或者作为文摘、资料使用，但应当指明作者姓名、作品名称和出处，按照规定向著作权人支付报酬，并且不得侵犯著作权人依法享有的其他权利。

在权利人进入网络公共社区及开设博客、播客等个人空间时，如果没有明确禁止其他网站的转载和摘编，就应该视为默示许可其他网络服务提供者未经许可进行非营利性传播。使用者必须尊重权利人的著作人身权和其他著作财产权。

（三）为扶助贫困，通过信息网络向农村地区的公众免费提供中国公民、法人或者其他组织已经发表的种植养殖、防病治病、防灾减灾等与扶助贫困有关的作品和适应基本文化需求的作品，网络服务提供者可不经著作权人的同意，但应按照规定向著作权人支付报酬。

（四）数字图书馆以数字化形式收录已经在报刊、书籍等媒体上公开发表的作品或者直接将书籍以数字化形式收录，除著作权人声明或者受著作权人的委托声明不得收录的以外，数字图书馆予以收录并按有关规定支付报酬、注明出处，按照规定向著作权人支付报酬，并且不得侵犯著作权人依法享有的其他权利。

（五）录音制作者使用他人已经合法录制为录音制品的音乐作品制作录音制品。

（六）广播电台、电视台播放他人已发表的作品；播放已经出版的录音制品；转播其他广播电台、电视台的节目。

（七）将中国公民、法人或者其他组织已经发表的以汉语言文字创作的作品翻译成少数民族语言文字作品在国内出版发行。

（八）将已经发表的作品改成盲文出版。

2. 建立延伸性集体管理制度

在第一章第八条增加一款：著作权集体管理组织行使表演权、广播权、放映权、信息网络传播权等著作权人个体难以行使的权利时，可以不必依据著作权人的特别授权，但应承担相应的法律责任。著作权人可以通过声明的方式拒绝著作权集体管理组织管理其相应的权利。

3. 增设违反法定许可使用者应承担的法律责任

第 条 著作权集体管理组织享有法定许可获酬权，作品使用者没有履行法定许可的义务，应按照国家相关法定许可著作权使用费标准的 2～5 倍支付法定许可著作权使用费，集体管理组织在收取法定许可著作权使用费时可以自己的名义向法院提起诉讼，或采取其他法律手段。

# 第七章　数字出版环境下著作权默示许可制度的构建

在数字出版领域，数字出版商把“内容为王”奉为信条，能否在著作权人或者受托组织那里获取优质内容，将直接决定数字出版的成功与失败。数字出版商要获得著作权人的优质作品，法定许可的作用是非常有限的，通常采取的是授权许可。直接授权许可包括一对一授权模式、交叉许可模式等；间接授权许可包括信托授权模式、第三人代理模式等。但是在数字出版环境下，现有的授权模式已不能满足数字出版商、网络经营者“海量授权”的需要，其高成本和低效率的运作方式，不能化解数字出版海量授权的矛盾，制约了作品的传播和利用。

而默示许可授权机制则可以有效解决这一问题，可以实现作品的充分利用和价值最大化，有利于实现著作权人与数字出版商、网站经营者及社会公共利益之间的利益平衡。

## 第一节　数字出版环境下设立默示许可的必要性及制度功能

### 一、何谓著作权默示许可制度

著作权默示许可是指在一定情形下权利人虽未明示许可他人通过其他载体传播作品，但是从权利人的行为或者依照法律的规定，可以推定权利人对其使用并不表示反对，从而认定已经许可，加以传播和利用作品的情形。在现实生活中，数字出版环境下的默示许可的情形是客观存在的。如数字期刊数据库的默示许可、数字图书馆的默示许可等。在著作权默示许可制度下，著作权人可以行使的是许可权、禁止权、解除权和报酬请求权。在使用者利用作品后的一定时间内，著作权人可以随时主动向作品使用者提出付酬请求，而作品使用者必须按照适当标准支付报酬，在作品使用者恶意不支付的情况下，著作权人可随时禁止使用者使用其作品并要求赔偿损失。

## 二、数字出版环境下设立默示许可的必要性

### 1. 可以弥补现有著作权授权模式的不足

目前，我国现有的著作权授权模式要解决数字出版环境下的著作权海量授权是力不从心的。第一，传统媒体和互联网海量的作品与信息资源，如果仅仅通过现有授权许可方式进行传播和利用，其缺陷是非常明显的，而默示许可制度可以较好地克服这些缺陷，与现有授权许可方式形成互补。第二，数字图书馆和数字期刊数据库作品来源的正当性，尤其是商业性数字图书馆和数字期刊数据库作品来源的正当性，是颇具争议的话题。如果数字图书馆和数字期刊数据库的作品来源不坚持授权许可，就可能侵犯著作权人的信息网络传播权。为防止侵权行为的发生，数字图书馆和数字期刊数据库就必须坚持授权许可，并把交易的成本费用转嫁到消费者身上，以保证数字图书馆和数字期刊数据库的正常运行。为了解决上述问题，笔者认为可以通过设立著作权默示许可制度来实现降低成本和高效率的授权。

### 2. 实现权利人私权与社会公共利益的平衡

《著作权法》的制度设计遵循了利益平衡原则，在赋予著作权人人身权和财产权的同时，又规定了对著作权权利的限制，这种制度设计的目的，就在于解决公众使用作品的问题，从而实现权利人私权与社会公共利益之间的平衡。根据利益平衡的法理，著作权人不可能也不应当对其作品享有绝对的控制权，尤其是在数字出版环境下，著作权人应当默认数字出版商、网站经营者和公众对其作品的有偿使用，以减轻授权许可的压力。另外从国际公约来看，无论是《与贸易有关的知识产权协议》还是《伯尔尼公约》，它们在扩张著作权权利的同时对著作权权利限制的类型和范围也在不断扩大，而对信息网络传播权的默示许可制度，就是对著作权权利限制的一种新的规定。确立了默示许可制度的法律地位，才能对著作权人的控制权进行定位，不至于使著作权人的绝对控制权成为人们获取作品

的巨大阻碍，而影响公众利益。因此，著作权默示许可制度的构建，运用利益平衡的方式，在最小限度限制著作权人权利的同时，又极大地满足了数字出版商、网站经营者和社会公众对于作品的获取和快速传播的需求。

## 三、数字出版环境下设立默示许可的制度功能

1. 减少许可使用交易成本，提高交易效率

在数字出版环境下，作品使用者的自由度大大增加，由于作品的来源极其丰富，获取作品的方式也非常便捷，但是作品分享授权还没有一个与之相适应的新模式。传统的授权模式是在著作权人与使用人之间“一对一”授权，或者是著作权集体管理组织信托授权。以上授权方式不仅会产生较高的交易成本，费时费事、效率低下，还会直接影响著作权人的创作热情和使用者的传播利用，这与《著作权法》的立法目的是不相吻合的。在数字出版环境下，传统的著作权授权许可模式已经无法满足当前数字出版商、网站经营者及社会公众对作品快速共享的需求，因此需要探索和构建新的授权模式来解决数字出版领域的“海量授权”问题，而在《著作权法》中设立默示许可制度，可以减少许可使用的交易成本，提高交易效率。

2. 有利于作品传播，实现作品价值最大化

《著作权法》除了赋予著作权人对作品的独占权，还规定了对著作权人权利的限制，从而实现著作权人的私权与社会公共利益之间的平衡，促进作品的有效利用和传播，实现作品价值的最大化。《著作权法》一旦限制了作品的创作和传播，那将是《著作权法》存在的悲哀。而默示许可制度可以较好地解决著作权人对作品的控制与数字出版商、网站经营者对作品的快捷有效利用的问题，因为著作权人在获得作品的对价和尊重自己意愿的前提下，是希望自己的作品被他人使用和传播的，这既是数字出版商、网站经营者及社会公众对作品社会价值的认可，又能使著作权人取得创作的回报，对著作权人和数字出版商、网站经营者来讲是双赢的事情。

# 第二节　数字出版环境下构建默示许可制度的建议

## 一、在数字出版环境下可引入默示许可制度

目前，我国数字出版产业的发展受到作品使用中“海量授权”问题的制约是

一个不争的事实，也是《著作权法》授权制度需要破解的难题。而著作权默示许可授权方式则是一种较为有效的解决路径，并已在数字出版中进行了实践性的探索。如在数字图书馆、数字期刊数据库、网络搜索引擎、网络共享空间等领域，默示许可已初步为著作权人、网络出版商、网站经营者所认可，我国《著作权法》在第三次修改时应该将其吸收进法条，对默示许可制度作出明确的规定。著作权默示许可的主要方式如下。

1. 数字图书馆的默示许可

数字图书馆的产生正在改变着信息传播和阅读方式，但制约数字图书馆发展的原因之一是数字作品的来源问题。著作权人在与出版社签订出版合同时，明确著作权人将作品授权给出版社出版，如果作者无事先声明，即视为同时授权给与出版社合作的数字图书馆，数字图书馆就可以把传统的纸质作品转化为数字化作品存入数字图书馆，并向作者支付相应的报酬，便可以有效解决数字图书馆作品的来源问题，同时也规避了数字图书馆未经许可使用他人作品而带来的侵权风险。

2. 数字期刊数据库的默示许可

目前，我国数字期刊数据库越来越多，组建数字期刊数据库同样涉及作品的来源问题，如果作者在给期刊社投稿授权期刊社发表作品的同时无事先声明，即视为同时授权给期刊社合作的数字期刊数据库，数字期刊数据库便可以把传统的文字作品转化为数字化作品存入数字期刊数据库，并向作者支付相应的报酬，便可以有效解决数字期刊数据库作品的来源问题，同时也规避了数字期刊数据库未经许可使用他人作品而带来的侵权风险。

3. 网络媒体转载报纸、杂志的默示许可

我国《著作权法》明确规定了报刊转载的法定许可，但报刊转载的法定许可不适用数字出版环境。在数字出版环境下，网络媒体转载报纸、杂志作品或者是报纸、杂志转载网络媒体的作品是常态，现有的授权许可模式远远不能满足需要。我国的现实情况是，绝大多数的作者是愿意将其作品进行分享传播的，作者发表作品就是希望作品能够得到大范围的传播，使作品及作者能够被他人了解熟知，同时在扩大传播影响的过程中也获得更多的报酬。既然网络媒体转载报纸、杂志内容适用默示许可，并不违背作者的意志，那么就应当得到法律的认可（冯晓青和邓永泽，2014）。

4. 网络空间内容的默示许可

作者在网络特定空间发表作品就是希望更多的人转载和传播，扩展作品的受众面，扩大作品的影响，以提高自己的知名度。一旦著作权人把作品放在公众网站上，这种网站的材料谁都可以链接，材料放在网站上的方式就是鼓励下载的，就等于默示授权他人可以复制。作者在社交网络空间中发布作品往往以传播为主要目的，只要作者在发布时没有做出禁止他人使用的声明，即可认为作者已经接受了社交网络空间的规则，允许他人通过转载等空间服务上提供的默认功能进行使用和传播。

5. 搜索引擎领域的默示许可

在国内外，默示许可作为搜索引擎的行业惯例和通用规则已经被社会所接受。运用搜索引擎进行搜索的时候，网站的作者可以在网页编写时，声明其内容是否允许网页快照将网页内容缓存，如果网页的作者没有对此进行事先声明，则视为网站的作者默示许可搜索引擎对网页的内容进行使用（李捷，2015）。也就是说，网页的作者可以通过在网页编写时事先声明，来避免被搜索引擎抓取和复制，如果网页的作者没有事先声明，就视为搜索引擎自动获得了网页作者的默示许可，可以对网页进行抓取和复制。我国搜索引擎网站对于禁止搜索引擎搜索收录的方法有详细的规定，以便于网站作者对搜索引擎能否使用自己的作品作出选择，以免搜索引擎在提供服务时陷入侵权风险。

## 二、在默示许可制度下赋予著作权人解除权和报酬请求权

1. 赋予著作权人解除权

著作权人在作出默示许可时虽然对他人使用作品不表示反对，但对他人使用作品的方式、获得利益的情况并不了解，他人一旦通过默示许可规则利用著作权人作品，有可能出现对著作权人的利益造成不利影响的情况，或者没有支付适当的对价，这时应赋予著作权人对默示许可解除权。因为使用人在运用默示许可制度时，已经对著作权人作品的绝对控制权作了一定的限制，基于《著作权法》的价值目标和利益平衡原则，即使在著作权默示许可已经成立的情况下，著作权人也可以随时提出解除默示许可的使用，著作权人通过解除默示许可的方式来重新掌握对作品的控制权。

### 2. 赋予著作权人报酬请求权

在通常情况下，著作权人对未进入市场作品的价值是无法准确预测的，作品的价值必须是在传播和利用的过程中由市场来确定和实现的，如果作品在默示许可规则下被他人利用和传播并获得利益，而著作权人却不能分享利益，这显然是不公平的，违背了《著作权法》制度设立的目标和宗旨。因此在构建著作权默示许可制度时，对著作权人利益的保护应是题中之意，通过立法明确规定默示许可规则下的报酬请求权。为了保障该项权利的实现，可以建立一个完整的作品信息登记系统和公告系统，著作权人与作品的使用者可以通过公告系统来实现信息交流，完成报酬的索取和给付。在默示许可制度下，著作权人处于比较被动的位置，在某种程度上没有传统著作权授权模式中对作品的定价权，因此在默示许可制度中还应该有支付报酬标准和计算方法。

# 第八章　数字出版视域下的反规避技术保护措施规则

数字技术的发展改变了传统出版业版权传播、交易和保护的模式，数字出版环境下权利穷竭原则的失灵导致技术保护措施与格式合同在数字出版版权交易中充当了“第二立法者”的角色。然而，技术保护措施能够被规避，反规避技术保护措施规则的应运而生虽有合理性，但却存在诸多不利于获取和使用作品的因素，不能真正缓解数字出版业与消费者之间的冲突。因此，应当通过优化权利管理系统，将技术保护措施、权利管理信息与合同条款结合起来，合理设计权利管理系统，平衡数字出版视域下著作权人、数字出版商和消费者三者间的权益。

## 第一节　数字出版环境下版权传播、交易、保护模式的新变化

### 一、数字出版环境下作品传播模式的改变

数字技术的发展给传统出版产业带来了新的机遇和挑战。一方面，数字技术的出现加快了作品被复制和传播的速度，为出版业的效率提高和业务扩张创造了条件；另一方面，复制作品的时间和成本大幅下降使得侵权、盗版更加容易，数字技术的发展也为著作权侵权的滋生、泛滥提供了土壤。

在非数字环境下，出版业对作品出版的流程是在获得著作权人授权的基础上，将作品复制到有形载体上，并进行发行和销售，出版业所行使的是著作权人“一揽子”权利中的复制权和发行权，消费者所购买的是作品的有形载体，这些

有形载体成为传统出版业的终端，发挥着传播文化的作用。而在数字环境下，出版业不再通过有形载体传播作品，而是将作品制作成数字化格式，通过电脑、数字阅读器等电子设备终端向消费者传输作品。消费者阅读、观看作品所使用的电子设备终端不是专门承载作品的有形载体，而是一种学习、娱乐的技术工具，作品不再通过有形形式传播，而是以电子格式这种无形化的方式被消费者获取。在数字环境下，出版业将作品制作成数字化格式是对作品进行了复制，而通过互联网将作品的数字化格式传送至消费者的电子设备终端，则行使了著作人授予的信息网络传播权。因此，不同于传统出版业的“复制+发行”模式，数字环境下出版业传播作品的模式为“复制+信息网络传播”。

在传统“复制+发行”模式下的作品销售中，消费者最终获得了作品有形载体的所有权，享有占有、收益、处分该有形载体的权利，出版商和消费者之间一方出售作品有形载体，另一方支付对价购买该有形载体的行为构成了买售行为。而在数字出版“复制+信息网络传播”的新模式下，消费者虽然支付了对价，却并不享有作品数字化格式的所有权，因为作品的数字化格式与作品本身很难区分，如果消费者通过支付对价享有的是作品数字化格式的所有权，那么当第一位消费者下载该作品的数字化格式后，其他消费者就无权下载该作品，除非第一位作者转售该数字作品。这明显不符合出版业传播、销售作品的本意。因此，在数字出版模式下，消费者通过支付对价得到的只是能够阅读、观看数字作品的许可，消费者不享有数字作品的所有权，也无权对数字作品进行转售，在出版商的许可下，不同的消费者可依据被许可的权限下载同一数字作品。

## 二、数字出版环境下权利穷竭原则的失灵

权利穷竭原则作为《著作权法》中一项重要的理论保证了作品二手市场的存在和发展，使得作品能够在最大商业程度上被推广和再销售。权利穷竭原则是对著作权人权利的限制，允许购买合法出版物的消费者能够自由地向他人转售、出租其购得的出版物并将出版物赠与他人。但在数字出版模式下，消费者不能将他从亚马逊网站购得的电子图书或是从苹果商店购得的音乐或电影随意转售给他人，因为消费者并没有取得该图书、音乐或电影电子文件的所有权，只是取得许可，能够在许可条件范围内阅读图书、聆听音乐和观看电影。

这时，权利穷竭原则处于失效的状态，因为，首先，权利穷竭原则针对的

著作权人权利为发行权，旨在限制著作权人对已发行作品有形载体的再度发行进行控制，而数字出版模式并不涉及发行权，因此权利穷竭原则无法适用于不涉及发行权的数字出版领域；其次，权利穷竭原则又称为首次销售原则，所针对的行为是对已合法销售作品的再次销售，而数字出版模式中并不存在法律意义上的销售，因为消费者虽然支付了对价，但并未取得所购产品的所有权，只是取得了产品使用权，因此权利穷竭原则无法适用于不存在销售行为的数字出版领域。

权利穷竭原则对作品的传播有着积极意义，一定程度上促进了消费者对于作品的获取，减少了盗版和侵权。作品的获取主要取决于两方面：消费者价格承受能力和作品的可获取度（Perzanowski and Schultz，2011）。如果没有权利穷竭原则，将不存在作品的二手市场，也就不存在通过市场手段使作品价格下降的压力，因为只有在二手市场中，消费者才有可能以较低的价格获得同一内容的作品。

此外，作品二手市场的存在除了使消费者能够以较低价格获取合法作品之外，还能使作品的首次购买者通过再次销售作品弥补采购成本。正如亚马逊公司的创始人和首席执行官杰夫·贝佐斯（Jeff Bezos）所说，当某人购买一本书时，他同时购买了能够转售、出租及赠与这本书的权利，二手图书的经营使得消费者可以不必花费全价去尝试一位新作者创作的作品，因为消费者在完整阅读该书后可以将书转售给他人而收回一部分购书成本[①]。因此，作品的二手市场能让消费者既从转售二手书中得利，又从购买二手书中获取更多作品。

而当数字技术的发展迫使作品的二手市场逐渐萎缩时，消费者只能购买原价作品，而无法获取使用后的打折作品，或出售使用后的二手作品，这使得一部分经济能力有限的消费者铤而走险，去获取低价格甚至零价格的盗版作品，导致盗版市场的泛滥。为控制数字出版中盗版作品的泛滥，出版业开始大量运用技术保护措施和权利管理信息去监控消费者对数字作品的使用，新的营销模式随之诞生。

## 三、数字出版版权交易中技术与合同充当了“第二立法者”的角色

为了防止数字作品被盗版，出版业开始依赖技术保护措施和合同条款去规制未经其许可对作品的转让和使用。全球主要的图书出版商依靠技术保护措施和电

---

① Tim O’Reilly. 2002-4-15. *Jeff Bezons’ Open letter on used book sales*, O’Reilly Network. available at http://archive.oreilly.com/pub/wlg/1291 [2016-5-8]

子权利管理系统去限制消费者将电子图书转让给他人；音乐产业在 iTunes 上销售在线歌曲时，也同样利用技术保护措施和电子权利管理系统去防止音乐盗版。

在采用技术保护措施和电子权利管理系统的基础上，数字出版业还在许可消费者使用数字作品时附加了格式化的使用条件，要求消费者严格地按照合同条款对作品进行使用，不符合条款规定的使用将构成违约。例如，Kindle 商店的格式使用条款就规定，当消费者下载 Kindle 提供的内容和支付费用时，内容提供者授予消费者非独占浏览、使用和显示该内容的权利。但是未经内容提供者特别说明，消费者不能以转售、出租、发行、广播、发放分许可或者其他转让形式将 Kindle 内容授权给任何第三方使用，同时消费者不能删除或修改任何附着于 Kindle 内容上的所有权声明或标签。此外，消费者不得绕开、修改、攻击或规避用于保护 Kindle 内容的安全功能。① 当消费者购买 Kindle 提供的数字作品时，他对作品的使用必将受制于 Kindle 使用条款。

从以上例子可见，数字出版引发了新的著作权交易模式。在传统出版环境下，著作权交易的基本规则都是由法律确定的，著作权人享有哪些可以用来交易的权利，如何授权出版商进行作品发行都是由著作权法直接规定的。而在数字出版环境下，著作权交易存在着两层交易规则：第一层规则是由《著作权法》规定的著作权人享有的权利和出版商可以依据授权行使的权利；第二层规则是数字出版商自己制定的规则，要求消费者必须按条款规定使用数字作品，消费者对作品的使用既受到出版商规则的限制，又受到数字作品中嵌入的技术保护措施的限制。数字出版领域的著作权交易结构为一种二元叠加模式，技术和合同开始充当着“第二立法者”的角色。

## 第二节　反规避技术保护措施法律制度的形成

### 一、技术保护措施的产生和失灵

#### 1. 技术保护措施的产生

技术保护措施是著作权人采用的防止他人未经其允许访问和使用作品的技术

① Amazon. 2012-9-6. *Kindle store terms of use.* available at http://www.amazon.com/gp/help/customer/display.html?nodeId=201014950 [2016-5-9]

措施。它是权利人为防止侵权所采用的一种自救措施，从技术层面对自己的作品进行保护。常见的技术保护措施包括：密码保护、加密技术、区域编码、秘密握手方法、水印和模拟拷贝保护等。

密码保护是最常见的一种技术保护措施，可以控制对不同类型作品的访问，通过密码控制对作品访问的方式取决于作品被存储于何种介质之内。如果作品被储存于硬盘中，当处理器想要读取数字作品时，会弹出密码提示，购买作品的消费者一定要输入密码才能阅读作品。密码保护只能控制对作品的访问，而无法控制对作品的复制。消费者可以复制受密码保护的作品，只不过当其试图打开复制件时，同样会弹出密码提示，要求输入正确的密码才能获取作品内容。如果作品被储存于一个通过互联网连接的远程位置，则在该远程位置被首次访问时会弹出密码提示，不输入正确密码便无法获取储存于该远程位置中的作品。在这种情况下，无正确密码既不可能访问作品，又不可能对作品进行复制①。

加密技术有很多种形式，但最常见的为适用于 DVD 上的加密技术，即内容加扰系统。内容加扰系统算法能够通过加密 DVD 阻止在许可范围之外的播放器读取 DVD 光盘中的内容，除非加密的 DVD 被解码。内容加扰系统在每一张 DVD 光盘中加入了独特的密钥，防止视频内容被无条件地读取。与这些独特密钥对应的播放器密钥会通过许可协议分配给 DVD 播放器制造商，制造商在同意许可协议条款的前提下才能获得播放器密钥，使得播放器密钥与 DVD 光盘密钥相匹配，从而能够读取 DVD 光盘中的内容②。

区域编码同样适用于 DVD，区域编码能够阻止国外生产的 DVD 在本国播放器上播放。采用区域编码的主要为 DVD 播放器制造商，为了赚取差价中的利润，DVD 播放器制造商倾向于在 DVD 光盘中加入区域编码标志以显示该 DVD 发行的区域，DVD 播放器在读取光盘时会检查 DVD 是否来自于授权区域，如果不是，则拒绝读取 DVD 光盘（Sun，2005）。

秘密握手方法是通过在服务器中加入挑战响应序列来认证购买数字作品的用户。当用户想要读取作品时，会首先发起认证程序，让服务器能够认证用户身份。服务器接到指令后会向用户发出包含随机数字的挑战响应信息，用户需要将

---

① Klein D V.1990. *"Foiling the Cracker": A survey of, and improvement to, password security*. available at http://www.klein.com/dvk/publications/passwd.pdf [2016-5-9]

② Camp L J.2011. *DRM: Doesn't really mean digital copyright management*. available at http://papers.ssrn.com/sol3/papers.cfm?abstract_id=348941 [2016-5-9]

这个随机数字放入预设定的散列函数中获取结果，并将该结果返回服务器。服务器会比较用户的响应结果与自己的散列计算结果，如果两结果值互相匹配，则用户身份认证成功，用户能够获取和复制作品；如果两结果值无法匹配，或者用户无法完成秘密握手方法，则用户不能获取和复制作品（Iwahashi，2011）。

水印和模拟拷贝保护是在视听作品的制作过程中加入标签，阻止或追踪盗版制品，这两种技术本身并不能控制未经授权的消费者对作品的访问和复制。水印技术是在作品中加入难以监测的信号，每部作品都有独特的水印信号，因此当发现侵权制品时，能够通过水印追溯到该作品的合法源头，并识别出侵权人①。模拟拷贝保护是在数字媒介的输出流加入信号，使用户无法清楚地观看作品的复制件。模拟拷贝保护并不能阻止用户对作品的复制，只是在作品输出流加入额外一层数据使得作品复制件不可用①。

2. 技术保护措施的失灵

以上数字保护措施并不是完美的，黑客技术的发展使得任一技术保护措施都能被规避。例如，在运用密码保护的情况下，黑客可以通过破解密码、破解应用程序使其不能弹出密码提示或是盗用用户的密码，来实现对作品的获取和复制；在运用内容加扰系统的情况下，黑客可以通过查找和发现解密的密钥来实现对加密技术的规避，目前市场中已存在通过盗用播放器密钥来提取 DVD 密钥从而破解 DVD 加密的技术；在运用区域编码的情况下，用户可以简单地通过购买多区域 DVD 播放器或是修改播放器从而跳过区域编码检查来规避区域编码；在运用秘密握手方法的情况下，黑客可以通过"中间人攻击"来对技术保护措施进行规避，即在攻击者与通信的两端分别创建独立的联系，并交换其所收到的数据，使通信的两端认为他们正在通过一个私密的连接与对方直接对话，但事实上整个会话都被攻击者完全控制。在"中间人攻击"中，攻击者可以拦截通信双方的通话并插入新的内容②；在运用水印技术和模拟拷贝保护的情况下，黑客可以通过技术去除水印和模拟拷贝保护的额外数据，使得侵权人的身份无法被识别，或是让其能够清楚地观看作品的复制件。

---

① Maurice M et al. *Digital watermarking DVD video copy protection: What issues play a role in designing an effective system?* available at http://citeseerx.ist.psu.edu/viewdoc/download?doi=10.1.1.29.1705&rep=rep1&type=pdf [2016-5-9]

② 中间人攻击. 维基百科. https://zh.wikipedia.org/wiki/%E4%B8%AD%E9%97%B4%E4%BA%BA% E6%94%BB%E5%87%BB [2016-5-9]

正如微软公司四位工程师在《微软地下网络》文件[①]中提到的，首先，技术保护措施终究会被攻破，从来没有过完美的电子锁，也从来没有过为娱乐产品所设计的不被破解的技术保护措施和电子权利管理系统，很多技术保护措施还未被广泛应用就已经被破解。其次，人们习惯于复制作品，而且持续地享有复制作品的工具和能力。一旦技术保护措施和电子权利管理系统被破解，人们便能快速简洁地对作品进行复制。最后，人们习惯于分享和传播作品的复制件，在数字网络环境下，人们可以通过高速的宽带链接分享作品的复制件。

这四位工程师预想的情况已被现实证明。数字技术的发展使著作权人能够采用自救措施来防止未经其许可对作品的访问和使用，但用户同样能使用破解技术保护措施，自由地获取和使用作品。一旦技术保护措施被破解，作品便能被广泛地复制和传播。那些认为技术保护措施可以使诚实的人们继续诚实，大多数人不会费力去获取规避工具和技术的想法已经过时，在数字技术和互联网快速发展的环境下，任何措施都面临被规避和破解的危险。技术保护措施已在数字网络环境下失灵。

## 二、反规避规则的形成及法律吸收状况

### 1. 反规避规则的形成

考虑到技术保护措施在数字网络环境下失灵的危险，著作权人开始游说政府制定新法律去阻止规避技术措施。反规避规则应运而生，满足了数字网络时代权利人强化其著作权保护的诉求。在反规避规则下，《著作权法》从法律层面上为保护权利人利益提供了第一层保护机制；技术保护措施从技术层面上为权利人提供了第二层保护机制；反规避规则为权利人提供了保护其技术措施的第三层保护机制。

美国在推动反规避规则的形成和国际化过程中起了重要的作用。早在 1995 年，克林顿政府出台的《知识产权与国家信息基础设施白皮书》就承认了对权利人所采用的防止其作品被侵权的技术措施的保护。同样，这份白皮书支持出台新法律以禁止生产或销售主要用于规避技术措施的装置。同时，美国政府从 1996 年开始积极促成反规避规则成为《国际版权条约》中的一部分。最终《世界知识产权组织版权条约》将反规避规则纳入其中，要求成员国为技术措施提供合适的

① Biddle P, England P, Peinado M , William B. *The Darknet and the Future of Content Distribution*. available at https://crypto.stanford.edu/DRM2002/darknet5.doc [2016-5-9]

法律保护及有效的法律补救方法。该国际条约的达成又反过来促使美国修改立法，催化了 1998 年美国《千禧年数字版权法》的出台。

此后，美国通过双边及多边自由贸易协定将其立法模式传播到境外，敦促其他国家也采用类似于美国的反规避规则。与美国签订双边协定的中南美洲及其他地区国家采用了美国立法模式的反规避规则，包括澳大利亚、智利、哥斯达黎加等。还有一些国家，则通过法律移植吸收了美国立法模式的反规避规则，例如我国。

2. 国际公约及各国法律吸收状况

（1）《世界知识产权组织版权条约》中的反规避规则

《世界知识产权组织版权条约》是解决保护技术措施问题的最主要国际条约。《世界知识产权组织版权条约》第十一条规定，“缔约方应规定适当的法律保护和有效的法律补救方法，制止规避由作者为行使本条约或《伯尔尼公约》所规定的权益而使用的、对就其作品未经过有关作者许可或未由法律准许的行为加以约束的有效技术措施”。《世界知识产权组织表演和录音制品条约》第十八条也作出了类似的规定，要求缔约国规定适当的法律保护和有效的法律补救方法，保护表演者及录音制作者在其表演及录音制品中所采用的技术措施。

以《世界知识产权组织版权条约》第十一条为例分析国际反规避规则的主要特点，包括以下几点：第一，作者所采用的技术措施必须是有效的。如果技术措施不能控制获取或使用作品，则被视为无效。技术措施的有效性可由未授权方实施规避的能力、权利人采用技术措施的意图、技术措施的具体情况，以及技术措施的实际效果等因素决定。例如，一般作品使用者运用普通技术而无需任何特别技术工具就能规避技术措施，则该技术措施不被视为有效。第二，有效的技术措施应用于保护作者为行使《世界知识产权组织版权条约》或《伯尔尼公约》所规定的权益。第三，该条文制止的规避行为是对作者作品进行未经该有关作者许可或未由法律准许的行为。因此，如果作品使用者经作者授权而对技术措施进行规避，或者规避技术措施是为合理使用作品，则该规避行为应被允许。第四，该条文规定缔约方应提供适当的法律保护和有效的法律补救方法来制止使用者对技术措施的规避。

但需注意的是，首先，《世界知识产权组织版权条约》并没有强制成员国将反规避规则引入国内版权保护法律中，成员国可以采用其他法律，例如特别法或竞争法来为技术措施提供保护；其次，版权条约没有强制成员国通过立法规定在产品中安装技术措施，是否规定在产品中安装技术措施可以由成员国自由决定。

（2）美国《千禧年数字版权法》中的反规避规则

美国《千禧年数字版权法》第 1201 条款为保护技术措施的反规避条款。第 1201 条款将技术措施分为两类：控制未经许可获取作品的技术措施，以及控制未经许可复制作品的技术措施。

反规避规则可以归纳为以下三条：第一，第 1201（a）（1）条款禁止规避控制获取作品的技术措施；第二，第 1201（a）（2）条款禁止生产或销售主要用于规避控制获取作品的技术措施的技术、服务或装置；第三，第 1201（b）条款禁止生产或销售主要用于规避控制复制作品的技术措施的技术、服务或装置。因此，第 1201（a）（2）和 1201（b）条款又被称为“防装置条款”。

被禁止生产或销售的装置为以下三种中的一种：主要设计目的是规避有效控制获取和复制作品的技术措施；除规避外只有其他有限的商业利用价值；或者是生产者或销售者知道该装置主要用于规避技术措施还对其进行市场推销。防装置条款的制定主要是为了控制不断泛滥的规避行为及版权侵权，因为监控每一名作品使用者的规避行为费时费力，而打击生产或销售用于规避技术措施的装置是一种实际而有效的保护技术措施的方式。

（3）我国的反规避规则

借鉴美国的反规避规则，我国在《信息网络传播权保护条例》中制定了反规避规则。《信息网络传播权保护条例》第四条规定：“任何组织或者个人不得故意避开或者破坏技术措施，不得故意制造、进口或者向公众提供主要用于避开或者破坏技术措施的装置或者部件，不得故意为他人避开或者破坏技术措施提供技术服务”。技术措施被定义为“用于防止、限制未经权利人许可浏览、欣赏作品、表演、录音录像制品的或者通过信息网络向公众提供作品、表演、录音录像制品的有效技术、装置或者部件”。该定义比较模糊，没有清楚描述技术措施是否用于控制获取和复制作品。其中的用语“浏览、欣赏或者通过信息网络向公众提供”似乎表明技术措施既包括控制获取作品的技术措施，又包括控制复制作品的技术措施。另外，《信息网络传播权保护条例》中并没有区分禁止规避行为本身和禁止生产或销售主要用于规避技术措施的装置，但从条例中的规定推断，条例既禁止规避行为本身，又禁止生产或销售主要用于规避控制获取和复制作品的技术措施的装置。

《信息网络传播权保护条例》中只规定了四种对于规避行为的例外：学校课堂教学或者科学研究；不以营利为目的，通过信息网络以盲人能够感知的独特方式向盲人提供已经发表的文字作品；国家机关依照行政、司法程序执行公务；对计算机及其系统或者网络的安全性能进行测试。

我国在目前进行第三次《著作权法》修订时也将反规避规则纳入《著作权法》中，使反规避规则上升到法律的高度。国家版权局在 2012 年 3 月和 7 月分别公布了《著作权法修订草案（第一稿）》和《著作权法修订草案（第二稿）》。《著作权法修订草案（第三稿）》在 2012 年 10 月完成。《著作权法修订草案（送审稿）》于 2014 年 6 月由国务院法制办公布，在公开征求意见后，将由全国人民代表大会常务委员会审定颁布。送审稿中有关反规避规则的制定，主要是将《信息网络传播权保护条例》中的相关规定纳入《著作权法》中，没有进行实质性的修订，唯一的区别是在规避行为的例外中增加了加密研究和反向工程[①]。总的来说，我国的反规避规则不仅吸收了美国反规避规则中的规定，而且相比于美国反规避规则更为严格。

## 三、反规避技术保护措施规则具有“双刃剑”作用

### 1. 反规避规则的合理性

#### 1）控制获取作品规则的合理性

反规避规则禁止未经权利人许可为了获取作品而规避技术保护措施。该条款规定一度被理解为为著作权人创设了一种新的权利——访问权，即在反规避规则下，著作权人有禁止他人未经其许可访问作品的权利。这种权利不属于传统著作权权利的范畴，极大地限制了消费者的利益。例如，在传统著作权领域，消费者可以不经著作权人同意，随意地在书店翻阅、选购自己需要的图书，消费者并没有受到著作权人“访问权”的限制，而在数字出版环境下，由于控制获取作品技术措施的存在，消费者不能随意浏览自己想要下载的作品，以确定是否对作品进行付费下载。

而且控制未经权利人许可访问作品并不总与阻止著作权侵权直接挂钩，在某些情况下，消费者规避技术保护措施以达到访问作品的目的，仅仅是为了个人阅读或观看作品，并未对作品进行复制、传播或公开展示，个人阅读或观看作品并

---

①《著作权法修订草案（送审稿）》第七十一条（五）

不属于著作权侵权的范畴。而在数字出版环境下，仅仅是为了进行原本不属于著作权侵权的活动，规避技术保护措施也会被认定为违法。

立法者之所以创设法律保护控制获取作品的技术措施，其根本目的源于控制获取作品的技术措施所保护的著作权人利益的正当性。只有维护权利人在版权法中合法权益的技术措施才能予以保护。例如，电影作品著作权人不能针对那些购买盗版电影并观看盗版电影的消费者提起著作权侵权之诉，但却可以采取其他不为法律禁止的自救方式来降低消费者购买和观看盗版电影的概率，从消费者购买正版电影中获得收益，这种收益正是《著作权法》认可的权利人的正当利益（王迁，2011）。虽然访问权不是固有的著作权权利，著作权人不能对未经其许可访问作品的消费者提起侵权之诉，但这并不意味着著作权人只能消极地让消费者自由地访问作品，而不能采取任何法律不禁止的措施，著作权人完全可以采取著作权法定权利之外的其他措施限制消费者对于作品的访问，让支付合理对价的消费者访问作品，而排斥对于作品的免费获取。这样能保证权利人从作品利用中获取收益，这是著作权人应当享有的正当利益。

实际上有相当一部分控制获取作品的技术措施都不是直接用于阻止著作权侵权，而是为了限制消费者阅读和使用作品从而为权利人收取作品观看费。例如，Kindle 商店在数字图书中设置了技术保护措施，防止消费者未付费就下载整部图书，未付费之前，消费者只能浏览整部书有限的几页，而付费后，消费者才能获取整部图书。Kindle 所采用的技术保护措施并不主要为了防止消费者通过网络复制和传播作品，而是阻止未付费用户阅读整部作品。这样的技术保护措施虽然能在一定程度上减弱盗版，但并不直接与禁止著作权侵权行为挂钩。

正是由于向用户收取阅读或观看作品的费用是《著作权法》中权利人合法及合理的权益，因此，对技术措施的保护应该集中在权利人在《著作权法》中合法权益的保护上，而不应仅限于制止著作权侵权。

2）禁止提供规避手段规则的合理性

反规避规则禁止生产或销售主要用于规避控制复制作品的技术措施的技术、服务或装置，即禁止提供规避手段。这些手段主要设计目的是规避有效控制获取和复制作品的技术措施；除规避外只有其他有限的商业利用价值；生产者或销售者知道该装置主要用于规避技术措施还对其进行市场推销，即三类情形的判定标准为“设计目的标准”、“商业价值标准”及“推销目的标准”（王迁，2014）。这三类标准仅在于过问技术手段的设计目的、商业价值或推销目的，并不在意使用这些技术手段的人是否发生了侵犯著作权的行为，即使使用这些技术手段的人是为了如进行课堂教学、科学研究等合理使用的目的而规避技术措施，从而获取和复制作品，只要这些技术手段的设计目的、商业价值或推销目的属于反规避规则所禁止的情形，则生产或销售这些技术手段便属于违法行为，为法律所不允。

由此可见，禁止提供规避手段这一规则与规避行为本身是否违法并无直接关联，而是法律单独将提供规避手段规定为一种独立于著作权侵权的违法行为。这种立法规定主要是因为确定规避行为本身是否违法存在着复杂性和难以预见性，需要根据具体情况具体分析，有的规避技术措施是为了合理使用作品，如为个人学习、研究而使用作品；有的规避技术措施是为了免费获取作品，但并不进一步实施复制、传播等侵权行为；有的规避技术措施是为了实施侵权行为。如果每一次判定提供规避手段都要以判定规避行为本身是否侵权为前提，则会增加判定成本，而且要追踪每一位规避手段使用者的最终规避目的也不现实。

与其耗时耗力地去判定每一位使用者的最终规避目的，立法者更倾向于通过遏制提供规避手段，从源头上减少规避行为，因为并不是每一位消费者都有能力去自行规避技术措施，提供规避手段为普通消费者创造了更多规避技术措施的机会。因此，禁止提供主要为规避技术措施而设计、销售且只有有限的其他商业利用价值的装置是合理的。

3）反规避规则中的版权例外规定

作为各国反规避规则的立法样板，美国《千禧年数字版权法》中的反规避规则还为合理使用作品预留了空间，进行了相应的制度设计。

第一，反规避条款只禁止规避控制获取作品的技术措施，不禁止规避控制复制作品的技术措施。因为在多数情况下，未经权利人许可而规避控制复制作品的技术措施，进而复制作品，会构成侵权。更重要的是，立法者希望给合理使用留下空间，因为在合理使用范围内，作品使用者可以不经权利人许可而复制作品。

第二，反规避规则中有一原则性条款，规定“本条款中的任何部分都不影响制衡版权侵权的权利、法律补救方法、限制及抗辩，包括合理使用”[①]。

第三，反规避条款列举了具体的限制和例外，包括对非营利性图书馆、档案馆和教育机构的免责，即允许非营利性图书馆、档案馆和教育机构为获取作品而

① 17 U.S.C. Section 1201(c)(1) (2006)

规避技术措施；执法、监督和其他政府行为，即允许政府为执法、监督及其他政府目的而规避技术措施；反向工程，即允许合法获得计算机软件的使用者为了识别及分析计算机程序的组成以便达到与其他程序兼容的目的而规避技术措施；加密研究，即允许为了识别加密技术的缺陷和弱点而规避技术措施；保护未成年人利益，即允许为了研究防止未成年人接触互联网上的某些资料的技术措施，而规避该类技术措施；保护个人隐私，即如果该技术措施保护的作品能够搜集和传播某个自然人在网络上的个人身份信息，则允许规避技术措施；安全测试，即为了测试计算机、计算机系统或计算机网络的安全性而规避技术措施①。

第四，美国国会建立了一个不断更新的行政性规则制定程序去评估禁止规避控制获取作品的技术措施所造成的影响。这个机制为规避控制获取作品的技术措施提供了例外，该例外取决于反规避规则影响或可能影响特定种类作品使用者合理使用该类作品的能力。美国国会图书馆从 2000 年起，每三年更新一次该程序下的例外种类，迄今为止，已经有五次程序更新。

2. 反规避规则的不利因素

虽然反规避规则的设立有其合理的一面，但该规则中仍然存在着不利于消费者使用作品的一面。不利因素主要由两类条款引起，一是禁止规避控制获取作品的技术措施；二是禁止生产或销售主要用于规避技术措施的技术、设备或装置。此外，反规避规则还容易引发如不正当竞争、侵犯消费者隐私权及知情权等方面的问题。

1）反规避条款禁止规避控制获取作品的技术措施

尽管反规避条款并没有禁止规避控制复制作品的技术措施从而为合理使用留下空间，但作品使用者如果不能首先获取作品，则根本无法对该作品进行合理使用。反规避条款中的原则性例外条款和具体例外都过于狭窄。首先，原则性例外条款的存在并不表明只要属于合理使用的范围，规避控制获取作品的技术措施就会被允许。否则，禁止规避控制获取作品的技术措施就变得毫无意义。其次，尽管具体例外允许在满足特定条件下规避控制获取作品的技术措施，但它们排除了许多在这七种具体例外之外的合理使用情形。最后，证明反规避规则所带来负面影响的举证责任由主张该例外的作品使用者承担，而不是由权利人或政府承担。该举证责任的分配可能会加剧权利人和作品使用者之间的不平衡。

① 17 U.S.C. Section 1201(d)-(j) (2006)

在纽约南区联邦地区法院判定的环球影城工作室诉 Reimerdes[①]一案中，原告在其制作的 DVD 中使用了内容加扰系统，而被告通过网络向公众提供了可以破解内容加扰系统的软件，原告起诉被告违反了反规避规则。在此案中，Lewis Kaplan 法官否认了基于合理使用的一般性抗辩，指出如果国会在制定反规避规则时意欲将合理使用抗辩原则适用于任何行为，国会会明确予以说明，国会不将合理使用抗辩作为对抗第 1201（a）条的目的十分明显。而且法院认为第 1201（c）条原则性例外条款并不是合理使用的“安全阀”，将其理解为合理使用的“安全阀”有违于反规避规则的立法历史[①]。

2）反规避规则无法为合理使用目的而规避技术措施

尽管具体例外和美国国会图书馆的规则制定程序允许在特定情况下规避控制获取作品的技术措施，但作品使用者必须具备足够的知识和技能才能规避技术措施而进一步对作品进行合理使用，否则，作品使用者并不能享有例外规定所赋予他们的权利。此外，即使在获取作品后，如果作品使用者不具备规避控制复制作品的技术措施的知识和技能，他们仍然无法对作品进行合理使用。虽然作品使用者取得用于规避技术措施装置的行为并没有违法，但由于生产或销售用于规避技术措施的装置和手段无论如何都是被禁止的，作品使用者如果不能获取规避手段，则无法为了合理使用目的而规避技术措施，从而真正实现合理使用。

此外，在传统著作权法领域，著作权人的权利都有保护期限的限制，超过保护期限作品便进入公有领域，可供公众自由地获取和使用。而采用技术措施可以永久性地控制对作品的获取和使用，如果不具备相关技能，即使作品的版权已超过保护期限，作品已进入公有领域，作品使用者还是无法获取和使用作品。

3）技术措施的使用会限制消费者以多种方式利用作品

当消费者购买数字作品以后，他们希望能在自己方便的时间和地点观看作品，而对作品进行空间上的转换。例如，购买音乐 CD 的消费者，他们除了希望能在音响设备上播放音乐外，还希望在外出时能将音乐拷贝到移动 MP3 上，供旅行时欣赏音乐，但技术措施的存在往往阻止了消费者将合法购买的数字作品移动到另一设备上。

权利人在数字作品上安装的技术措施会极大地限制消费者以多种方式利用作品。技术措施已将传统《著作权法》对于公开表演和展示作品的控制延伸到对

① Universal City Studios v. Reimerdes, 111 F. Supp. 2d 294 (S.D.N.Y. 2000)

私人播放和使用作品的控制。例如，因为安装了技术措施，从 iTunes 上下载的歌曲只能在 iPod 上播放，而不能在其他移动音乐设备上播放。同样，因为 DVD 上安装了地区编码的技术措施，美国制造的 DVD 播放器只能播放美国地区编码的 DVD，而无法播放欧洲地区编码的 DVD。地区编码不仅存在于 DVD 上，还存在于打印机墨盒等其他产品上。使用这些 DVD 和打印机墨盒的消费者会发现，安装一个地区编码的 DVD 或墨盒无法在其他地区的播放器或打印机中使用。

更严重的是，产品制造商知道消费者不喜欢技术措施，可能会故意隐瞒技术措施的存在，从而侵犯消费者的知情权，这种故意隐瞒会加剧产品制造商与消费者之间的紧张关系，降低消费者对其购买产品的期待。有的制造商甚至通过技术措施监控消费者对产品的使用以达到收集消费者信息，从而实现划分消费群体、促成价格差别、进一步推销产品的目的，侵犯了消费者的隐私权。

## 第三节　从反规避规则到优化权利管理系统

当技术保护措施能被规避，反规避规则不能有效制止规避行为时，著作权人和出版商应当考虑通过技术保护措施和反规避规则之外的途径来解决数字出版环境下售后市场缺失导致的侵权泛滥的问题。权利人通常将权利管理信息和技术保护措施一起使用在数字作品中，用以防止侵权。权利管理信息、权利管理系统与技术保护措施是几个不同的概念，如果能将权利管理信息和权利管理系统适当地运用在出版中将有助于出版商对数字作品的管理。

### 一、反规避规则的辅助手段——权利管理信息和权利管理系统的运用

1. 何谓权利管理信息

《世界知识产权组织版权条约》把权利管理信息界定为：“识别作品、作品的作者、对作品拥有任何权利的所有人的信息，或有关作品使用的条款和条件的信息，和代表此种信息的任何数字或代码，各该项信息均附于作品的每件复制品上或在作品向公众进行传播时出现。”《世界知识产权组织表演和录音制品条

约》第十九条也规定了类似的条款。

美国《千禧年数字版权法》第 1202 条规定了维护著作权权利管理信息完整性的条款。任何人不得明知和为引诱、促发、协助或隐瞒侵权的目的提供错误的权利管理信息，或者发行或为进口而发行错误的权利管理信息[①]。任何人不得未经著作权人许可或法律准许明知或有理由知道以下行为会引诱、促发、协助或隐瞒侵权而进行以下行为：故意删除或修改权利管理信息；发行或为发行而进口权利管理信息，并且明知权利管理信息未经权利人同意或法律准许被删除或修改；或者发行、为发行而进口、公开表演作品、作品的复制件或录音制品，明知权利管理信息未经权利人同意或法律准许被删除或修改[②]。权利管理信息包括：识别作品的名称和其他信息；作者的姓名和其他识别信息；著作权人的姓名、名称和其他识别信息；表演者的姓名和其他识别信息；视听作品作者、表演者或导演的姓名和其他识别信息；使用作品的条件；与以上信息相关的识别数字或符号；版权登记处认可的其他信息[③]。

我国《信息网络传播权保护条例》将权利管理电子信息界定为："说明作品及其作者、表演及其表演者、录音录像制品及其制作者的信息，作品、表演、录音录像制品权利人的信息和使用条件的信息，以及表示上述信息的数字或者代码。"[④]

2. 权利管理信息与技术保护措施的结合

从以上《国际版权条约》和我国的法律规定可以看出，权利管理信息和技术保护措施有着很大的区别，虽然两者都以数字技术的方式呈现、被著作权人用来保护作品，但两者的功能和所预计达到的目的有着明显的区别。美国《千禧年数字版权法》未对技术保护措施进行明确的界定，但从其反规避规则可以看出，技术保护措施需要有控制未经著作权人许可获取作品或者复制作品的功能。我国的《信息网络传播权保护条例》将技术措施定义为"用于防止、限制未经权利人许可浏览、欣赏作品、表演、录音录像制品的或者通过信息网络向公众提供作品、表演、录音录像制品的有效技术、装置或者部件"。从该定义也能看出，技术措施必须能够防止、限制对作品的获取或通过信息网络进行传播。

---

① 17 U.S.C. Section 1202(a)

② 17 U.S.C. Section 1202(b)

③ 17 U.S.C. Section 1202(c)(1)-(8)

④ 《信息网络传播权保护条例》第二十六条第三款

权利管理信息则不具备技术保护措施的以上功能，权利管理信息主要用于说明作品、作者、著作权人及相关权利人身份，以及使用作品的条件。权利管理信息本身没有控制获取、复制作品的技术功能，纯粹是一种能够识别有关作品、权利人及使用作品条件的信息，它能判定特定版本的作品是否为未经权利人许可复制和传播的盗版，但却不能阻止消费者实施如获取、复制、传播作品等特定行为，无法起到防止未经许可的访问和复制作品的目的（王迁，2015）。由于权利管理信息并不具备控制获取和复制作品的功能，权利管理信息不是《著作权法》意义上的技术保护措施。

但著作权人和出版商通常同时使用技术保护措施和权利管理信息去防止侵权，技术保护措施和权利管理信息之间存在着紧密联系。虽然权利管理信息自身不能起到控制访问和复制作品的作用，但与权利管理信息相兼容的软、硬件系统可以利用权利管理信息传递作品的使用条件，和技术保护措施配合起到阻止未经著作权人许可获取和复制作品的作用。例如，广播标记属于一种权利管理信息，被电视服务商加入收费电视节目信号中，向与其兼容的设备传递许可使用电视节目的信息。在与广播标记兼容的数字电视接收装置探测到收费节目的广播标记后，在用户未付费的情况下，接收装置中的技术措施将会阻止播出该收费节目（王迁，2015）。此时，权利管理信息和技术保护措施共同发挥着遏制侵权、保护著作权人正当权益的作用。

3. 权利管理系统及其功能

权利管理系统一词也常和技术保护措施及权利管理信息的概念一同提起，但《国际版权条约》和相关国家的法律规定中并没有权利管理系统这一概念，权利管理系统泛指那些阻止在著作权人许可范围之外使用作品的技术的总称[①]。权利管理系统并不是一个法律概念，其中的“权利”也不是特指著作权权利，“管理”包括了所有对于作品使用和著作权人正当权益的经营管理行为。总的来说，权利管理系统应当是技术保护措施和权利管理信息的上位概念，包含了技术保护措施和权利管理信息。

由于权利管理系统不仅包括保护数字内容的技术工具，还包括监控消费者行为和辅助收费的多项技术，如果权利管理系统设计合理，将不仅能够保护作品免

① Godwin M. What Every Citizen Should Know about DRM, Public Knowledge. available at https://www.publicknowledge.org/pdf/citizens_guide_to_drm.pdf [2016-5-10]

于未经许可的访问，还能包容作品使用者和后续创作者的更多利益。相对于技术保护措施而言，权利管理系统是更广范围内的技术工具的综合，运用得当，将有效地维护著作权人和出版商在数字网络环境下的正当权益。权利管理系统的设计不应只顾著作权人的权益，而应当同时考虑消费者对作品的合理使用，不应让作品使用者和后续创作者在数字出版环境下丧失在传统《著作权法》框架下享有的重要权益，过分强调对技术措施的保护和反规避规则的运用会激化消费者与著作权人、出版商之间的矛盾，激化著作权侵权。因此，合理的、顾及长远利益的权利管理系统应当兼顾著作权人、出版商与消费者三者之间的利益，维持数字网络环境下三者利益的平衡。

## 二、如何优化权利管理系统

为了在数字网络环境下有效地防止著作权侵权，数字出版商可以将合同、技术保护措施和权利管理信息结合起来共同保护未经权利人许可对作品的使用。首先，数字出版商在许可消费者使用数字作品的时候，可以细化许可合同条款，将著作权人和作品使用者的利益充分考虑进条款规定中；其次，数字出版商可以在出售的数字作品原版本中加入权利管理信息和能够自动生成消费者信息的技术，便于查找每一份作品的购买者；最后，数字出版商可以在数字作品中加入技术保护措施，控制第三方对作品的获取和使用。

1. 数字出版商可以通过拆封合同或者点击合同的方式将许可合同条款细化

当消费者购买数字作品时，获得的不是数字作品的所有权，而是著作权人和出版商许可其使用作品的权利。消费者行使权利需要遵循许可合同的约定，超出条款范围行使权利会构成违约，同时侵犯著作权。拆封合同和点击合同是数字作品许可中常见的提供格式合同的方式，一般由数字出版商制定，当消费者购买数字作品对承载作品光盘的包装进行拆封，或在电子设备上点击开启作品时，会视为消费者已经阅读并同意了附着在产品包装上的拆封合同条款或是在电子设备上开启作品时弹出的点击合同条款。数字出版商可以用合同条款来规制消费者对作品的使用，同时保留一部分权利给消费者，便于消费者合理使用作品。

合同应当包括以下主要条款：①消费者未经权利人同意不得复制、转售、出租或通过其他方式传播数字作品；②消费者应当保证同一时间只在一台电子设备上使用作品，当将作品转移至另一设备时，应当删除储存于原设备中的作品版本，除非消费者为了备份将作品复制在次要的数字媒体存储设备中，但得保证备份版本不是一个可被随意访问和使用的文件；③消费者未经权利人同意，不得删除或修改存储在数字作品中的权利管理信息。这样的条款规定既防范了在未经著作权人同意的情况下，消费者对数字作品进行转售和再利用，又确保了消费者可为制作备份这样的合理目的复制储存数字作品的文件格式。

2. 数字出版商可在作品中加入权利管理信息来监控作品的流向和使用情况

权利管理信息包括作品的名称、作者的姓名、著作权人的姓名或名称及联系方式、出版商的名称及联系方式、作品的使用条件和方式，以及识别这些信息的数字或符号。与权利管理信息相伴的还有能自动生成消费者信息的技术，当消费者开启作品的浏览和观看模式后，该技术能够将消费者的姓名及联系方式加入权利管理信息中，使每一份作品的权利管理信息中都包含该份作品购买者的个人信息。

同时，应在格式合同条款中指明，消费者同意在购买并使用这份数字作品时，其个人信息将被永久储存于这份数字作品中，消费者不得删除或隐藏该信息。在这样的合同条款规定下，删除或隐藏消费者个人信息将构成违约。同时，由于技术生成消费者个人信息和作品的权利管理信息紧密相连、存储于一处，未经著作权人同意删除或修改个人信息，将构成故意删除或修改权利管理信息的违法行为。因此，即使消费者将数字作品转售给第三方，第三方并未受到原许可合同条款的约束，但只要未经权利人许可第三方删除或修改了原消费者的个人信息，便构成故意删除或修改权利管理信息。

永久性的在作品中存储消费者个人信息可能会侵犯消费者的隐私权。但个人隐私权的侵犯只有在未经信息主体同意，随意散播个人信息的情形下才有可能发生。虽然在数字作品中加入的技术能够自动生成消费者的个人信息并将信息永久储存在数字作品中，但只有该消费者个人能够获取该信息，除非是消费者违反许可合同约定，将作品转售或出租给他人，才可能导致除该消费者之外的第三方获取消费者的个人信息。但在这种情况下，传播个人信息也是消费者自愿的行为，得到了消费者的同意，该消费者的隐私权没有受到侵犯。

3. 数字出版商可以通过技术保护措施、许可合同、权利管理信息三者结合，控制作品未经许可的获取和使用

数字出版商可以在出售数字作品时通过产品包装内的说明书告诉消费者首次破解技术保护措施的方式，使消费者能够顺利地获取和使用其合法购买的产品。

但当消费者违约转售、出租或以其他方式传播数字作品时，为了避免承担违约和侵权责任，消费者会尽力删除或隐藏存储于数字作品中的个人信息，或者要求“二手”作品收购店删除或修改这些个人信息，一旦消费者个人信息被删除、隐藏或修改，被首次破解的技术保护措施将重新发挥作用，再度控制对作品的访问和复制。消费者购买数字作品时获得的破解技术保护措施方法将不再能适用于重新启动后的技术保护措施。

通过优化权利管理系统，将技术保护措施、权利管理信息与合同条款结合起来，更有利于保护著作权人和数字出版商对作品的管理，弥补数字网络环境下作品售后市场的缺失、技术保护措施功能的失灵，以及反规避规则对消费数字作品带来的不利影响。通过合理设计权利管理系统，平衡了著作权人、数字出版商和消费者三者间的权益，也避免了出版商起诉消费者违约、侵权的尴尬局面，缓和了数字出版商和消费者之间的利益冲突，有助于数字出版业的良性发展。

# 第九章　数字出版环境下版权权利穷竭原则的延伸性

权利穷竭原则是版权法领域一项重要的原则，在数字网络环境下，版权权利穷竭原则能否继续适用，是一个值得探讨的问题。鉴于版权权利穷竭原则在保证作品二手市场、充分实现物尽其用、利于公众获取和保存作品、激励作者创新等方面功效明显，因此，有必要将版权权利穷竭原则延伸适用于数字网络环境，确立适应数字网络环境特征的权利穷竭原则。

版权权利穷竭原则，又称首次销售原则，其基本含义是：如果作品原件或复制件的首次发行已经征得版权人的许可，版权人对该原件或复制件的发行权则行使完毕，第三人进一步处分该原件或复制件的所有权，无须征得版权人的许可（刘春田，2014）。版权权利穷竭原则的存在使得版权人只能控制作品原件或复制件的首次发行，而无法阻碍第三人对其合法取得的作品原件或复制件的转售或转赠，保证了作品原件或复制件经首次发行后的进一步流通，繁荣了图书和音像制品二手市场，为公众获取作品提供了更多的机会和途径。

但在数字网络环境下，版权作品的发行和流通有了新的特征，第三人对其合法获得的作品原件或复制件的进一步处分也有别于传统意义上的转售或转赠，版权权利穷竭原则能否在数字网络环境下继续适用成为一个值得探讨的问题，将直接影响数字网络环境下版权作品二手市场的存废。

# 第一节　数字出版环境下版权人处分作品的特殊性

## 一、版权人是处分有形物还是处分无形物

传统意义上对作品原件或复制件的处分仅涉及经版权人授权首次发行作品的有形载体，如经发行的某一本图书或某一张音像制品，合法购买这本图书或这张音像制品的消费者可不经版权人许可，将这本图书或这张音像制品转售或转赠。这一原则源于《中华人民共和国民法总则》（简称《民法总则》）上有形物所有者对其财产享有的处分权。经过使用和处分，有形物会被不断磨损，其价值也会随之不断贬损，因此转售使用过的图书或音像制品的价格通常低于该图书或音像制品的原销售价格。值得注意的是，根据物权分离的原则，有形载体的转移并不意味着作品中的版权权利也进行了转移，转售者和购买者只取得了有形物的所有权，版权权利仍由版权人享有。

在数字网络环境下，作品以数字化的形式存储于计算机、掌上电脑、手机等电子设备中，消费者通过向网络平台支付费用，获得下载和阅读数字作品的权限。虽然电子设备可视为承载作品的有形物，但不同于传统图书或音像制品，每一份有形物只承载一部或几部作品，电子设备根据其容量可存储几十甚至上百部作品，而且相较于图书或音像制品，电子设备的制作成本和销售价格更高。因此，当消费者要将其购买的数字作品进行转售或转赠时，会通过网络将数字作品传送给接收者，而不会将存储数字作品的电子设备一并转售给接收者。不同于对有形物使用产生的耗损，对数字作品的使用及传送不会产生耗损，二次购买者接收到的数字作品质量和作品首次购买者获得的质量一致。而且网络传送节省了转售时间和成本，极大地方便了跨地区间的作品转售。

## 二、版权人是销售作品还是许可使用作品

传统意义上作品原件或复制件的出售视为有形物所有权的转让，即消费者以金钱作为对价，从图书或音像制品销售商处获得了图书或音像制品有形物的所有权。因此，消费者可以根据自己的意愿处分其享有所有权的物。

但数字作品的出售实际上并不涉及有形物所有权的转让，而是消费者通过向网络平台支付金钱，获得了对数字作品的使用权，这实际上是一种权利的许可。

由于不涉及有形物的出售，数字网络环境下的版权人保留了所有的版权权利，只是将对作品的使用权授权给消费者，让消费者能够阅读和使用作品。根据美国第九巡回上诉法院在 Vernor 诉 Autodesk 公司一案中的分析，能够区别许可和转让的主要因素包括：①版权人是否明确使用者获得的是许可；②版权人是否特别限制了使用者转让作品的权利；③版权人是否设定了明显的使用限制[①]。例如，亚马逊公司在销售数字图书时，在其 Kindle 商店使用协议中明确提到，消费者在下载 Kindle 内容和支付有关费用时，内容提供者只授权消费者能够阅读、使用、显示 Kindle 内容的非专有权；除未经特别授权，消费者不能销售、租借、发行、传播、再许可第三人阅读或使用 Kindle 内容[②]。Kindle 数字图书的销售应被视为许可行为，而不是对承载作品的有形物所有权的转让。许可协议中明确限制了消费者对其合法获得的数字作品的转售或转赠。

## 三、数字作品的“销售”是发行权还是向公众传播权

传统意义上的版权权利穷竭原则只针对发行权，即作品经首次合法发行后，版权人对已发行作品不再享有发行权，发行权因此穷竭。但在数字网络环境下，数字作品的销售并不涉及发行权，而是涉及向公众传播权。

我国《著作权法》将发行权定义为“以出售或者赠与方式向公众提供作品的原件或者复制件的权利”[③]。向公众传播权是《世界知识产权组织版权条约》针对数字网络传播方式规定的新型权利类型，我国《著作权法》将其称为“信息网络传播权”，即以有线或者无线方式向公众提供作品，使公众可以在其个人选定的时间和地点获得作品的权利[④]。这类权利主要适用于在网络环境中传播作品的情形。

向公众传播权实际包含了复制权和发行权两类传统的权利类型，在消费者或二次购买者下载通过网络传送的数字作品时，其获得的其实是经过数字化复制后产生的作品复制件，而非网络平台提供的作品原件。传统意义上转售所转让的有形物始终是同一件物，而数字网络环境下转售所涉及的被转售作品和接收作品实

---

① *Vernor v. Autodesk, Inc.*, 621 F.3d 1102 (9th Cir. 2010), at 1110-1111

② Amazon. 2012-9-6. *Kindle store terms of use.* available at http://www.amazon.com/gp/help/customer/display. html?nodeId=201014950 (2016-10-9)

③《著作权法》第十条（六）

④《著作权法》第十条（十二）

际上为两份不同的数字文件。由于版权权利穷竭原则并不适用于复制权和向公众传播权，因此很难认为数字作品经首次销售后，版权人的相关权利穷竭了。

## 第二节　版权权利穷竭原则在数字网络环境下的价值分析

由于传统与数字网络环境下销售作品的实质差异，如不经过调整，很难将传统的版权权利穷竭原则适用于数字网络环境。版权权利穷竭原则在繁荣文化市场方面有着重要的作用，该原则在数字网络环境下的缺失将导致数字作品二手市场的消失，损害公众获取数字文化资源的权益。

### 一、价值之一——充分实现物尽其用

版权权利穷竭原则有利于个人财产的自由流通，能够实现最大程度上的物尽其用。科斯定理[①]指出，如果交易费用为零，不管产权初始如何安排，当事人之间的谈判都会导致那些财富最大化的安排，即市场机制会自动达到帕累托最优。也就是说，不管作品原件或复制件最初归属于何人，在允许产权转让流通的情况下，作品原件或复制件最终都会归属于那些最珍视它们的人，实现财富的最大化价值和资源的优化配置。虽然现实交易中不可能真的达到科斯定理的假设，实现交易费用为零，但减少对产权交易的限制将最大化地促使社会资源达到帕累托最优。

### 二、价值之二——有利于公众获取和保存作品

版权权利穷竭原则保证了二手市场的存在，有利于消费者获取版权作品。因为不是所有的消费者都有足够的经济能力购买新出版的作品，二手市场的存在能使消费者在作品出版的稍后阶段以较低的价格获取同一部作品，扩大了消费者获取作品的能力和途径。

在数字网络环境下适用版权权利穷竭原则，会使版权人担心版权侵权行为的

① 科斯定理. http://wiki.mbalib.com/wiki/%E7%A7%91%E6%96%AF%E5%AE%9A%E7%90%86[2016-8-20]

泛滥，因为作品的转售只需简单的电脑操作便可实现，而且转售作品的消费者自己仍保留有原作品。但侵权行为的泛滥并非源于二手市场的繁盛，而是因为二手市场的萎缩。二手市场的萎缩或消失使得消费者只能购买原价作品，而无法获取使用后的打折作品，或出售使用后的二手作品，一部分经济能力有限的消费者只能铤而走险去获取低价格甚至零价格的盗版作品，导致盗版市场的泛滥。二手市场的存在反而能促进作品获取的合法化，鼓励消费者以合法的手段获取作品。

除了方便获取作品，二手市场的繁盛还有利于保存作品。一部分作品在出版销售后会陷入绝版的境地，这种情形在数字网络环境下对于作品的保存尤为不利。例如，一位作者将其小说以数字化形式出版后，又决定停止发行，要求所有电子零售商删除小说的数字化版本。而在停止发行之前，电子零售商又都以许可方式销售该书，不允许购买者进行转售或转赠。当停止发行后，市场上将不再流通这部小说，后续消费者也无法再获取和保存该图书。如果允许二手市场在数字网络环境下的存续，将有利于绝版作品的保存和在市场中的持续流通。

## 三、价值之三——能够激励创新

版权权利穷竭原则对创新的激励体现在三方面：①对版权人创新的激励；②对二手市场提供者创新的激励；③对消费者创新的激励（Perzanowski and Schultz，2011）。对版权人创新的激励体现在促使作者不断修改原作品、增添新内容，从而和市场中持续流通的原作品竞争，使修改后的作品销量更好。教材的出版销售便是一个典型的例子，作者与时俱进不断更新原教材内容、出版新版本，使该教材持续为消费者所需。

对二手市场提供者创新的激励体现在零售者会不断创新商业模式和技术，方便消费者在二手市场购买作品。对消费者创新的激励体现在通过转售作品，能使更多的消费者访问和使用作品，在原有作品的基础上，改编及创作出更多新的作品。

## 四、价值之四——能够激励市场竞争

在数字网络环境下适用版权权利穷竭原则，会使版权人担心消费者以较低价格转售数字作品的行为侵占自己的市场份额，将首次销售的作品挤出市场，因为转售的数字文件在质量上与原作品文件质量一致，不会因为转售次数的增多而被耗损。

但二手市场的存在反而在一定程度上会激励消费者以高价购买首次出版作品，因为消费者在购得作品、使用完作品后，能够转售作品，补偿一部分获取作品的花费。同时，版权人能参考二手市场作品的销售价格灵活定价，考虑到消费者之后能转售作品，版权人可以提高作品首次销售价格，或可降低首次销售价格，与二手市场形成竞争。良性竞争的增加有利于市场机制运转的最优化，发展和繁荣文化市场。

## 第三节　美国和欧盟司法实践中版权权利穷竭原则适用范围的考察

虽然我国尚未出现针对版权权利穷竭原则能否在数字网络环境下适用的案例，但美国和欧盟的司法实践走在各国前列，其对版权权利穷竭原则的最新探讨有助于考查能否将该原则适用于数字网络环境。

### 一、美国国会唱片诉 ReDigi 公司案

ReDigi 公司为销售二手数字音乐作品提供市场，于 2011 年建立网站，邀请消费者将从 iTunes 或其他 ReDigi 用户处合法购买的音乐作品通过 ReDigi 网络平台进行转售。在 ReDigi 的经营模式下，消费者需要下载一款名为“媒体管理者”的软件，“媒体管理者”会检测和汇编消费者电脑中的音乐文件，消费者再将需要转售的音乐文件上传至 ReDigi 的服务器进行转售。音乐文件一旦转售，“媒体管理者”能够检测出消费者电脑是否存在重复的文件，如果有重复文件，“媒体管理者”将督促消费者删除该文件，否则消费者会被暂停使用 ReDigi 服务。

国会唱片向法院提起版权侵权诉讼，认为 ReDigi 的商业运作模式会导致音乐文件被复制，从消费者上传音乐文件至 ReDigi 服务器到二次购买者从 ReDigi 服务器下载音乐文件产生了对音乐文件的复制，复制权应由版权人享有，ReDigi 未经权利人许可，对音乐文件的复制侵犯了版权人的复制权。ReDigi 认为其商业模式属于版权权利穷竭原则适用的范畴，不构成版权侵权。

法院在判决中否决了版权权利穷竭原则在数字网络环境中的适用，认同国会唱片的意见，认为消费者通过 ReDigi 网络平台转售音乐文件的行为会构成对版

权作品的复制，产生新的作品复制件，ReDigi 用户并未上传和转售音乐文件原件，而是上传和转售的音乐文件的复制件。美国版权法案明确将复制权规定为版权人享有的专有权，因此版权权利穷竭原则只能适用于有形物，而不适用于数字网络环境①。

## 二、欧盟二手软件公司诉甲骨文软件系统有限公司案

二手软件公司为用户转售其合法购买的软件提供服务。与在网络平台上销售数字作品类似，软件的销售也属于许可的范围。消费者购买软件的行为属于从版权人和软件销售者处得到安装和使用软件的许可。即使某些软件以光盘为载体销售，消费者取得了有形载体光盘的所有权，但软件版权人通常在光盘中限制了软件能够安装于不同电脑的次数，一旦安装次数达到上限，光盘将失去其作为软件载体的价值。因此，基于使用软件的许可，消费者一般也无权转售软件。

但在二手软件公司诉甲骨文软件系统有限公司一案中，欧盟法院认可了版权权利穷竭原则在软件转售领域的适用。该判决基于两点理由：①不严格区分有形物和无形物，数字产品属于版权权利穷竭原则适用的物；②许可不能限制或阻碍数字领域的转售②。首先，《欧盟版权指令》第四条将版权权利穷竭原则界定为：作品原件或复制件经权利人授权首次销售或所有权转让后，发行权在欧盟范围内将不再适用于作品原件或复制件③。根据欧盟法院的解释，其中作品的原件或复制件既包括有形载体，又包括无形物，因此版权权利穷竭原则能够适用于软件作品。其次，即使软件的销售属于许可范畴，欧盟法院也不允许许可协议限制软件的转售。

在二手软件公司诉甲骨文软件系统有限公司案的影响下，部分欧洲地区法院放宽了适用版权权利穷竭原则的条件。例如，荷兰阿姆斯特丹地区法院驳回了出版社要求关闭销售二手电子书的请求，在二手网站的经营模式下，转售者必须声明其转售的作品是合法获得的，并同意在转售成功后删除其保存的作品，网站会

---

① *Capitol Records, LLC v. ReDigi Inc.*, 934 F. Supp. 2d 640 (S.D.N.Y. 2013)

② *UsedSoft GmbH v. Oracle International Corporation*, Case C-128//11, 2012 E.C.R. I-0000

③ *Directive 2001/29, of the European Parliament and of the Council of 22 May 2001 on the Harmonization of Certain Aspects of Copyright and Related Rights in the Information Society*, Art 4(2)

在转售的电子书上标注数字水印并在数据库中存储水印信息以防止违法转售①。不过该经营模式并不能确保转售的作品的确是合法获得，转售者在转售后确实删除了作品。

## 三、美国法院和欧盟法院对版权权利穷竭原则适用的分歧

美国法院和欧盟法院对版权权利穷竭原则的扩大适用作出了截然不同的判决。美国法院在解释版权权利穷竭原则时，强调了传统意义上作品转售和数字网络环境下作品转售的区别，尤其是作品在数字网络环境中的传播产生了对作品的复制，转售的不再是原作品，而是新生成的原作品的复制件。这和传统意义上的权利穷竭原则相违背，因为版权权利穷竭原则只涉及发行权，而并未给复制权设置例外，而且权利穷竭原则下转售的作品应是该作品原件或复制件本身，而不是新复制的另一文件。

欧盟法院的判决缩小和弱化了有形物与无形物、权利转让和许可之间的差别，认为版权权利穷竭原则同样适用于无形物，许可协议并不能限制软件作品的转售。但该案判决所涉及的转售软件仅限于通过有形载体形式销售的软件，换言之，该案中的转售模式并未对软件进行复制，产生新的软件复制件。不过如前分析，软件的销售和使用类似于数字作品，使用软件需在电脑上进行软件安装，即使软件以光盘为载体销售，购买者也需要获取软件安装密钥才能对软件进行安装和使用。安装软件的行为类似于购买者下载数字作品。因此，欧盟法院认可将版权权利穷竭原则适用于软件转售的情形，为将权利穷竭原则延伸适用于数字网络环境提供了可行性。

# 第四节　数字网络环境下版权权利穷竭原则的确立

鉴于版权权利穷竭原则在繁荣文化市场中的重要性，以及欧盟法院判决已为延伸版权权利穷竭原则至数字网络环境提供了可能性，我国可借鉴国外制度设

---

① Udo de Haes A. *Ebook Reselling Dispute Erupts in the Netherlands. PC Advisor*. http://www.pcadvisor.co. uk/news/tech-industry/ebook-reselling-dispute-erupts-in-the-netherlands-3528449/; LoekEssers[2014-7-2]

Essers L. *Dutch Courts Lets Ebook Reseller Stay Online. PC World*. http://www.pcworld.com/article/2456400/dutch-courts-lets-ebook-reseller-stay-online.html[2014-7-22]

计，通过技术和立法设计将版权权利穷竭原则适用于数字网络环境，以保证作品在数字网络环境中的二次销售和流通。

## 一、应用“转发和删除”技术实现权利穷竭意义上的转售

“转发和删除”技术能从技术层面解决数字作品复制件转售的问题，应用“转发和删除”技术将使数字作品合法购买者在进行转售时，同时将存储于购买者电子设备中的原文件删除，实现权利穷竭意义上的转售。

目前，已有公司开发出相关技术。例如，亚马逊公司于 2013 年就其便利转售数字作品的系统申请了专利，该专利发明致力于建立数字化的二手市场，当用户不再希望保留其访问的二手数字内容时，可将二手数字内容转移至其他用户的个人数据存储系统中，同时该数字内容将从原有用户的个人数据系统中删除（Reis，2015）。该技术的发明能使亚马逊为其数字作品建立二手市场，当消费者不再需要某一部或几部 Kindle 电子书时，可以通过“转发和删除”技术将二手电子书转售给其他 Kindle 用户，补偿自己为购买电子书而支付的开销，以便购买更多新的电子书。

## 二、在版权权利例外制度中设置复制权例外

“转发和删除”技术的应用能从形式上将数字作品的转售纳入版权权利穷竭的范畴，但光靠技术不能解决版权权利穷竭原则在数字网络环境下适用的根本难题——对原作品的复制和对复制文件的转移。因此，需要在版权立法中专门针对复制权设置权利例外，才能使权利穷竭原则在数字网络环境中顺利适用。

我国《著作权法修订草案（送审稿）》中规定了为使用计算机程序而复制计算机程序的例外，包括计算机程序的合法授权使用者可以：①根据使用的需要把该程序装入计算机等具有信息处理能力的装置内；②为了防止计算机程序损坏而制作备份复制件；③为了把该程序用于实际的计算机应用环境或者实现其功能而进行必要的改动；④为了学习和研究计算机程序内含的设计思想和原理，通过安装、显示、传输或者存储等方式使用计算机程序①。同样的复制权例外可以规定在版权权利穷竭原则于数字网络环境中的适用方面，例如，可在《著作权法》权

①《著作权法修订草案（送审稿）》第四十四条和第四十五条

利限制与例外一章中规定，数字作品文件的合法授权使用者可以为转售、转赠该作品而对该作品进行复制，但转售、转赠后须对原文件进行删除。

## 三、许可协议不会导致版权权利穷竭原则的失灵

我国《著作权法》在将权利穷竭原则延伸至数字网络环境下时可借鉴欧盟法院在二手软件公司诉甲骨文软件系统有限公司一案中的解释，将首次销售中的“销售”作扩大解释，既包括转让作品载体所有权的行为，又包括许可使用数字作品的行为，许可协议的订立并不必然导致版权权利穷竭原则的失灵。

实际中销售数字内容的许可协议多为格式合同，《中华人民共和国合同法》（简称《合同法》）规定了格式合同条款无效的情形：提供格式条款一方免除其责任、加重对方责任、排除对方主要权利[①]。对格式条款有两种以上解释的，应当作出不利于提供格式条款一方的解释[②]。由此可见，如果数字内容提供者通过格式许可协议极大地限制了用户转售、转租、转赠、再许可他人使用数字内容的权利，将可能被纳入排除对方主要权利的情形，使得协议条款无效，最终也无法阻止合法购买数字内容的用户对已使用内容的转售。

## 四、增加转售数字作品后对版权人的补偿

为平衡版权人和消费者之间的权益，还可增加转售作品后对版权人的补偿。我国《著作权法修订草案（送审稿）》第十四条引入了针对美术、摄影作品和文字、音乐作品原稿的追续权，规定美术、摄影作品的原件或者文字、音乐作品的手稿首次转让后，作者或者其继承人、受遗赠人对原件或者手稿的所有人通过拍卖方式转售该原件或者手稿所获得的增值部分，享有分享收益的权利。该条款的规定主要考虑美术、摄影作品和文学、音乐作品手稿在屡次拍卖转售后的增值能弥补首次销售作品时的低价，以激励该类作品作者的创作。

类似的分享收益的权利同样可借鉴适用于数字网络环境中的版权权利穷竭原则，允许数字作品的版权人就首次销售作品后的每次转售分享一定比例的收益，以补偿数字作品转售的无耗损性可能对版权人原作品市场份额产生的冲击。

---

①《合同法》第四十条

②《合同法》第四十一条

# 第十章　数字出版环境下著作权权利保护与实现方式

## 第一节　数字出版环境下的版权利益平衡机制

《史记》有载："天下熙熙，皆为利来；天下攘攘，皆为利往。"法律恰是为适应利益调节需要而产生的，法律的变化和发展源于利益关系的变化和发展，归根结底源于人们利益要求的变化和发展（付子堂，2010）。同时，发生利益冲突，导致利益失衡，最佳治理模式仍是通过法律控制。法律作为一种特殊的制度因素，具有维护整个社会的系统稳定和均衡的特殊功能。法律对利益的调整机制主要又是通过利益要求转化为一定权利，如权利主张、自由、特权、权力等，并把它们及相对应的义务归于法律主体，以及通过设置权利义务的补救办法——惩罚、赔偿等来实现的（付子堂，2001）。对于数字出版利益失衡而言，法律对其利益调整机制表现为以下两种情况：通过法律平衡功能缓解数字出版利益冲突和通过著作权法律制度的修正重构数字出版利益格局。

### 一、通过法律平衡功能缓解数字出版利益冲突

美国社会冲突理论代表科林斯指出："人是社会的但是具有冲突倾向的动物。"他提醒人们，每个人都追逐其自身的利益，利益争夺的情况内在地是对立的。利益冲突，就是利益主体基于利益差别和利益矛盾产生的利益纠纷和利益争夺。面对需求量越来越大的数字阅读，数字出版商希望获取大量作品资源出版，赢得更多用户，赚取更多利润；著作权人希望自己作品传播和获得相应收益；用

户希望免费或以合理价格接触丰富的作品，丰富精神文化生活。当前创造者、传播者和使用者之间的利益冲突和矛盾，动摇了传统出版语境下的版权利益平衡基础，亟须重构利益格局，平衡各方利益，减少冲突，平息纠纷，营造一个健康发展的数字出版环境，进一步推动产业发展。

法律对利益平衡的功能表现为，对各种利益重要性作出估价或者衡量，以及为协调利益冲突提供标准。法律无法选择确认每一个主体的每一项利益，但必须对各种利益冲突加以平衡，从而尽可能避免人类社会在无谓的利益纷争中毁灭，失去继续发展的可能。数字出版领域的利益冲突，也需要依靠《著作权法》《民法总则》《民事诉讼法》等相关法律法规进行调整。主要体现在以下三个方面：首先，《著作权法》对创造者和使用者进行权利义务设定。《著作权法》保护创造者的利益，同时也为其权利设置了法定许可、合理使用两项限制制度，以保障公众接触作品的权利，平衡双方利益。其次，2013 年 3 月 1 日起施行的新《信息网络传播权保护条例》对于权利人采取技术措施给予了一定的肯定，权利人可以采取技术措施，给予权利人对抗侵权的机会，保护作品信息网络传播权。但教研使用者在教学或科研活动、使用者向盲人提供作品、使用者为执行公务活动，以及使用者为安全测试的需要在满足相应条件下，可以享有合理规避权。最后，发生具体纠纷后，权利人必须依靠《著作权法》《中华人民共和国侵权责任法》《民法总则》《民事诉讼法》等相关法律法规进行权利救济。法律通过对于侵犯他人著作权的行为进行否定评价，借助司法机关、执法机关使侵权人承担侵权责任，如停止侵权、赔礼道歉、赔偿损失等。此外，我国《著作权法》赋予了著作权集体管理组织保护作品权利的义务，帮助权利人维权，以此平衡利益冲突。以上为现有法律如何平衡数字出版领域利益冲突的理论基础，为后文具体法律建议提供理论支撑。

## 二、通过著作权法律制度的修正重构数字出版利益格局

在人类历史上，革命和改良其实都是对利益格局的调整或重新安排。所谓“改变”无不是改变既存利益格局，法律正是在利益格局不断被打破和重整的过程中逐步向前发展的。数字技术的出现使得原有版权利益平衡发生倾斜。传统版权保护模式是产业政策的产物，是基于私权理念、以复制权保护为核心、通过合理使用和法定许可等权利限制制度实现作品权利人与作品使用者之间的利益平衡

的模式设计，是法律控制的结果。但对于数字出版，我国立法机关并没有制定专门针对数字出版的法律制度。版权保护与社会公共利益的平衡被打破，旧的制度无法适应新的环境。例如，数字出版中涉及的作品信息网络传播权，《信息网络传播权保护条例》作出了例外的限定，仅仅是针对扶贫和教育才可援用法定许可制度，而置构建数字图书馆、网络转载等法定许可于不顾，显然是不恰当的。又如，网络提供者援用避风港规则规避侵权的行为也显示出当前版权制度的缺陷。法律亟须对我国当前版权制度作出一定调整和完善，通过寻求数字出版中各主体之间的利益平衡点来进行制度设计，只有科学合理、符合实际情况的制度设计，才能化解版权权利人、数字出版商、用户之间的利益冲突，减少版权侵权纠纷的发生，防止冲突的激化。

笔者认为，数字出版利益重构可以通过法律制度的修正来实现，具体而言，由《著作权法》对当前版权制度进行调整和完善，通过建立更为合理的授权方式使权利人和使用者各自得到自己想要的，一方面解决数字出版海量授权困难的问题，一方面扭转版权人权利实现困难的局面，达到数字出版利益平衡，在保护版权的前提下促进数字出版产业的发展。笔者将从权利保护、权利实现、权利救济三条路径解决数字出版利益失衡问题，重构数字出版利益平衡。

## 第二节　数字出版环境下的版权权利保护路径

### 一、完善我国版权登记制度

对世性的财产权通常需要通过特定方式公示，使其权利归属获得公众的知悉和信赖。版权登记制度也是通过权利的公示维护交易安全，保护权利人的利益。同时，完善的版权登记制度不仅可以维护交易安全，还可以提高交易效率。此外，完善的版权登记制度还能为版权纠纷提供初始证据，为妥善解决纠纷提供一定基础，进一步促进交易，平衡各方利益。由于我国著作权登记相关法律法规还不完善，现行的相关部分规章存在一些矛盾和漏洞，完善版权登记制度将对我国版权保护具有重大意义，为实现数字出版利益平衡奠定良好的制度基础。法律亟须对我国版权登记制度作出相应回应。

首先，立法应体现版权登记的法律地位和明确版权登记的效力。我国现行著作权法没有对版权登记作出专门规定，使得相关部门规章找不到法律依据。笔者认为，可以在《著作权法》第三次修订中增加对版权登记的一般性规定，以体现我国版权登记的法律地位。具体可以包括作品的名称、作者姓名、首次发表或创作完成的时间。随着版权保护意识的不断提高，有关版权归属的纠纷时有发生，而资料显示进行版权登记的作品数量也呈不断增加趋势。我国应充分借鉴西方国家在著作权法方面的相关规定和经验教训，并结合我国实际情况规定版权登记的效力。日本规定版权变动登记具有对抗第三人的效力，采取版权变动登记并不强制要求当事人必须进行登记（李雨峰，2008）。但通常情况下当事人为了确保交易安全一般都会自发自觉地向登记机关申请登记。这样一来，版权登记既不会违背当事人的自由意志，又对当事人进行了鼓励与引导。对于相关版权的交易管理也会起到一定的促进作用和保障作用。相关权利人在进行版权交易的实践中，可以根据交易风险评估实际情况，选择是否有必要进行版权登记，就可以极大地节约交易成本，提高交易效率。

其次，统一登记机关和登记程序。著作权客体的无形特征，决定了版权公示不适合采用物权的占有公示形式。在权利的诸多公示形式中，权威机关的登记是署名之外的最佳方式（周艳敏，2008）。现实中登记机关的不统一，导致了版权登记的困难重重，不利于激励版权人进行版权登记。值得庆幸的是，我国版权行政管理部门已经清醒地认识到了版权登记问题的重要性，采纳统一版权登记的建议并明确了版权登记“五统一”要求，即“统一登记机关、统一登记程序、统一登记编号、统一登记证书、统一查询系统”，但由于实践中的诸多原因，登记机关的统一成为最难解决的问题。在这个问题上，有人提出，为避免登记机关的不统一导致的各地政府在版权登记行为上的不一致性，可由国家版权局统一办理全国的版权登记。但是这样一来，将会呈现出集中办理下的工作负担加重局面。不但会给当事人申请版权登记带来极大不便，影响正常申请，同时也不符合版权产业快速发展的需要。当然分散办理版权登记，在某种程度上确实不利于统一进行规范和管理版权登记，同时在一定程度上也不利于相关权利人进行有关作品登记信息查询（王凌燕，2013）。因此，版权登记相关的行政管理工作应由国家和地方相关版权局负责，中国版权保护中心只需负责办理具体业务。

此外，在登记程序方面，法律对登记的费用及需要提交的材料没有明确规定，导致在现实操作中出现了很多问题。因此，在统一登记机关的前提下，为了使登记进一步规范化，在建立版权登记时也应当统一登记的费用及登记时需提供的证明材料。根据我国现行规定，版权登记费用没有统一的要求，只是在《作品自愿登记试行办法》第八条中笼统地规定了版权登记和查询必须要缴纳费用，但是没有制定具体的收费标准。笔者认为，在建立版权登记制度时，应当明确规定版权登记和查询应当缴纳的相应费用及制定具体的收费标准。登记的费用是登记机关日常运作的所需经费之一，而且合同的登记费用配合严格的登记制度设计能够鼓励登记当事人积极申请登记，从而达到登记的目的，实现登记公示公信的效力。但是，不宜设定过高的收费标准。因为版权登记制度的建立目的在于鼓励版权交易当事人积极登记，以维护他们的合法权益，如果登记的费用过高将会增加当事人的交易成本，导致大多数交易者因节约成本而放弃登记，与建立版权登记制度的初衷相违背。登记时须提交的材料应采取书面申请的方式。版权的登记申请涉及当事人的利益归属和权利变更，也决定了登记机关的审查范围，采用书面申请的形式可以督促当事人在登记时谨慎行事，也可以防止登记机关滥用职权擅自改变权利的归属状态，当事人在进行登记时通过书面形式提出申请，以此来印证登记结果。

最后，登记时还须具备其他证明文件，如申请人附带的身份证明、登记的原因证明文书（即版权变动的原因的证明，如转让合同、质押合同、遗嘱等证明文件）、登记义务人的权利证明、申请所涉及的第三人的同意证明等。

综上，笔者建议在新修订的《著作权法》中，明确版权登记的法律地位，统一版权登记机关。随后，国家版权局应根据新修订的《著作权法》，废止《作品自愿登记试行办法》中与之相冲突的规定。

## 二、建立技术保护措施和限制制度

技术的发展，使得作品“传播快、危险多”，同样也给予了权利人自卫的机会。技术措施的出现使得权利人可以利用其在限制获取的基础上，保护作品不受非法侵害。它是指著作权人为防止他人未经授权利用作品、录音录像制品或广播电视节目等信息产品，以保护权利人利益而采取的技术上的有效方法、程序或装置。技术措施的实质是权利人采取的以保护著作权为目的的自助行为，可以有效防止侵权。现实中开始采用的有反复制设备、电子水印、数字签名或数字指纹技术、数字权利管理系统、追踪系统及控制进入受保护作品的措施。在数字出版时代，数字出版商不经过权利人许可直接使用作品或者以“先斩后奏”的形式使用他人作品谋取利益的不在少数，导致大量纠纷发生。若权利人采取技术保护措施，数字出版商要直接获取作品内容就比较困难。除非数字出版商为了获取该采取了技术保护措施的作品花大量的成本予以破解。但就其投入，数字出版商与其选择破译该技术保护措施，以违法的形式获得该作品，不如与权利人取得联系通过授权使用该作品。对作品采取技术保护措施，虽然加大了保护的成本，但对于某些作品还是很有必要的，如软件作品、电视电影等经济价值高的作品。

然而，各种规避或破坏技术保护措施的反技术措施几乎与技术措施相伴而生，权利人采取技术措施保护作品，自然就有“黑客”破解该措施侵犯权利人利益。为了避免技术保护措施使用者和破译者之间的“对抗赛”造成资源浪费，技术保护措施需要法律的确认和保护。与此同时，任何技术若不加以限制，都将导致权利人对其滥用，使得原本应进入公共领域的作品不能被公众所接触，或者使用者原本基于合理使用目的却无法使用该作品。因此，法律需要对技术措施确认的同时予以一定的限度，以平衡权利人与公众之间的利益。

2001 年，我国《著作权法》第四十七条首次将技术措施纳入法律保护，但该条款只规定权利控制的技术保护措施，没有涉及接触控制的技术保护措施。由于当时法律没有就技术保护措施及权利管理信息的定义和相关义务进行明确规定，这样的规定在逻辑上存在缺陷（李明德等，2012）。2006 年《信息网络传播权保护条例》第二十六条对技术保护措施进行了比较详细的规定。该条使用的术语为技术措施，并明确了其定义。该条例还对权利管理电子信息进行了规定。《信息网络传播权保护条例》中的规定表明，我国立法已经开始接受接触控制的技术保护措施。因为“浏览、欣赏作品、表演、录音录像制品”都需要接触控制技术保护措施才能实现（吴伟光，2008）。我国当前立法对技术保护措施有较为明确的保护规定，然而关于技术保护措施限制规定方面却与著作权其他制度存在一定冲突。《信息网络传播权保护条例》第十二条为作品信息网络传播权技术保护措施的限制性规定，即课堂教学或科学研究的例外、非营利目的向盲人提供作品的例外、国家机关依法执行公务的例外和安全性能测试的例外四种情形。该条仅仅对技术保护措施的破解规定了四种例外情形，相比之下，我国《著作权法》第二十二条中规定了十二种合理使用的情形，《信息网络传播权保护条例》也规定了九种针对信息网络传播权的合理使用的情形。这意味着使用者如果基于以上四种例外情形以外的合理使用目的而对技术保护措施进行规避可能要承担侵权责任。此外，虽然使用者可以基于以上四种例外情形对技术保护措施进行规避，但使用者不得向他人提供规避技术保护措施的技术、装置或者部件。这就意味着如果使用者需要对技术保护措施进行规避或破解，必须自己掌握规避或破解技术，而无法向第三方寻求支持。因为第三方如果向其提供相关技术或设备，按照《信息网络传播权保护条例》的规定应承担侵权责任。而事实上，绝大部分作品的使用者并非技术专家，很难自己掌握规避或破解技术，上述规定实际上是架空了使用者基于合理使用目的对技术保护措施进行破解的权利。

因此笔者建议在《著作权法》第三次修改之际，应对技术保护措施予以专门的规定。首先，《著作权法》应在《信息网络传播权保护条例》的基础上对技术保护措施予以明确界定。其次，应对技术保护措施的有效性予以界定。倘若某项技术措施根本无法对作品提供一定程度的保护，而需要完全依赖法律责任来保证，那么就可以说该技术保护措施不具有有效性。一种技术保护措施的破解方法成为一种常识，无法为作品提供最低程度的保护，那么这种技术保护措施就不能认为具有有效性。当然，有效性并不要求技术保护措施坚不可摧，只需能够提供特定水平的保护即可（吴伟光，2013）。技术措施有效性的标准问题则是立法标准和司法标准的问题，需要根据利益平衡进行具体的界定。最后，在利益平衡框架下，可以考虑建立合理使用条件下移除技术保护措施的机制。有学者就合理使用与技术保护措施的冲突问题，提出了“通知+移除”程序。根据该程序，使用者在要对作品进行合理使用或其他合法使用之前，可以向权利人发出通知，要求其暂时消除其作品上设置的技术保护措施。权利人必须在特定期间内对使用者的请求进行回应，要么允许，要么拒绝。如果权利人拒绝使用人的请求，则使用人可以向司法机关提出诉讼，要求权利人消除技术保护措施。

## 三、建立孤儿作品的利用和保护制度

在数字出版环境下，对孤儿作品的利用和保护是数字出版商绕不开的一大道坎，已经处在突出的地位，必须在《著作权法》上予以规定，我国《著作权法》的修改正顺应了这一需求。2014 年 6 月发布的《著作权法修订草案（送审稿）》第五十一条规定：“著作权保护期未届满的已发表作品，使用者尽力查找其权利人无果，符合下列条件之一的，可以在向国务院著作权行政管理部门指定的机构申请并提存使用费后以数字化形式使用：①著作权人身份不明的；②著作权人身份确定但无法联系的。”这意味着我国拟对于孤儿作品的利用采取的是“中央授权许可+提存”的方式，而且没有限定利用范围，即对所有孤儿作品的所有使用都采取这一种模式。

由于我国采取的是自动保护原则，著作权自作者完成作品时产生，孤儿作品的范围应不仅限于已发表的，还应针对未发表的作品。关于孤儿作品的使用者，欧盟仅针对特定的使用者，即明确规定使用者是“公共文化机构”，而我国采用笼统的“使用者”一词，除了公共文化机构还包括其他个人、法人和组织，由于孤儿作品的利用是采取的“中央授权许可”方式，主体应仅限于程序正当、合法利用下的善意使用者，认定善意与恶意的标准，需要使用者与集体管理组织签订书面合同，在递交授权申请的同时明确使用作品的目的、方式，这两点必须合法并且与实际一致，如果之后的成型作品与申请书上的条件不一致，行政机关应撤销其使用资格。

明确使用者的权利和义务。使用者有在约定的时间、范围内使用孤儿作品的权利，并能根据其创作后的新作品享有获得报酬权。使用者必须根据合同的约定期支付报酬。使用者不得将作品使用权转让给第三人，也不能擅自将作品授权第三人使用。使用者应合理使用作品，不能违背原作品人的意愿，做出有损原作品形象的行为。使用者应当在创作完后的新作品上注明使用部分出自原作品。

通过著作权集体管理组织的延伸性管理制度对孤儿作品进行管理，是一种较为可行为的管理模式。第一，明确孤儿作品应由哪一家著作权集体管理组织管理，以免形成多头管理的无序状态。第二，建立基本收费方式，确立收费标准。例如，按使用次数收费或是按收益的比例收费。第三，设立异议仲裁机构。针对在收费过程双方出现的争议进行居间调和，通过协商确定一个双方满意的费用方案，同时，与集体管理制度相关或是与著作权相关的争议事项，该机构应进行仲裁。第四，确立向权利人的分配提存金额的方式和期限。总的原则是应根据作品的实际使用情况在扣除章程规定的行政费用后全部分配给权利人，我国应充分考虑实际操作中的可行性。寻找孤儿作品的作者必定是一个漫长的过程，作者最终能否获得报酬十分不确定，如果超过法律规定的期限，提存的金额应当归国家所有。

使用者在使用孤儿作品时因违约而与集体管理组织或是著作权人产生的纠纷

应首先通过协商解决，协商不成可向异议仲裁机构申请仲裁，仲裁不服的可向法院提起诉讼。

## 四、进一步完善避风港规则

我国版权制度中已经有避风港规则的相关规定，但我国现在还没有专门的“网络著作权保护法”，《网络信息传播权保护条例》暂时填补了该法案的空缺。但数字技术的发展日新月异，版权问题层出不穷，正在进行的《著作权法》第三次修改也将接近尾声，笔者建议，可以法律的形式对我国避风港规则进行完善。

笔者认为我国避风港规则可以就以下方面进行明确和完善。

首先，关于“直接获利”的规定。笔者认为《网络信息传播权保护条例》第二十二条关于“直接获利”的条件实无必要。这可能导致网络服务提供者利用这一点，更容易满足避风港规则的要求规避侵权，侵害版权人利益。因此，应将直接获利的条件予以删除。

其次，关于“通知和移除”的规定。笔者认为《网络信息传播权保护条例》第二十三条对通知和移除的规定存在一些缺陷。一是应免除对侵权通知的实体要求，版权人只需要指明被侵权的作品和指明要求删除或断开连接的侵权内容。网络服务提供商对通知和反通知均不用进行实质审查，仅需符合避风港规则格式要求即可。为了防止权利人滥用侵权通知和反通知，可以借鉴美国的《千禧年数字版权法》对侵权通知的规定。《千禧年数字版权法》规定所有发出通知的权利人需要保证其通知的真实性，如有任何虚假陈述，需承担由此给其他当事人造成的全部损失，包括但不限于律师费用，情节严重的，还可能构成伪证罪。二是侵权通知在实际运用中已经出现线上迁移的趋势（马宁，2014）。实践中，不同网络服务提供者对接受侵权通知的方式作了不同的安排。有的网络服务提供者对接收版权人侵权通知专门设立了线下邮寄通道，这也是大部分网络服务提供商在当前法律制度下采取的普遍做法。有的采取“双轨并行”的方式，如百度网站除了建立线下邮寄接收的通道之外，还建立了在线投诉中心，虽然目前还没有开通侵权投诉窗口，但开辟在线发送侵权通知将是一个趋势。因此，法律应取消书面通知的要求，为将来建立更为完善的在线投诉通道奠定法律基础。美国的网络服务提供者接受侵权投诉的信息查询系统作为一个典范，为将来我国避风港规则的完善提供了一定的借鉴。虽然，我国现有立法并没有就网络服务提供者设置的投诉通道进行明确规定，但在条件成熟的将来，必然日趋完善。三是实践中网络服务提供者接到版权人发出的侵权通知，也不一定及时对其作出处理。影响网络服务提供商对侵权通知处理速度的最为主要的因素无非是经济利益。互联网是注意力经济，用户的访问量是网络服务提供商赖以生存的“衣食父母”。一般来说，在各方面法律和技术不完全匹配的情况下，网络平台的影响力越高，其内容侵权的威胁就越大。换言之，拖延时间删除侵权内容会为网络服务提供商争取更多的访问量。如今法律没有强制性规定删除的时间正好让网络服务提供商捕捉到其漏洞，在经济利益的驱使下，“自由把握”删除时间，继续侵害版权人利益。因此，笔者建议可以对网络服务提供者删除侵权内容的时间进行量化规定。

最后，关于“应当知道”的标准。尽管有少部分学者不同意将“应当知道”作为认定网络服务提供者承担侵权责任的主观故意因素，但实务中已经普遍认可对“应当知道”作为认定网络服务提供者承担侵权责任的前提。在理论和实务的共同努力下，对“应当知道”已经普遍达成一致，并将“红旗标准”作为“应当知道”的认定标准。红旗标准为网络服务提供商过错认定提供了客观标准，它的确立并非强制性规定网络服务提供者事前进行实质审查的义务，它只是要求网络服务提供者对其平台的内容尽一个善意管理人的合理注意义务。对于侵权事实像红旗一样飘扬，任何一个普通公众点击该网页即可发现，视为网络服务提供者的“应当知道”，而若网络服务提供商对明显的作品侵权未采取措施，则视为主观故意，即使满足避风港规则的其他条件，也不受该规则的保护，应承担相应的侵权赔偿责任。笔者认为，基于网络服务提供商的专业性，可以在一定程度上提高其合理注意义务。王迁（2008）认为，“网络服务提供者对其服务对象上传的作品不必进行审查这一规定是由于当时有鼓励网络服务发展的政策的需要和技术方面的限制”。当时的技术对用户上传的内容难以进行准确识别，但现在，权利人可以对作品采取数字水印和电子指纹等技术措施保护，这些措施虽然无法被肉眼所识别，但作为网络服务提供商，基本的识别技术还是必备的。因此，故意不采取合理的过滤技术防止侵权行为的发生，可以被认定为没有履行其合理注意义务。对于侵权事实，网络服务提供者是否采取基本的技术检测等措施履行其合理注意义务，可作为对红旗标准的补充，去考察网络服务提供者的主观过错。这样客观的要求，是基于网络服务提供者作为一个专业平台提供商应具备基本的检测技术，这样的检测实为履行合理注意义务，并非要求其承担事前审查的义务，并没有动摇网络技术中立的原则。因此，修法时完全可以将其纳入，作为“应当知道”的实际考察因素，解决实务中的难题。

## 第三节　数字出版环境下的版权权利实现方式

著作权作为一种无形财产，有其独特的占有、使用和收益的方式。我国法律对作品的保护自作品生成时自动产生，自然对其财产价值也是从生成时开始保护。此外，法律赋予了权利人将自己的作品许可、转让他人使用获取收益等实现权利的形式。数字出版时代，版权人权利的实现不仅在于能够减少多少侵权，还在于能够增加多少授权。有学者主张，让权利流向市场，以市场之手来实现权利价值，是当前实现知识产权财产价值的最佳选择。权利人与其担心权利受损，一味加大技术保护措施力度，不如让权利流入市场，让权利人的“无形财产”在市场中角逐，作品使用方式和价格由权利人和使用人协商处理，作品财产价值的实现程度由市场定夺，是知识产权权利人实现作品价值的最佳方案。

在我国现有的诸多版权授权模式中，著作权集体管理授权方式虽然存在许多缺陷，但根据国外经验和我国的国情，其保护作品和权利实现的综合价值相比其他方式更为有利，不可能在短时间被取代。我国现在面对的问题是，必须对著作权集体管理制度和工作机制进行创新。鉴于我国著作权集体管理组织是兼具行政色彩和信托色彩的服务，笔者认为著作权集体管理组织应该淡化行政色彩，增加延伸性管理制度，建立数字版权授权系统集中交易授权是较为可行的方案。

集中交易授权是指使用人可以在网络交易平台查询各类作品的权利状态及权利人的信息，根据其提供的权利许可方式获得授权。集中授权的目的是将权利人与使用人集中到某一网络服务平台或中心，明确双方信息，明确费用及支付方式。

### 一、集中授权的组织机构

集中授权组织机构主要是著作权集体管理组织，目前我国著作权集体管理组织有中国文字著作权协会、中国音乐著作权协会、中国音像著作权集体管理协会、中国摄影著作权协会、中国电影著作权协会等。通过著作权集体管理组织完成集中授权，是数字出版商获得作品最理想的模式。而版权代理机构虽然是集中授权可选择的方式之一，但是受到体制和机制的局限，其规模和商业化运作受到限制，可能不是我国集中授权模式的发展趋势。

著作权集体管理组织是我国唯一法律赋予的管理著作权人作品的机构，代为行使授权，保护著作人权利。著作权集体管理不同于版权代理或文学经纪，集体管理组织和权利人之间是信托关系，与权利人是一体的，是利益共同体。集体管理组织属于非营利组织，以权利人利益最大化为宗旨，集体管理组织仅仅在完成业务之后提取 20%左右的管理费。而版权代理或文学经纪是以营利为目的，与作者是代理关系，收取的代理费比较高，大约是版税或者报酬的 20%～40%。

在数字网络环境下，著作权人的复制权、信息网络传播权、汇编权、广播权、法定许可获酬权等这些“小权利”被应用得非常广泛，而权利人对这些权利难以进行有效的控制和管理。国内外的实践证明，权利人无法行使或难以行使的这类“小权利”交由著作权集体组织统一管理，是权利人实现法定权利和使用者获得授权的一条切实可行的途径。

经过权利人的授权后，著作权集体管理组织可以以自己的名义，直接许可他人使用会员作品，并为此收取著作权使用费，在扣除一定比例的管理费后将收取的使用费分配给权利人。通过这种方式，权利人实现了自己的权利，同时也给使用者带来了授权上的方便，从而提高了作品使用的效率和传播速度，使用者也不必去与每位作者打交道，大大降低了交易成本。实践证明，集体管理可以有效化解单一作者面对强势使用者授权难、维权难的矛盾，化解单一使用者面对海量作者取得授权难的矛盾。

## 二、建设数字版权授权系统

目前，我国部分著作权集体管理组织已经成立了数字版权认证中心，认证中心的主要工作职能是针对协会会员的作品，向数字出版商发放“一揽子”授权许可；针对数字出版商通过其他渠道自行取得的数字版权，负责对授权的真实性和有效性进行程序上的确认，以降低使用者的版权侵权风险；为数字出版商提供在版权授权过程中需要的各种标准合同文本、法律依据及获得授权和验证授权的操作规范；参与数字出版商的重大版权授权谈判并为其提供合理建议（张洪波，2010）。集体管理组织通过数字版权认证机制，建立易于操作的数字版权授权系统，一方面使会员的作品得到合法的利用和传播；另一方面降低数字版权使用者获取授权的成本，降低侵权风险。

同时，集体管理组织还应创新工作思路，了解并掌握数字出版商的盈利模式和运作方式，推广会员的作品及孤儿作品，与数字出版商进行战略合作，挖掘和培育数字出版产业链。

## 三、集体管理必须在运作模式上进行变革

首先，集体管理组织的代表性问题。《著作权法修改草案（第三稿）》中增加了“有条件的延伸性管理制度”，赋予集体管理组织管理孤儿作品，并保管提存费用的权利。这种“以会员制为主、非会员制为辅”的运作模式，最大限度地保护了著作权人的权利，同时也从一定程度上缓解了数字出版海量作品授权难的问题。其次，营利性问题。对于著作权集体管理组织这种具有强烈市场经济色彩的组织，现行法律将其定位为非营利性组织，不利于提高作品利用效率和收益，不利于调动集体管理组织运作的积极性。熊琦（2014）提出，“以市场制的商业模式来运行集体管理组织，以非专有许可来确定著作权人和集体管理组织的关系”。笔者认为，取消对著作权集体管理组织非营利性要求，有利于释放组织活力，市场竞争将有助于集体管理组织提高作品利用效率及收益额。再次，运作管理的透明度问题。集体管理组织运作管理的透明度可以借助数字化网络平台技术手段来实现，通过数字化网络平台实现作品权利信息管理，具有电子授权合同、授权费用、授权方式、费用分配等查询和交易功能，以公开透明的方式给权利人和使用人一颗“定心丸”，吸引更多会员和使用人。最后，集体管理组织应与国内大型版权交易平台建立协同创新中心，借助国内大型版权交易中心的网络技术建立云平台，进一步实现在云平台上完成“一点通式”的集中授权。

## 四、提升集中授权网络交易平台的信息整合能力和授权功能

集中授权主要是通过集体管理组织和版权交易中心的网络平台进行授权，要发挥集中授权模式的集中效能，提升网络平台的信息整合能力。

首先，数字化标准的制定和推广是集中授权的前提。作品的数字化只有采取统一的或可以兼容的数字标准，才能够进一步实现作品信息搜索。在这一方面，许多国际性版权管理组织进行了卓有成效的尝试。例如，国际音乐作者作曲者协

会（International Confederation of Societies of Authors and Composers，CISAC）采用了国际标准化组织认可的统一信息数据标准来著录版权作品。这一标准使原本相互独立的、但都致力于推进统一版权作品数据标准的三大集体管理组织——CISAC、国际唱片业协会（International Federation of the Phonographic Industry，IFPI）、国际音乐出版人协会（Music Publishers Association，MPA）的信息编码标准整合为一个可以共享的信息平台（Bargfrede，2009）。使用人通过以上三大组织的官网，可以搜索到被录入的作品信息，可以查询使用方式，根据网页提示完成授权。

其次，建立作品信息管理数据库是实现集中授权的基础。集体管理组织和版权交易中心应建立作品信息管理数据库，数据库中作品信息的来源除了会员授权或代理机构委托管理的作品外，还有作者主动在平台登记注册后，向平台上传的自己的作品，以供用户和数字出版商选择。

最后，完善的网络平台服务功能是集中授权运行的保障。其功能板块应当包括著作权人和使用人在线注册、使用授权条件互动查询、在线授权许可洽谈、授权合同文本、版权作品分类交易、在线支付与支付安全、后台数据维护、使用情况监控与数据统计等。另外，为实现上述核心功能，还需要加强集体管理组织、版权代理机构与版权交易中心的交流与合作，不断提高版权信息的流通和作品交易的成功率，降低交易双方沟通尤其是异地沟通的成本，从而实现不同利益主体之间最大限度的资源共享与利益平衡。

## 五、分散授权是对集中交易授权模式有益的补充

### （一）文学经纪人代理授权模式

文学经纪人是著作权人与数字出版商之间的中介人，文学经纪人代表著作权人与数字出版商讨价还价，然后替著作权人签订版权授权合同。在西方国家，一部文学作品的成功，很大程度上要归功于文学经纪人对作品的发现、挖掘和运作，文学经纪人既为著作权人服务，又为数字出版商服务，作为中介人可以缓冲两者之间的矛盾。

山西省挑战杯金奖项目《千月枫痕》中的千月枫痕文学网站首次率先推出文学经纪人职位，将文学经纪人的概念运用到实践。文学经纪人不但能以伯乐的身份帮助具有写作天才的业余作者变为驰骋文坛的千里马，还可以为名作家争取到

更好的酬劳和更持久的影响力。他可以让作者安心从事写作，不再为出版等细节伤神。作者之所以心甘情愿地分出版税收入的 10%～20%给文学经纪人，就是因为文学经纪人创造的价值远远超出自己的支出。目前，国外的文学经纪人市场经过 40 年左右的发展已进入成熟期，而国内尚处于起步状态，但笔者认为，文学经纪人代理授权模式在我国将具有良好的发展前景。

通过文学经纪人与数字出版商洽谈著作权授权有两个优势：一是文学经纪人人缘广、经验丰富、有大量的资源，懂得如何发掘作品的价值和运用商业运作手段，能够最大限度地发掘和实现文学作品的价值。二是文学经纪人直接对作者负责，也对数字出版商负责，能够把控作品的质量和消费者的需求点，实现作者与数字出版商的双赢。文学经纪人在我国代理授权模式中将会远远超过版权代理机构的授权模式。

### （二）授权要约模式

除了集中授权模式之外，还有没有既获得权利人自愿许可，又能免除交易成本高昂的一对一洽谈呢？授权要约就是这样一种新型的授权模式。授权要约巧妙地利用要约这样一种特殊的合同形式，既能满足双方通过协议方式自愿形成授权关系的要求，又能免除一对一洽谈的交易成本。要约是合同的一种形式，要约方在要约中列出了合同的实质性条件，如果受要约方接受这个条件，双方即达成合同关系。采用要约方式，就有可能实现双方不洽谈就能达成合同关系的目的。标准的授权要约模式是指在作品或图书中包含权利人版权声明，权利人在自愿的基础上以要约方式规定了公众能以何种条件、何种方式使用本作品，任何个人或机构只要愿意接受该条件即可自动达成与权利人的合同关系，根据该合同获得权利人授权，并按照约定的方式合法使用本作品，免除了一对一洽谈的巨大交易成本。

在作品发表时刊登要约的意义在于：能保证发出要约者一定是权利人，免除验证权利人身份的成本及可能产生的误差；能保证希望使用该作品的使用者一定能找到对应的要约，而且无须为此支付成本；如果权利人希望其作品在某种条件下被传播使用的话，也为其提供了最方便的机会来表达其意愿，为此支付的成本也能达到最小化。

# 第十一章　数字出版环境下著作权侵权纠纷的救济方式

## 第一节　数字出版环境下著作权侵权纠纷救济方式概述

### 一、数字出版环境下著作权侵权纠纷的新样态和新特点

随着互联网技术的快速发展，使用者、传播者对作品操控、传播和改变的能力越来越强，著作权人、使用者、网络服务提供商之间的利益平衡被打破，著作权侵权纠纷呈现爆发式增长的趋势。其中颇具影响的案件有：2008 年万方数据“中国学位论文数据库”侵权案，数百名硕士、博士联名起诉万方数据，诉称万方未经权利人许可将其论文建成电子数据库，并且从中获利；2011 年，韩寒、贾平凹等 50 位作家公开发布《中国作家声讨百度书》，指责百度文库未经著作权人同意，擅自将其出版的纸质文字作品转化为数字化形式放入百度文库进行网络传播，侵犯了 50 位作家的权益。数字出版环境下著作权侵权纠纷有以下新样态和新特点。

#### （一）数字出版环境下著作权侵权的新样态

按照我国《著作权法》的规定，数字化网络侵权是指未经权利人许可，又无法律依据，擅自在网络以上传、下载、转载的方式复制传播利用他人作品，或以其他不正当的方式行使著作权人享有的权利的行为。现实生活中网络环境下的著作权侵权行为呈现极为复杂的形态，既包括直接侵权行为，又包括帮助、唆使他

人侵权或使他人直接侵权的后果得以延伸或扩大的间接侵权行为。

互联网技术背景下著作权侵权的新样态梳理如下：第一，传统媒体擅自下载复制网络作品的侵权行为，即未经著作权人同意，擅自将互联网上的作品下载后通过复制在报刊等媒体上传播，从而引起网站对传统媒体提起的著作权侵权诉讼。第二，网站擅自下载其他网站或数据库的网络作品而上传到自己网站的侵权行为。这类侵权行为多表现为网站对其他网站网络作品著作权的侵犯，如各大网站之间的复制、转载和传播。第三，网站擅自把传统媒体作品数字化后上传到网络上进行传播的侵权行为。如未经著作权人许可擅自将以传统介质形式承载的作品通过数字化过程上传到网站上供用户下载或浏览。第四，为互联网上非法复制、发行数字作品提供辅助性服务的行为。第五，网络链接隐形侵权。利用超链接技术将其他网站的网页内容链接到自己的网页中，损害其他网站的相关权益。在商业网站上，这种超链接往往能够引起著作权侵权。第六，网络服务商和网站对用户上传到网站上的盗版作品视而不见，不履行注意义务，把盗版作品放在显著位置供消费者点击，以提高网站的点击量。第七，未经许可去除或改变权利管理信息，如冒用作者姓名或篡改作品许可使用的条件等。第八，非法破解技术措施的解密行为。即违法破解著作权人利用有效技术措施以防止他人对网络作品的复制下载等不法利用，使保护版权的技术屏障失去了作用。

由于上述各种著作权侵权行为的出现，著作权人与使用者、传播者的利益平衡被打破，表现为出版商或网站侵占了著作权人利益，数字出版内容提供商侵占了著作权人利益，网络服务提供商规避侵权间接获得利益侵犯了著作权人利益，而使著作权人的利益受到挤压。

### （二）数字出版环境下著作权侵权纠纷的新特点

著作权侵权纠纷是指违反《著作权法》的规定，侵害著作权人享有的著作人身权、著作财产权而引发的民事纠纷。只要行为人实施了《著作权法》第四十七条和第四十八条所规定的行为，侵犯了他人的著作权造成财产或非财产损失，都属于著作权侵权纠纷。著作权侵权纠纷的主要法律特征是：侵权对象的多重性，即侵犯了著作财产权和著作人身权；被侵害主体的特定性，即作者和其他著作权人；侵权形式的多样性，赔偿数额的不确定性等。在网络环境下，由于数字技术和互联网技术的快速发展，著作权侵权纠纷又衍生出许多新特点。

1. 侵权对象发生变化

在互联网技术背景下著作权侵权对象不断从传统的文字、图片作品拓展延伸到网络作品、影音作品和游戏软件等，其中网络作品、影视作品、游戏软件成为被侵犯的主要对象。由于视频和软件下载或在线使用网站的网络作品已被网民所普遍接受，因此视频和软件网站在未经著作权人许可的情况下，打着以个人学习为目的的合理使用旗号，提供给广大网民下载使用，成为著作权侵权纠纷频发的热点。主要包括网站未经许可擅自传播影视作品、文字作品、摄影作品引发的侵权纠纷；商业性数字图书馆擅自把他人作品数字化后收入数据库，供他人阅读或复制引发的侵权纠纷；搜索引擎、超链接引发的侵权纠纷等。

2. 侵权手段复杂多样

互联网技术背景下侵权主体和侵权行为多样化，与之相对应的是侵权手段的多样化，侵权手段更加隐蔽，判断侵权行为更加困难。一是上传、转载作品供网民浏览、下载或播放；二是网站违反红旗标准，网民上传作品以后视而不见，以避风港原则来规避侵权；三是网络服务提供商通过提供网络链接、搜索引擎等方式为网络客户提供服务；四是网络服务提供商提供 P2P 服务；五是提供存储空间服务及破坏技术措施引发纠纷。

3. 侵权取证难度增大

一是在网络环境下著作权侵权主体往往会涉及传统媒体、互联网网站、数字出版商、网络服务提供商等，他们处于相对强势的地位，在当事人亲自或委托律师取证过程中，他们往往不予配合。二是在涉及网络作品侵权时，侵权证据很容易被网站或网络服务提供商删除和屏蔽，存在证据灭失的风险。三是当事人受到损失的证据难以搜集。有损害才有赔偿，损害的证据直接关系到赔偿的额度，著作权侵权纠纷中，用以作为赔偿证据的包括受害者的损失证据、侵权者的收益证据等，这些证据往往存在举证难的问题。

4. 侵权的赔偿额偏低

在互联网技术背景下著作权纠纷的处理中出现诉讼标的总额和判赔额一高一低的现象，平均的判赔额与专利侵权、商标侵权案件呈现较大差距。法院判赔额低的原因主要如下：一是法院确定赔偿数额的依据之一——国家新闻出版总署制定的稿酬标准较低；二是侵犯著作权人的信息网络传播权对权利人通过其他方式使用作品的影响是有限的；三是较低的判赔金额可以在一定程度上遏制权利人滥用诉权；四是依据利益平衡原则，过高的判赔额不利于网络和数字出版产业的生存和发展空间。

## 二、数字出版环境下著作权权利救济方式

在数字出版环境下著作权人或相关权利人对侵权救济措施的选择是带有趋利性的，他们事前要经过全面的评估，往往从救济的成本、人力、时间、效率、赔偿数额、信誉等因素进行考量，然后做出自己的选择。从法理的角度来讲，私力救济与公力救济都具有自己的优势和短板，不能绝对地认为哪一种就一定是最好的，只有适合于自己，在遵循法律规则的前提下，能够达到预期的、比较好的效果才是最好的，因此私力救济这种救济方式有其存在的合理性。

### （一）著作权的私力救济

私力救济是相对于公力救济而言的一种救济手段，是权利主体自我保护的天然反应，是寻求权利救济的一种方式。

关于私力救济的概念主要有以下几种学说：一是行为说，即私力救济是“自力救助，在民事法律关系中权利人不借助国家的公力，而以自己的力量来保护自己或他人权利的合法行为（中国大百科全书总编辑委员会《法学》编辑委员会，1984）”；二是制度说，即私力救济是“谓权利人本身之实力，以救济私权之制度”（史尚宽，2000）；三是措施说，即私力救济“又称自力救济，是权利人在权利即将受到侵害的紧急情况下，不得已依靠自己的力量，采取各种合法手段强制他人，从而捍卫受侵害的合法权利的应急性保护措施”（彭庆伟，1994）；四是权利说，即私力救济是“权利主体在法律许可的范围内，依靠自身的实力，通过实施自卫行为或自助行为来救济自己被侵害的民事权利”（江平，2000）。笔者赞同权利说，主张的观点是：在没有第三方以中介名义介入纠纷解决的情形下，不通过国家机关和法定程序，而是依靠自身的力量在必要限度内实施自助行为或通过协商的方式，以制止或防止他人不法侵害，并获得经济补偿的一项民事权利。

私力救济是在权利人的权利可能或者已经遭受侵害时，在不寻求司法机关和法定程序维权的情形下，依靠自身或私人力量解决纠纷并实现权利。在数字出版

环境下私力救济与公力救济是解决侵权的两种路径，私力救济通常表现为著作权人或相关权利人为了防止他人未经授权接触或使用其作品而采取的技术措施，保护其权利不受侵害。而公力救济则是侵权行为发生后著作权人寻求司法机关保护的救济行为。

在数字出版环境下著作权人或者相关权利人为什么会选择私力救济，这是由数字出版环境下著作权侵权行为的特殊性决定的。在数字出版环境下，文字作品、视听作品、数字作品、网络作品的易复制性、易传播性非常突出，侵犯著作权的成本非常低，而侵权人又为数众多、侵权形态各异、主体多元。此时公力救济与生俱来的消极性就显现出来，著作权人或相关权利人只有提起诉讼请求公力救济，诉讼程序才会启动。由于公力救济更重视程序正义，对于实体上的正义往往要考虑当事人之间的利益平衡，因此公力救济的结果有时不能实现著作权人的预期，采用私力救济便是著作权人比较之后的一种理性选择。网络环境下著作权人采用技术措施的合法性，显示了私力救济手段的回归。

同时，私力救济是一把双刃剑，如果不受限制地滥用技术措施，发生如微软公司采用技术措施引发的黑屏事件，将会影响著作权的合理使用和法定许可，侵害公有领域及损害社会公共利益，这也是法律所禁止的。

### （二）著作权的公力救济

著作权公力救济是著作权人通过行使诉权，诉请法院依民事诉讼和强制执行程序保护自己权利的措施。在现代文明社会中，公力救济是保护民事权利的主要手段，在能够援用公力救济保护民事权利的场合，通常排除了适用私力救济。

虽然公力救济与私力救济是著作权人权利保护的不同路径，各有自己的优势和短板，但实际上两者并非截然对立，而是关系密切、交错互动的。第一，私力救济是最原始、最悠久的纠纷解决方式，私力救济并不是无所不能，在私力救济无能为力的地方，权利人更容易选择公力救济，二者都有其存在的合理性和正当性，既对立冲突，又长期并存、功能互补。第二，公力救济与私力救济你中有我、我中有你，私力救济往往在法律的影响之下，公力救济中也有私力救济的影子；私力救济中有“公力”因素，公力救济中有“私力”因素，调解和仲裁就是一种融合两者特征的社会型救济。第三，两者相互转化，一方面是私力救济的法律化，许多私力救济逐渐被纳入法律框架；另一方面是公力救济的私人化。

## （三）著作权侵权私力救济的合理性

### 1. 私力救济的维权效果更加明显

数字出版环境下著作权人采用私力救济手段进行维权是一种理性的选择。著作权是法律赋予著作权人在一定期限内对作品的垄断权，禁止他人未经许可和授权的商业性使用。在数字出版环境下作品具有无形性、易复制性、易传播性、取证难等特点，这使得侵犯著作权的违法成本非常低，而诉讼成本又非常高，诉讼期限又非常长，由于著作权侵权纠纷采用不告不理的原则，权利人只有申请国家的公力救济，法院才会受理，进行审理和裁判。在公力救济中法院更重视程序上的正义，而对于实体上的正义，法院往往需要考虑当事人之间的利益平衡，因此公力救济的结果往往不能满足著作权人的预期，很难达到对著作权人的损害给予足够的补偿或者对潜在的侵权人形成威慑。在此种情形之下，著作权人实施自助式的私力救济成为一种首先考虑的选择。

### 2. 私力救济可以弥补法律规定之不足

法律规定具有原则性和抽象性，法律条文不可能涵盖社会经济生活的各个方面，特别是在数字出版环境下著作权侵权行为复杂多样，侵权主体多元，直接侵权与间接侵权交织的情况下，《著作权法》的规定往往具有滞后性，对数字出版环境下出现的新情况和新问题不可能全面预见，因此公力救济发生作用往往是事后的和补救性的，对于预防和及时制止当前正在发生的利益冲突显得力不从心。由于公力救济本身的局限性和短板，私力救济更容易被著作权人采用。

### 3. 节约司法资源，缓解司法压力

公正与效率是各国司法机构一致追求的目标，然而现在是一个“诉讼爆炸”的时代，大量的著作权侵权纠纷涌入法院，使有限的司法资源已经不能承受诉讼之重，直接影响了公正与效率的实现。为此，各国纷纷进行了一系列司法制度改革，如诉讼外调解、庭前调解、行政裁决、仲裁、自救等制度。目前我国法院著作权侵权案件所占比重非常大，因此采用私力救济制度，是节约司法资源，缓解司法压力的有效途径。

另外从行为效率角度考虑，著作权人由于私力救济的直接性和主动性，可能比国家的公力救济效率更高、成本更低。因此允许著作权人的私力救济可以促进国家、社会资源的合理利用，提高解决著作权纠纷的效率，是一种多赢的选择。

## 三、著作权私力救济的优势

### （一）程序上的优势

严格的程序性是公力救济的重要特征，正如一句法律格言所说，“正义不仅应得到实现，而且要以人们看得见的方式加以实现”。相对于私力救济着重追求实体正义而言，公力救济看重侵权纠纷审理严格的程序性可谓是一大进步。然而，由于公力救济拘泥于严格的程序性，其救济范围受到一定的限制，特别是在应对网络环境下的著作权侵权时其局限性就不同程度地显现出来。相比之下私力救济具有高度的灵活性，更能适应网络环境下著作权侵权行为的挑战。

第一，在网络环境下私力救济可以不需要明确的被告。以数据库被恶意下载侵权行为为例，公力救济必须要有明确的被告，而私力救济就不存在这个问题，在以冻结 IP 为手段的救济模式中，侵权者的真实身份无关紧要，数据库运营商只需要掌握涉嫌侵权的工具，就可以通过技术手段对其进行封锁、冻结，强迫其终止侵权行为。

第二，不需要严格的举证。我国民事诉讼证明责任的分配上一贯秉承“谁主张，谁举证”原则，主张侵权损害赔偿的当事人，有义务对损害赔偿的有关事实加以证明，即需要证明侵权人有主观过错、行为违法、存在侵权事实且侵权行为与损害结果之间存在因果关系。作为被侵权人原告来说，对上述事实做出完整的举证无疑是困难的。私力救济不存在举证的问题，侵权者大批量的下载行为无法成为启动公力救济的有力证据，但这种可疑的行为足以构成数据库运营商启用私力救济，冻结下载者 IP 的充分理由。私力救济虽然不强调证据的完整性和严谨性，但并不意味着数据库运营商可以随心所欲、任意妄为，冻结 IP 的手段不需要公权力机关的许可授权，也不受到行业规范和市场规则的严格制约。

### （二）成本上的优势

对于著作权权利人来讲，维权的成本是一个必须考虑的问题。在市场经济条件下，市场主体追求效用最大化目标是一个铁的定律，权利主体选择私力救济还是公力救济来解决侵权纠纷，主要取决于权利主体对两种方式的效用权衡。著作权领域的公力救济主要有司法救济和行政救济两种形式，其中以司法救济最为重要，公力救济的成本也主要体现为司法救济的成本（即诉讼成本）和行政救济的成本（即政府执法成本）。诉讼成本由两个方面构成：一是国家负担的审理成本；二是当事人负担的成本费用。国家负担的审理成本包括法院维持正常运转的花费、司法人员的工资福利等；当事人负担的诉讼成本包括诉讼费用和当事人费用。公力救济必然耗费司法资源，其司法救济成本相对较高，这是维护司法公正必须付出的代价。

而反观私力救济的方式，如数据库运营商冻结涉嫌侵权用户 IP 的行为，仅仅为内部进行的一种技术措施，其成本非常低廉，即使把运营商为了更好地监控下载行为而购置的软硬件设备计算在内，私力救济相对于公力救济仍然具有成本上的巨大优势，而且私力救济的人力成本和设备成本都是可以预见和可以控制的。

### （三）效率上的优势

公正与效率是当今世界各国司法机构一致追求的目标，然而当今又是一个“诉讼爆炸”的时代，大量的纠纷涌入法院使得有限的司法资源已经不能承受诉讼之重，直接影响了公正与效率的实现。为此，各国正在进行一系列司法改革，逐步推行庭前调解、诉讼外调解、行政裁决、仲裁、自救等制度。目前，我国法院审理的网络著作权侵权案件呈爆发式增长，法院承受的负担和压力非常重，因此著作权权利人采用私力救济方式来预防和解决著作权侵权纠纷，既可以提高解决纠纷的效率，又可以节约司法资源，缓解司法机关的压力。

## 四、著作权私力救济的原则

私力救济是著作权人的一种自助行为，目前我国法律对这种自助行为规定得并不是很明确，但是并没有作出禁止性的规定，在认可它的合理性和正当性的同时，还必须明确它合法与违法的边界，对著作权侵权的私力救济是有一定范围和限度的，超过一定的范围和限度就可能形成权利的滥用。因此，必须对著作权的私力救济划定边界，明确运用私力救济应该遵循的原则。

### （一）避免违法原则

私力救济是基于权利人的私人自治，完全依靠民间力量来救济权利和解决纠纷，因此必须受到国家法律的评价。然而私人行为会因为各种各样的原因超越法律规定的限度，救济人以违法行为来处理违法行为的风险是客观存在的。因此私力救济行为必须受到法律的规制，救济人采取的各种救济措施和手段，必须在法律规范和道德底线的范围内。避免违法原则的基本要求是：私力救济不能造成新的违法行为出现，著作权私力救济采用的手段应当是法律所允许的，不能够损害他人的合法权益来维护自己的合法权益。

### （二）不违背公序良俗原则

著作权私力救济不能违背公序良俗和社会的良好道德风尚。我国《民法总则》第八条规定：民事主体从事民事活动，不得违反法律，不得违背公序良俗。这一条文被认为是禁止权利滥用原则在我国成文法中的集中体现，著作权作为民事权利的一种，对其保护同样适用这一原则。

### （三）救济与侵权程度对等原则

著作权私力救济的程度应当与侵权行为方式、程度、造成不利影响的范围等相适应。著作权侵权行为轻微，则私力救济的反应轻微；著作权侵权行为严重，则私力救济的反应加重。如果救济人采取的救济措施和手段远远超过侵权人给自己造成的不利影响，则违反了救济与侵权程度对等原则。2008 年美国微软公司因采用私力救济措施而导致的计算机黑屏事件，就有违反此原则之嫌（梁志文，2008）。

### （四）私人自治原则

在纠纷解决过程中必须要注重当事人的自治与合意。私力救济的一大优势就是当事人灵活选择救济方式，自己决定处理纠纷的进度与状态。私力救济的方式方法与时间空间、利益协商等方面都能体现自治的精神，这便于消除当事人的不良情绪，发挥当事人的主观能动性，也便于当事人更好地履行义务或者承担责任。

### （五）突出效益原则

在数字出版环境下各种著作权侵权纠纷的数量呈现井喷式增长，许多法院都应接不暇，司法资源非常紧张，如何便捷高效地解决著作权侵权纠纷是当前亟待破解的问题。私力救济相比公力救济来讲，方便快捷、效率高的优势及非对抗性的性质，能够较好地解决各种著作权侵权纠纷。该原则除了要求实现救济人合理的利益请求以外，更注重双方利益的平衡，如果不考量私力救济的经济效益和社会效益，仅仅实现的是损人不利己的私力救济，那么这种私力救济就可能导致对著作权权利的滥用，这是不可取的。

## 第二节　著作权私力救济的路径

私力救济的方式非常多，权利人可以因他人侵害行为不同而采用不同的救济方式，如刑事私力救济的方式、民事私力救济的方式，如果细分还有网络环境下著作权私力救济的方式。虽然我国《民法总则》《著作权法》未明文规定自助行为，但在《信息网络传播权保护条例》中则明确规定著作权人享有技术保护措施权和对权利管理信息进行保护的权利，以及对网络服务提供商的警告权。发生侵权纠纷以后著作权人可以选择与侵权者私下和解。

### 一、行使技术保护措施权

#### （一）技术保护措施的定义

著作权技术保护措施是指用于防止、限制未经权利人许可浏览、欣赏作品、表演、录音录像制品或者通过信息网络向公众提供作品、表演、录音录像制品的有效技术、装置或者部件。在我国，法律赋予了著作权人的技术保护措施权，我国《信息网络传播权保护条例》第四条规定：“为了保护信息网络传播权，权利人可以采取技术措施”。鼓励著作权人为合法保护自身权利使用技术措施。同时规定“任何组织或者个人不得故意避开或者破坏技术措施，不得故意制造、进口或者向公众提供主要用于避开或者破坏技术措施的装置或者部件，不得故意为他人避开或者破坏技术措施提供技术服务。但是，法律、行政法规规定可以避开的除外”。

著作权是由于作品的问世而自动产生的，其权利保护也有其特殊性。在网络环境下作品的传播具有时间上的即时性、空间上的虚拟性，同时借助于搜索引擎和链接功能，能够迅速自由地传播，所以网络环境下著作权的保护尤为棘手。技术保护措施的运用及时有效地保护了著作权人的权利，逐步受到著作权人的青睐，成为最常见的自我保护手段。通过对作品添加技术措施，控制受众对作品的接触或使用，对于有效保护著作权，打击网络盗版和版权侵权起到了重要作用。

## （二）技术保护措施的种类

### 1. 访问控制技术措施

访问控制技术是著作权保护的重要组成部分，也是当今著作权保护普遍关注的重点之一。访问控制技术是指主体依据某些控制策略与分析结果或者权限，对客体本身或者是其系统数据进行的不同授权访问。访问控制技术是在人员身份识别的基础上进行的，根据用户提出的数据访问的请求加以控制，从而更好地规范了用户对有限资源的使用权利。

访问控制技术是网络环境下安全和维护系统稳定的主要策略之一，通过对使用者的合理分类和控制，防止了著作权等机密数据被外来人员得到。有效地隔断了外来用户对系统内部数据的恶意破坏或者复制粘贴等不符合规定的网络操作手段。目前使用的访问控制技术措施主要有三种类型。第一种是强制访问控制（mandatory access control，MAC）；第二种是自主访问控制（discretionary access control，DAC）；第三种是基于角色的访问控制（role-based access control，RBAC）。

1）强制访问控制措施

这种措施要求系统本身会根据文件或者数据的重要性来归纳其属于哪种机密程度，并不会依照用户的喜好来随意改变用户的使用权限。一旦定义出明显的级别，就不会轻易改变。每个用户都是单独的个体，一方并不能对另外一方进行有关安全级别的删除、降级或者升级处理。按照现有的安全分类标准来说，大致分为绝密级、机密级、秘密级、无密级。通俗来讲，就是不允许信任度级别低的用户层访问高一层或者更高级别，同时也不允许本身是高级别的著作权信息被归纳到低级别的著作权信息中。

2）自主访问控制措施

自主访问控制措施又称为“随意访问控制措施”，是目前网络环境下著作权中实现最多的访问控制机制之一，具体是指用户本身有这种自主访问控制措施的使用权，当用户有需要查阅资料或者想要获取一定数据时，自己有权利将自己一部分的权利给予其他使用者使用，从而也就规定了哪些用户可以使用这些资源，用户拥有在这个系统的主动权，直接屏蔽掉其他不相干的用户对系统的干扰。有选择余地的选择性思维，也就孤立了用户与群体之间的相互交流，反馈的数据也很难得到进一步的更新。

3）基于角色的访问控制措施

基于角色的访问控制是访问控制技术的最后一种形式。它能进行方便、安全、高效的授权管理，并且拥有很大程度上的策略中性化、最小特权原则支持和高效的访问控制管理等诸多优良的特性，是现在研究访问控制技术的热门重点之一。但是由于本身还处于不成熟或者萌芽状态，在现实生活中并不常见和常用，所以，这种基于角色的访问控制措施的进一步研究和使用还处于试验阶段。

2. 使用控制技术措施

1）数据加密技术

既想要更好地保护权利人的信息不被外人所看到，又想让自己内部人员能方便地进入其中获得信息，这时就需要数据加密技术的帮助。它能帮助团体或者个人，使信息共享，也可以防止黑客或者间谍获取信息情报。加密技术就是用一些简单的数字或者英文覆盖原先的比较复杂的情报，使外来人员不能获悉，同时使内部人员轻松获得信息和数据。就目前的网络的发展来说，比较受用户欢迎的数据加密技术，主要是专用密钥技术和公共密钥加密技术这两种类型。

（1）专用密钥技术，也称为对称密钥加密技术，是一种传统密码算法，是指发送和接收数据的双方必须使用相同的密钥进行加密运算和解密运算，加密运算可以从解密运算中推算出来，解密运算也可以从加密运算中推算出来。因此，在大多数对称密钥算法中，加密密钥和解密密钥是相同的。它的最大优点是使得大量需要加密和解密的数据能在相当快的时间通过简单的数据整合做好，省去工作人员很多重复和复杂的工作流程，是比较受用户欢迎的数据加密技术之一。

但是专用密钥技术也有其不足之处，它要求发送方和接收方在传输之前，确定出一个密钥，如果任何一方泄露密钥的话，就意味任何人都可以对传输的著作权信息进行解密，因此，对密钥的保密是重中之重。这就需要靠企业内部人员的工作素养和职业道德来体现，也要求在告知密钥时要因人而异、因时而异。

（2）公共密钥技术，也称为非对称密钥加密技术，是数据加密另外一种比较常用的技术。它也是像专用密钥技术一样通过加密和解密的手段完成数据的保护。其不同在于，公共密钥技术需要设置两个密钥分别对加密和解密完成整个流程。一个密钥可以使企业的所有人都能获悉，为了防止员工或者间谍不顾自己单位的利益，把情报泄露给外部单位，使本单位遭受损失，另外一个密钥需要用时才告知，而接收的一方通过核对这个密钥是否正确，才决定是否把数据传输给你。这种比较隐私的密钥不需要传送给其他人，从而更有利于数据、情报的安全性。但对数据量较大的著作权信息进行解密时，工作起来十分困难。

2）认证技术

认证技术是实现著作权安全的基本技术之一，它是为防止著作权信息被篡改、删除、重放和伪造的一种有效技术，它使接收者能够识别和确认消息的真伪，它与加密技术彼此独立，加密保证了著作权信息的保密性，认证则保护了著作权信息的真实性和完整性。

（1）数字签名技术。数字签名又可以称为数字签字、数字签章。数字签名技术是用来保证著作权信息在传输过程中信息的完整性和发送方身份的不可抵赖性的。数字签名技术是在公开密钥加密技术的基础上实现的，它是用某人的私密加密技术来确认著作权信息的来源和内容。

数字签名类似于手工签名，是手工签名的数字实现。现在很多企业通过执行者有效的签名来签订协议。在签名的时候，所要签署的文件与签名是两个相对独立的个体，只有当执行者的完整的签名落实到文件后，这个文件才具备它应有的法律效力。如果双方公司对签名的真伪存在质疑，可以请专业的人员对其进行辨伪。

数据签名技术最大的一个特点就是不可复制性，每一个人的签名都是独一无二的，其他人想要模仿几乎是不可能的，这也是很多企业单位要用数据签名来作为文件是否生效的最简单的凭证的原因。在这里也需要注意一点，一旦签署的文件中信息或者流程发生变化，其签名也就变成无效的签名了。

（2）身份认证技术。身份认证是系统认证的方式方法之一，通过审查用户身份达到人证合一的地步，进而确定该用户是否具有对网络信息资源的访问和使用权利。就好像人手一张身份证一样，人们办理驾驶证、护照等性质的凭证，都需要使用身份证。

在如今的信息化的社会，身份是代表一个人基本信息的至关重要的一环，越来越多的网络信息安全系统会要求用户输入自己特定的身份符号，这样就可以有效防止其他恶意破坏、无法识别的人员进入数据系统中。身份认证技术已经成为著作权保护的一个重要技术手段。在这个层面上来讲，身份认证显得比数据加密本身更加重要。

3. 其他技术

1）数字水印技术

数字水印技术是近些年国际上提出的一种新的、有效的数字化产品著作权保护的技术措施。数字水印是用来证实该数据拥有者享有著作权的一种手段，这种被嵌入的数字水印可以是一段文字、标识、系列号等，它通常是不可见或不可觉察的，它与原始数据（如图像、音频、视频数据）紧密结合并隐藏在其中，成为数据文本不可分离的一部分，并可以经过一些不需要破坏源数据使用价值或商用价值的操作保存下来，只要通过数据处理来识别和读取就可以了。

数字水印技术与传统加密技术不同，传统的加密技术存在一个致命的缺陷，那就是它明确提示了攻击者哪些是重要的信息，容易引起攻击者的好奇与注意，并有被破解的可能，一旦被破解，信息就完全变成透明的了，而且攻击者在攻击失败后，很容易将信息破坏掉，导致不容易找到其侵权的证据。数字水印能直接判别被保护的数据是否受到保护、监视、传播，能鉴别真伪、防止非法拷贝。通过对数字水印的探测和分析，保证著作权信息的完整可靠性，并作为鉴定、起诉非法侵权的证据，成为著作权保护和数字多媒体防伪的有效手段，成为一种先进的数字产品著作权的保护措施。根据使用目的的不同，数字水印技术也可分成强健性数字水印技术和脆弱性数字水印技术。

（1）强健性数字水印技术。强健性数字水印技术是指这种水印能经受各种常规的编辑处理操作。它是根据著作权保护的需求应运而生的，在数据库等数字作品中加入这种数字水印，可以限制用户对数字作品的使用，并且能够通过验证产品的所有权来揭露非法拷贝、传播行为，为以法律的手段对其进行制裁提供依据，起到了保护著作权的作用。因此，这类数字水印在不易被察觉的同时，应该能对不同方式的信号处理或恶意攻击具有很强的顽健性。数字水印技术作为著作权保护和安全认证的有力工具之一，具有极大的发展潜能，该领域的研究工作已经取得了巨大的进展，随着数字水印技术的日趋成熟，基于数字水印技术的著作权认证系统将在著作权技术保护中发挥越来越大的作用。

（2）脆弱性数字水印技术。脆弱性数字水印技术对信号的改变十分敏感，主要用于数字产品的内容及版权等关键信息的真伪鉴定，防止非法篡改、伪造，保障数据的安全完整。它可以通过对水印信息的检测来鉴定重要信息的真伪。这类数字水印强调对攻击的敏感程度。

2）防火墙技术

“防火墙”，最初是出现在建筑业中的专业名词。在建筑设计中，运用“防火墙”可以有效地阻隔火的蔓延，设立防火分区，起到保护人员的安全疏散的作用。伴随着互联网的安全隐患进一步扩大，慢慢地，“防火墙”三个字也成为网络上代表保护信息安全的专有代名词。通过这种阻隔技术，最大限度地阻止网络中的黑客访问你的网络。像一个过滤网一样，过滤掉你不想要的著作权信息，从而降低了风险指数，沉淀下自己想要获取的信息，实现全方位的安全策略。这一层面上来讲，防火墙技术不仅增强了系统的安全指数，而且提高了系统性能。但它也有不足之处，事实上 60%以上的网络安全问题都来自于网络内部。所以，它对来自网络内部的攻击是无能为力的。所以说，需要其他技术与防火墙技术相辅相成来完成网络著作权的维护。

通过设置防火墙的技术方法来有效地将外部其他网络与内部网络阻隔起来，防止外部人员对内部网络信息资源的非法访问，从而有效地降低或者阻隔了外部人员对原有作者的作品享有的著作权权利的侵害。总之，防火墙技术可以为网络安全设置一道天然屏障，同时又强化了网络安全的重要性，通过把口令、密码等放在了防火墙上，保证了网络内部的信息不会被外部人员获得。因此，有效的防火墙技术也是保护著作权不受侵害的必不可少的技术之一。

## 二、对权利管理信息的保护

在数字出版环境下，权利管理信息的运用是著作权人私力救济的基本手段和前提条件，权利管理信息与技术保护措施是互为补充和互相作用的。著作权人采用技术保护措施的主要作用是防止他人非法下载和复制；而权利管理信息保护的主要作用则是识别侵权复制品，是为协商解决侵权纠纷提供有力的证据。网络环境下权利管理信息往往采用电子形式，以便公众了解著作权的权利状态。权利管理信息的功能在于标明权利人、声明权利及公示作品的使用条件。在互联网技术日新月异的今天，权利管理信息在保护著作权人权利方面日益彰显其重要性。其一，著作权人可以通过权利管理信息向公众声明其权利，表明权利人身份和作品的使用条件，以保证作品的合法使用和传播。其二，作品使用者可以按照权利管理信息的要求，有条件地依法使用作品。

随着互联网的普及和数字技术的进步，著作权人主动使用权利管理信息作为私力救济基本手段的现象越来越普遍，但是权利管理信息在运用中还存在一些软肋。因为在网络环境下以数码形式表现的权利管理信息很容易被他人删除或更改，导致用户得到错误的信息，同时导致著作权人对作品各项权利的失控，这不仅损害了著作权人的权益，而且给著作权的管理和使用带来了混乱。因此，为了有效保护著作权人的权益，维护正常的著作权的管理和使用秩序，需要在法律上禁止故意改变或者删除权利管理电子信息的行为。如果是故意改变或者删除权利管理的电子信息的行为，则可以认为是对著作权人权利的侵犯，著作权人可以采用相应的法律救济措施。

## 三、对网络服务提供商的警告权

警告权指著作权人发现网络服务提供商提供的存储空间、搜索、链接等服务侵犯自己的著作权时，通过书面形式通知网络服务提供商，要求删除相关内容、断开侵权链接的权利。对侵权者发出警告要求其停止侵权，这是《著作权法》赋予著作权人当然的权利，也是传统私力救济的典型形式之一，但数字出版环境语境下的警告权有其特殊的含义。

1998 年美国通过制定《千禧年数字版权法》首次提出了避风港规则，避风港规则的核心内容为：由于网络服务提供商的审查能力有限，而且没有主动审查存储空间、搜索、链接中作品是否侵权的义务，只要在其收到著作权人的通知后及时删除侵权作品或者断开链接，就不承担侵权责任。该原则被我国著作权立法所接受，2006 年颁布实施的《信息网络传播权保护条例》第二十三条对此作了明确的规定：网络服务提供商为服务对象提供搜索或者链接服务，在接到权利人书面通知以后，根据本条例规定断开与侵权的作品、表演、录音录像制品的链接的，不承担赔偿责任。

由上述规定可以看出，网络环境下著作权人行使警告权的私力救济，是认定网络服务提供商是否间接侵权、是否承担赔偿责任的一个前提，如果著作权人没有行使书面警告，即没有通知网络服务提供商删除侵权作品或者断开链接的，就可能失去后续诉讼的胜诉权。

## 四、在版权交易中采用保证金担保

在数字出版环境下，大量著作权侵权纠纷的存在必然会打破著作权人、数字出版商、网站和网络服务提供商之间的利益平衡，利益冲突的积累将成为互联网产业及数字出版产业发展中的“定时炸弹”。笔者认为，著作权集中交易平台的集中授权模式，是破解数字出版环境下海量作品海量授权困境，实现作品财产价值的最优模式，而著作权交易中的保证金担保模式，则是减少使用人侵权和著作权人进行权利私力救济的有效保障。

保证金担保是著作权交易双方约定某一方为完成某项义务所设置的担保，在著作权集中交易平台线上授权交易的模式下，保证金的作用是担保作品的使用者支付合理对价，合法获取作品内容及合法使用作品。

关于保证金的缴纳，可以有以下两种方式。一是注册之初缴纳基础保证金。作品使用者在注册时，需选择作品使用用户通道，签订用户协议。该协议本着促进网络环境下作品的正常使用和传播的目的，保护著作权人的正当利益，作品使用用户以电子协议的形式向平台管理者作出书面承诺，如若发生违法使用平台管理作品的行为，自愿承担赔偿责任。缴纳基础保证金的作用在于保证注册用户能遵守用户协议，合法使用平台所管理的作品，如若发生违法使用，平台管理者将冻结该笔保证金，待侵权事实核实之后，平台将根据侵权的程度、根据用户协议将该笔保证金先行赔偿权利人，不足部分另行支付。二是使用作品时，按作品单笔支付保证金。此种情况下使用人每次购买作品均需要缴纳保证金，平台管理者将所有使用人支付的保证金集中起来，为每一笔交易提供担保。如若发生违法使用，平台管理者待侵权事实核实之后，按照相应比例赔偿给权利人。当然，保证金的集中和赔偿比例需要科学的计算和设计。

## 五、数字版权交易的信用评价

eBay 在电子商务领域首创了信用评价体系，在其评价系统下，当用户完成一起交易后，卖家和买家可以进行双向互评（Wooders，2006）。当一个用户因交易中的合作行为而在 eBay 的社区内获得了良好的声誉时，其他用户会希望与其进行交易。基于参与用户关心自身评价和排名的心理，该评价体系将会激励用户参与更多的合作。

笔者认为，可以将信用评价系统引进到数字出版版权集中交易授权平台。数字出版商作为买方，基于获得出版内容进一步营利的目的，需要与集中交易授权平台多次合作，重视自身的信用度。当数字出版商在集中交易授权平台获得作品授权后，版权人可以就数字出版商对自己作品的使用情况进行评价。当数字出版商得到一个积极的评价时，它将获得相应的积分，当其得到版权人做出的消极评价时，将会失掉相应的积分。当数字出版商得到一定的积分之后，还可以参与版权集中交易平台组织的信用排名。信用评价系统的重要功能在于，一方面，它能帮助版权人对自己作品被使用的情况进行评价，使作品继续处于集中交易授权平台的保护，保障作品合法使用；另一方面，它能够传递数字出版商取得作品版权的历史信息，使版权人能够充分了解数字出版商的情况，从而选择是否参与集中交易授权。这样的信息公开实际上也能为集中交易授权平台赢得更多版权人用户。

此外，信用评价系统可以帮助平台记录数字出版商的信用额度，而信用额度和使用作品保证金又有直接的关系。信用额度越高，应该缴纳的保证金就越低，从而进一步保障数字出版商合法使用作品，保护版权人的利益。例如，数字出版商在数字出版集中交易授权平台某年度交易额为 60 万，缴纳保证金 5 万元，由于该数字出版商涉嫌侵权，平台扣了保证金 5 万元，信用度也受到了波及，显示在注册用户的星级评价上。该数字出版商如需进一步合作则需要缴纳 6 万元保证金。

## 六、著作权人与侵权者私下和解

在著作权侵权纠纷发生以后，如果侵权后果不涉及行政处罚或刑事处罚，权利人可以聘请律师与侵权人沟通协商私下和解。和解是当事人双方在平等的基础上相互协商、充分发表自己的意见，本着诚实信用、公平合理、化解矛盾的原则，对纠纷的解决达成协议的活动。私下和解具有及时解决纠纷、节约成本、效率高等优点，当事人双方应首先选择。私下和解是由当事人自行启动的在诉讼活动之外的一种自治行为，由当事人自己决定处理纠纷的进度与状态，不受司法程序、法官职权的直接约束和支配，纯属当事人之间基于诚信、情感和谅解的契约性自治行为。必须指出的是和解协议作为双方当事人之间自行达成的协议，由当事人自觉履行，不具有与判决、调解书同等的法律效力。

# 第三节　著作权公力救济的路径

著作权公力救济是指国家机关依权利人请求，运用公权力对被侵害权利实施救济，包括著作权司法救济和著作权行政救济，著作权司法救济又分为著作权民事司法救济和著作权刑事司法救济。

## 一、著作权民事司法救济

著作权人如果发现自己的著作人身权和著作财产权被他人侵害，或者他人违反了著作权合同，可以选择以司法救济的方式向法院起诉，通过诉讼程序来解决纠纷。根据我国《民事诉讼法》和《著作权法》的规定，民事司法救济措施和手段主要有以下几种。

### （一）诉前保全措施

根据我国《著作权法》及其实施条例的有关规定，著作权侵权案件中的诉前保全措施有财产保全与证据保全两种方式。

1. 财产保全

著作权人或者与著作权有关的权利人有证据证明他人正在实施或者即将实施侵犯其权利的行为，如不及时制止将会使其合法权益受到难以弥补的损害的，可以在起诉前向人民法院申请采取财产保全。申请人应当提供担保，不提供担保的，由人民法院驳回申请。

人民法院接受申请的必须在 48 小时内作出裁定，裁定采取财产保全措施的，应当立即开始执行。申请人在人民法院采取保全措施后 15 日内不起诉的，人民法院应当解除财产保全；被申请人提供担保的，人民法院也应当解除财产保全。财产保全限于请求的范围，或者与本案有关的财物。财产保全采取查封、扣押、冻结或者法律规定的其他方法。人民法院冻结财产后，应当立即通知被冻结财产的人，财产已被查封、冻结的，不得重复查封、冻结。申请有错误的，申请人应当赔偿被申请人因财产保全所遭受的损失。当事人对财产保全的裁定不服的，可以申请复议一次。复议期间不停止裁定的执行。

2. 证据保全

为制止侵权行为，在证据可能灭失或者以后难以取得的情况下，著作权人或者与著作权有关的权利人可以在起诉前向人民法院申请保全证据。申请人应当提供担保，不提供担保的由法院驳回申请。人民法院接受申请后，必须在 48 小时内作出裁定；裁定采取保全措施的，应当立即开始执行。申请人在人民法院采取保全措施后 15 日内不起诉的，人民法院应当解除保全措施。

其中，当事人提供的涉及著作权的底稿、原件、合法出版物、著作权登记证书、认证机构出具的证明、取得权利的合同等，可以作为证据；当事人自行或者委托他人以定购、现场交易等方式购买侵权复制品而取得的实物、发票等，可以作为证据。

公证人员在未向涉嫌侵权的一方当事人表明身份的情况下，如实对另一方当事人按照上述方式取得的证据和取证过程出具的公证书，应当作为证据使用，但有相反证据的除外。

## （二）诉前禁令

诉前禁令是人民法院在当事人提起诉讼前为了避免损失发生或者扩大，根据申请人的申请或者依职权责令被申请人停止相关行为的一种民事强制措施。诉前禁令制度发源于西方国家，在英美法系和大陆法系中被称为“临时性禁令”，在《TRIPS 协议》第五十条中称为“临时措施”，虽然称谓各有不同，但在实质上都是符合《TRIPS 协议》执法要求的一项同等的司法措施，具有相同的功能与效力。该司法措施是针对知识产权民事纠纷的紧急状态而言，为了避免产生难以弥补的损失，申请人为了及时制止正在实施或即将实施的侵权行为，在起诉前请求法院作出的禁止或限制被申请人从事某种民事行为的强制性命令。

我国诉前禁令制度的立法源于世界贸易组织（World Trade Organization，WTO）的最低要求，我国在 2001 年加入 WTO 之后，对《著作权法》等知识产权法进行了全面修改，增加了有关诉前禁令的立法规定，并将这一制度广泛应用于对知识产权侵权纠纷案件的审理。关于诉前禁令的内容，我国《著作权法》第四十九条作了明确规定：著作权人或者与著作权有关的权利人有证据证明他人正在实施或者即将实施侵犯其权利的行为，如不及时制止将会使其合法权益受到难以弥补的损害的，可以在起诉前向人民法院申请采取责令停止有关行为和财产保全的措施。

2012 年我国修订的《民事诉讼法》吸收了这一制度，《民事诉讼法》第一百条规定：“人民法院对于可能因当事人一方的行为或者其他原因，使判决难以执行或者造成当事人其他损害的案件，根据对方当事人的申请，可以裁定对其财产进行保全、责令其作出一定行为或者禁止其作出一定行为；当事人没有提出申请的，人民法院在必要时也可以裁定采取保全措施。”第一百零一条规定：“利害关系人因情况紧急，不立即申请保全将会使其合法权益受到难以弥补的损害的，可以在提起诉讼或者申请仲裁前向被保全财产所在地、被申请人住所地或者对案件有管辖权的人民法院申请采取保全措施。申请人应当提供担保，不提供担保的，裁定驳回申请。”

正确运用诉前禁令制度，可以及时制止当事人的侵权行为，有效预防或避免权利人遭受进一步损害。但同时诉前禁令也是一把双刃剑，由于我国诉前禁令制度在立法层面的设计较为笼统，程序设计过于追求对申请人单方的权利保护，未能充分赋予被申请人对等的救济权利，申请不当导致被申请人损失的事后救济的对等性和弥补性的规定尚不具体，这极易导致对诉前禁令制度的滥用。因此在司法实践中，要防止在网络著作权侵权案中对诉前禁令制度的滥用。第一，诉前禁令作为一种民事诉讼保全措施，应该具有一定的效力范围。在数字出版环境下，著作权侵权诉前禁令的效力范围应该仅涉及涉诉行为，而不应割裂当事人处分权在程序上与实体上的联系，避免造成处分权实现的瑕疵。第二，法官必须对网络著作权侵权的“可能性”，以及申请人请求的“正当性与充足性”作出正确的判断。适当限制法官过大的自由裁量权。第三，必须强化申请人的相关责任，并注重对被申请人的全力保护。例如，严格申请人的举证责任，加大申请人提供担保的力度；赋予被申请人主张听证权、抗辩权、阻止禁令发布权，健全滥用诉前禁令申请权的惩戒与损害赔偿机制，以此保障我国诉前禁令制度得到最大限度的良性司法运作。

### （三）侵权补救措施

我国《著作权法》对著作权的侵权行为采用的是列举式规定，其中第四十七条有如下规定。有下列侵权行为的，应当根据情况，承担停止侵害、消除影响、赔礼道歉、赔偿损失等民事责任：①未经著作权人许可，发表其作品的；②未经合作作者许可，将与他人合作创作的作品当作自己单独创作的作品发表的；③没有参加创作，为谋取个人名利，在他人作品上署名的；④歪曲、篡改他人作品的；⑤剽窃他人作品的；⑥未经著作权人许可，以展览、摄制电影和以类似摄制电影的方法使用作品，或者以改编、翻译、注释等方式使用作品的，本法另有规定的除外；⑦使用他人作品，应当支付报酬而未支付的；⑧未经电影作品和以类似摄制电影的方法创作的作品、计算机软件、录音录像制品的著作权人或者与著作权有关的权利人许可，出租其作品或者录音录像制品的，本法另有规定的除外；⑨未经出版者许可，使用其出版的图书、期刊的版式设计的；⑩未经表演者许可，从现场直播或者公开传送其现场表演，或者录制其表演的；⑪其他侵犯著作权以及与著作权有关的权益的行为。

1. 停止侵害

停止侵害作为著作权侵权责任承担的方式，具有其他侵权责任承担方式所不具备的现实意义。法律规定的停止侵害是指阻止加害人正在对受害人实施的人身权利或财产权利侵犯的情形，其目的是防止损害的发生或损害结果的扩大。停止侵害作为物权的一项重要权能，是基于权利人享有的物权；而引发停止侵害这一侵权责任承担方式的直接动因是权利人行使物权请求权。在法学通说中，著作权被普遍视为一种“准物权”，因此当著作权人作品享有的合法权益遭受侵害时，为了阻止侵权行为的继续发生并抑制侵权行为损害的扩大，权利人有权请求加害人停止侵害。关于停止侵害及其他著作权侵权责任方式问题，我国《著作权法》中有明确规定。在近年来的司法实践中，关于停止侵害的诉讼请求和法院的审判结果主要有录音录像制品停止出售、原创书籍停止传播、电视剧停止播出等。这也引发了行业人士、法学学者及公众的普遍关注。

基于著作权的“准物权”性质，权利人行使的停止侵害请求权是著作权遭受侵犯时自然产生的请求权利，从适用逻辑上来看，不应严格限制其适用的条件和范围，只有在特定阻止条件具备的前提下才可排除该种侵权责任承担方式的适用。对于停止侵害在著作权案件中的适用限制，学界有不同看法，持严格限制观点的核心内容是：第一，著作权保护的客体具有无形性，应该与有形物区别而不宜造成创新的垄断；第二，采用停止侵害的做法在很多情形下可能造成私人利益与公共利益相冲突，基于公共利益的维护，应对停止侵害的适用予以严格限制。

笔者认为应该充分认识停止侵害这一侵权责任承担方式的正当性与合理性，

这是对著作权人合法权利的基本尊重。从鼓励创新的角度而言，著作权对创新的激励作用不仅仅在于对权利人合法权益的认可与保护；更重要的是对侵权行为的遏制，必须让侵权者无利可图，以激励原创和提升创新水平。如果对于侵权行为产生的成果及侵权利益不加遏制，任由侵权行为人坐收渔利，那么更多的人将会投机取巧、怠于创新，以侵权方式谋取收益，这无疑将为创新的发展设置严重阻碍。

此外应该看到，停止侵害具有区别于其他侵权责任承担方式的独特功能。从法律规定上来看，著作权侵权责任承担的方式不仅停止侵害一种，还包括消除影响、赔礼道歉、赔偿损失等方式。有观点认为，鉴于立法上存在多重侵权责任承担方式的选择空间，而停止侵害似乎又是最严厉的一种侵权责任方式，那么按照常理顺理成章地就应该以其他侵权责任承担方式为首选，在适用条件充分具备且其他方式无法达到预期效果时才能选用停止侵害这一方式。笔者认为，这种观点是不对的，在侵权责任承担方式中，停止侵害并不是唯一的可以直接达到制止侵权行为发生的备选方式，对于侵权行为已经发生、侵权后果已经酿成的情况，权利人在主张补偿性或恢复性请求的同时，可以要求停止侵害；因为在现实生活中，恢复性请求通常并不能达到权利人获得完整补偿或权利恢复的效果。另外，停止侵害比赔偿损失更能维护著作权人的尊严。有观点认为，考虑到停止侵害需慎用，那么在更多情况下可以通过对权利人给予适当补偿替代停止侵害的判令。笔者认为，在排除前述法律制度基于公共利益对于著作权权利人的部分权利让渡情形外，泛泛地采用赔偿损失替代停止侵害，则无异于强买强卖。权利人对于其自身权利依法享有的占有、使用、收益、处分的权利，意义不仅在于实现其作品的商业价值，更重要的是权利人有权依据其个人意志选择如何安置、分配其所拥有的作品。

2. 赔礼道歉、消除影响

《著作权法》框架下的“赔礼道歉、消除影响”是一种专属于作者的，著作人身权受侵害时的法律救济途径。“赔礼道歉”的人身专属性体现在：其一，赔礼道歉的法律责任具有双重人身属性，有着明确的承担主体和实施对象，既不宜由他人代为履行又不宜由他人代为接受履行，只能由侵权行为人本人对著作人身权所有人赔礼道歉。因为只有自然人才有可能感到自我评价降低、自我感受人格屈辱，因此只有自然人才可以作为赔礼道歉的对象，而法人作为作者的著作人身权受到侵害时，其商誉受侵权行为影响而减损，则应适用“消除影响”。其二，只有作者本人才可以作为侵权行为人赔礼道歉的对象。作者本人对其作品享有实质意义上的精神权利，且著作人身权不可以被继承。其三，只有侵害著作人身权的行为人才承担赔礼道歉的法律责任，若该行为人作为自然人已经逝世或者作为法人已经注销，此法律责任均不再由其债务继承人承担。因此，在著作权侵权诉讼的司法实践中，“赔礼道歉”作为“消除影响”的有效手段之一，“消除影响”作为“赔礼道歉”的最终社会效果，其目的是使被侵权人恢复自我评价、维护人格尊严，消除名誉受损、社会评价降低带来的影响。

需要注意的是，侵害著作财产权不应承担赔礼道歉、消除影响的法律责任。《著作权法》第四十七条包含了 11 项既有侵害著作人身权又有侵害著作财产权的侵权行为；同时又明确规定了“停止侵害、消除影响、赔礼道歉、赔偿损失”四种民事责任的承担形式，这就说明第四十七条所涉的每一种侵权行为并非当然适用停止侵害、消除影响、赔礼道歉与赔偿损失的民事责任。同时，该法律条文本身也非常清楚地指出，“有下列侵权行为的，应当根据情况”具体分析每种侵权行为适用四种民事责任的何种责任。例如，第四十七条第七项“使用他人作品，应当支付报酬而未支付的”侵权行为显然不可能适用“赔礼道歉、消除影响”的民事责任。另外，我国各法院在著作权侵权审判实务当中均一致认为，赔礼道歉、消除影响应是在侵权行为已造成对被侵权人社会评价的降低、被侵权人自我感受屈辱的情形下适用，侵犯著作财产权并不会导致著作权人社会认可度的降低、社会信誉的损失，或者权利人人格权的侵犯、自我感受心理创伤的情形发生，故无需承担赔礼道歉、消除影响的民事责任。

“赔礼道歉、消除影响”的作用在于弥补著作权人人格权的侵害，而侵害著作财产权并不会导致社会公众对著作权人社会评价的降低，也不会造成原告人格权的侵害或名誉的损害，此时要求侵权人承担消除影响、赔礼道歉的民事责任是不妥当的。

3. 赔偿损失

在我国著作权侵权案件的司法实践中，著作权侵权损害赔偿的认定主要贯彻全部赔偿原则及法定赔偿原则。全部赔偿原则是指著作权损害赔偿责任的范围，应当以加害人侵权行为所造成损害的财产损失范围为标准，承担全部责任。也就是说侵权行为所造成的损失应当全部赔偿，赔偿应以侵权行为所造成的损失为限。因此赔偿损失的功能主要是一种补偿，一种利益的“弥补”和“填平”，所以就要求以受害人的全部损失或损害为标准来赔偿。法定赔偿原则是指在权利人的实际损失和侵权人的违法所得无法确定的情况下，由法官考虑各方面因素综合酌定损失赔偿额。一般应当考虑以下要素：第一，通常情况下原告可能的损失或被告可能的获利；第二，作品的类型、合理许可使用费、作品的知名度和市场价值、权利人的知名度、作品的独创性程度等；第三，侵权人的主观过错、侵权方式、时间、范围、后果等。

1）损害赔偿的范围

著作权侵权损害赔偿的范围，按照全部赔偿原则即指因侵权造成著作权人全部实际损失的范围。侵权损失不外乎是指侵权行为造成权利人现有财产的减少或丧失，以及可得利益的减少或丧失。通常又分为侵权损害的直接损失和间接损失。除了著作权造成的财产损失外，著作权的损害赔偿还包括著作权人身精神权益的精神损害赔偿。

直接损失包括：一是对侵权直接造成的著作权使用费等收益减少或丧失的损失；二是因调查、制止和消除不法侵权行为而支出的合理费用；三是因侵犯著作权人身精神权益而造成的财产损失。

间接损失是指权利人受到侵害的著作权在一定范围内的未来财产利益的损失，著作权的间接损失是由于造成了权利人不能正常利用该著作权进行经营活动而遭受的。

著作权的精神损害的赔偿是指在侵权人侵犯著作权人人身权或者表演者人身权情节严重的情形下，判令侵权人向著作权人或表演者支付一定数额的精神损害抚慰金。

2）损害赔偿的计算方法

《著作权法》第四十九条规定：“侵犯著作权或者与著作权有关的权利的，侵权人应当按照权利人的实际损失给予赔偿；实际损失难以计算的，可以按照侵权人的违法所得给予赔偿。赔偿数额还应当包括权利人为制止侵权行为所支付的合理开支。权利人的实际损失或者侵权人的违法所得不能确定的，由法院根据侵权行为的情节，判决给予五十万元以下的赔偿。”我国著作权侵权赔偿有三种计算方法：第一，以被侵权人的实际损失为依据；第二，以侵权人的违法所得为依据；第三，法定赔偿。司法实践中还有一些具体的做法，这些赔偿方式可以选择适用，按照最有利于自己的方式进行计算。下面分别介绍三种赔偿计算方式的运用计算和司法实践中的主要做法。

（1）以被侵权人的实际损失为依据。“权利人的实际损失”可以依据以下方法计算：第一，侵权使权利人利润减少的数额；第二，以报刊、图书出版或类似方式侵权的，可参照国家有关稿酬的规定；第三，权利人合理的许可使用费；第四，权利人复制品销量减少的数量乘以该复制品每件利润之积；第五，侵权复制品数量乘以权利人每件复制品利润之积；第六，因侵权导致权利人许可使用合同不能履行或难以正常履行产生的预期利润损失；第七，因侵权导致权利人作品价值下降产生的损失；第八，其他确定权利人实际损失的方法。

另外，因提起诉讼而导致的费用也应列入赔偿范围。提起诉讼可能产生许多费用，包括聘请律师的费用、调查取证费和制止侵权所支付的差旅费、为查阅收集证据材料支付的费用、对是否构成侵权的鉴定费用等。对被侵权人因诉讼而支出的调查费、律师费等费用，应列入被侵权人实际损失的范围，以使当事人得到充分、合理的补偿。这些费用都是被侵权人因为制止侵权而实际必须支出的费用，应该都是被侵权人的实际损失。

（2）以侵权人的违法所得为依据。法院在确定侵权赔偿数额时，可以根据被侵权人的请求，按照其因侵权行为所受直接经济损失和所失预期应得利益计算赔偿数额；也可以按照侵权人因侵权行为所得利益计算赔偿数额。侵权人不能证明其成本或者必要费用的，其因侵权行为所得收入，即为所得利益。“侵权人的违法所得”包括以下三种情况：第一，产品销售利润；第二，营业利润；第三，净利润。一般情况下，应当以被告营业利润作为赔偿数额。例如，侵权人未经著作权人许可将其享有著作权的一部文字作品出版发行，总共发行五千册，那么侵权赔偿额可以由书的单价乘发行数量五千册，再减去合理的印刷、发行及其发行折扣得出。

（3）法定赔偿。《著作权法》第四十九条第二款规定：“权利人的实际损失或者侵权人的违法所得不能确定的，由法院根据侵权行为的情节，判决给予五十万元以下的赔偿。”以上规定就是法定赔偿，是在难以查明被侵权人的实际损害或者侵权人的侵权获益时，由法院根据侵权人的过错性质、侵权情节等因素，在法定的赔偿幅度内确定具体的赔偿数额的一种赔偿方法。法定赔偿的前提是权利人的实际损失或侵权人的违法所得不能确定、难以计算，赔偿数额由法院来决定。一般由审判的法院根据侵权情节、侵权所造成的影响等各方面来判决，数额最高是五十万元，没有最低限。

（4）精神损害损失。著作权的精神损害赔偿只能限定在对著作人身权的损害，即主要是对著作人身权的损害赔偿纠纷中涉及公民、法人姓名权、名称权等商誉的损害赔偿。超出此范围不适用精神损害赔偿。例如，第一，未经原告许可，严重违背其意愿发表其作品，并给原告的信誉、社会评价带来负面影响的；第二，抄袭原告作品数量大、影响广，并使被告因此获得较大名誉的；第三，严重歪曲、篡改他人作品的；第四，未经许可，将原告主要参加创作的合作作品以个人名义发表，并使被告获得较大名誉的；第五，没有参加创作，为谋取个人名利，在原告作品上署名的；第六，严重歪曲表演形象，给原告的社会形象带来负面影响的；第七，制作、出售假冒原告署名的作品，影响较大的；第八，其他应当支付权利人精神损害抚慰金的情形。

对著作权精神损害应当根据损害的情况首先适用其他民事责任方式，如停止侵害、公开赔礼道歉、消除影响、恢复名誉等非财产责任方式。仅对情节严重、使用非财产责任形式明显不足以保护受害人的精神权益时，才适用精神损害赔偿。精神损害抚慰金的数额应当根据被告的过错程度、侵权方式、侵权情节、影响范围、侵权获利情况、承担赔偿责任的能力等因素综合确定。精神损害抚慰金一般不低于两千元，不高于五万元。

## 二、著作权刑事司法救济

著作权的刑事保护是著作权司法保护的形式之一。著作权的刑事保护是指通过刑法来实现对著作权的保护，也就是说立法者将一些严重侵害著作权的行为规定为犯罪，以刑罚作为手段给予其刑法制裁，通过刑事程序追究侵害人的刑事责任，从而维护著作权人的利益和国家对知识产权的管理秩序。《中华人民共和国刑法》（简称《刑法》）的保障功能使《刑法》介入数字网络时代著作权的保护成为必需，由于网络著作权与数字网络技术及数字出版经济发展具有密切的联系，如果对著作权进行侵犯，就必然会阻碍数字出版和网络经济的发展。因此，刑事法律必须控制这种侵权行为。由于历史的原因，我国对著作权的保护在民事、行政方面的力度较大，而在刑事法律保护方面则显得比较薄弱，如果单纯采用民事和行政的救济手段，其救济力度是不够的，不足以达到其应有的保护效果，必须加大惩戒力度，才能有效制止和控制侵犯著作权的行为。

《刑法》是各种社会关系保护的最后屏障，是调整和保护社会关系的终极法律调控手段。《刑法》以其特有的严厉制裁方式介入知识产权领域的法律关系调整体系，发挥着其他法律制裁方式所不能替代的作用，成为有效控制著作权侵权行为的有力手段，从而保护权利人应有的人身权与财产权。

在刑事立法领域，我国现行《刑法》规定了两种侵犯著作权的犯罪，即《刑法》第二百一十七条规定的侵犯著作权罪与第二百一十八条规定的销售侵权复制品罪。为了与《刑法》规定相呼应，修订后的《著作权法》增设了附属《刑法》规范，即第四十七条的八种著作权侵权行为“构成犯罪的，依法追究刑事责任”，弥补了以往《著作权法》中没有刑事责任条款的不足，对著作权的刑事保护具有重要意义。但也应看到，目前我国刑法规定的两种著作权犯罪仅包括五种侵犯著作权的犯罪行为，并未涵括《著作权法》规定的八种著作权侵权行为，对这种不对应的规定应如何协调仍是目前理论和实践中的一个热点话题。

对我国著作权犯罪刑事保护立法的完善的建议如下。

第一，将《著作权法》与《刑法》协调统一。对于我国《著作权法》和《刑法》不统一的现状，应采纳一些先进国家的立法经验，对刑法罪状进行修改，把相关侵犯著作权的罪名规定在《著作权法》中，在《著作权法》修订时规定独立的罪行条款，使著作权法规中的刑事制裁部分更紧密地与权利、义务部分结合在一起，从而大大强化了著作权法规的社会效果。

第二，扩充犯罪情形的范围。我国现行《刑法》对著作权的保护只规定在《刑法》第二百一十七条的侵犯著作权罪和第二百一十八条的销售侵权复制品罪，但在实践中出现了很多其他的侵犯著作权的犯罪行为，因此应在现行《著作权法》规定八种行为的基础上，增加入罪的行为方式，尽可能使刑事司法救济规避立法空白。

第三，取消犯罪主观要件中的“以营利为目的”的规定。我国刑法规定“侵犯著作权罪”和“销售侵权复制品罪”的主观要件均要求具备“以营利为目的”。但在司法实践中，将“以营利为目的”作为侵犯著作权罪成立的主观要件，将会把严重侵犯著作权但非以营利为目的的行为排除在刑法处罚之外，从而不能对被害人的合法权益进行全面的保护。在现实生活中存在很多侵犯著作权的行为是基于打击报复对手、诋毁他人的名誉等目的而实施的严重侵犯他人著作权的行为，这不仅给国家、社会、他人造成极大的危害后果，而且还侵犯了著作权人的权益。这种立法上的限制性规定，使得刑法对这些情形无能为力，因此，我国应该顺应各国对著作权保护的趋势和潮流，取消这一规定。

第四，加大对著作权犯罪被害人权益的救济。著作权人的权益受到侵害所遭受的损失主要是经济方面的，所以刑罚应当关注对权利人所损失的经济利益予以最大程度的恢复。然而我国刑法保护没有充分重视对被害人实际损失的补偿，在司法实践中，往往只注重对被告人判处刑罚而忽略了对被害人权益的救济，导致被害人不愿意利用刑法救济手段来维护自己的权益。因此，在对著作权实施刑法保护时，要充分考虑被害人的实际利益，这样被害人才能积极主动地采用刑事手段来救济自己的合法权益。

## 三、著作权行政救济

我国《著作权法》明确规定著作权行政管理机关可以依法对某些严重的侵权行为进行行政处罚。著作权的行政救济，是指当著作权被侵犯后国家行政管理机关运用行政手段，依权利人的申请或主动处理侵权纠纷，保护当事人的合法权益，维护知识产权管理秩序。对著作权的行政保护是我国知识产权执法的一个重要特色，是我国知识产权保护“双轨制”的体现。著作权人除通过司法救济途径外，还可以通过行政途径保护其著作权，对于侵犯著作权的行为，权利人可以向行政主管机关申诉，行政机关也可以依职权进行查处。知识产权行政主管机关可以在查处过程中对侵权物品进行查封和扣押，可以采取停止侵权的禁令、罚款等救济手段。

著作权是民事主体依法享有的一项重要的民事权利，但是某些侵犯著作权的行为，不仅损害了私人权益，而且也扰乱了正常的社会秩序，侵害了国家与社会公众的利益，因此，这种行为已不仅是对私权领域的侵犯，也是对国家公权领域的侵犯，即构成违反行政法律规范的行为，理应对自己违反行政法律义务所造成的后果承担行政责任。在这种情况下，肩负国家行政职责的行政机关，利用行政执法成本较低且迅速及时等特点，通过实施对著作权的行政保护，可以根据权利人申请，对侵权纠纷进行处理，也可以依职权主动采取执法措施，并进行相应的行政处罚，及时制止侵权行为，恢复权利人的权利。

我国著作权侵权行为除了司法救济外，采用行政救济的合理性主要表现在：在数字出版环境下著作权侵权纠纷数量多、影响大、专业性强，全部通过司法解决是困难的，而行政救济具有速度快、程序简便的特点，能及时处理纠纷，节约成本。并且，行政救济是国家主管机构主动介入，具有主动性，对维护知识产权法律秩序，促进公平竞争起着重要的作用。著作权侵权纠纷的行政解决渠道与程式化的司法渠道相比，具有时间、精力、金钱等成本要素低，且解决纠纷效率高的特点，不失为多数情况下降低私人成本和社会成本、节约司法资源的一种优先选择。

我国《著作权法》第四十七条对我国著作权行政执法的权限作了明确规定："有下列侵权行为的，应当根据情况，承担停止侵害、消除影响、赔偿损失等民事责任；同时损害公共利益的，可以由著作权行政管理部门责令停止侵权行为，没收违法所得，没收、销毁侵权复制品，并可以处以罚款；情节严重的，著作权行政管理部门还可以没收主要用于制作侵权复制品的材料、工具、设备等……"由此可知，我国的立法者实际上已经意识到行政执法权限方面的问题，在《著作权法》中对行政执法的受案范围作了明确的限定，即损害公共利益成了版权行政执法的法定前提，侵权行为同时损害公共利益的，行政机构可以给予行政处罚。因此，《著作权法》第四十七条的规定，实际上是对公权力和私权利的平衡，毫无疑问所谓损害公共利益这一执法前提，其实质是立法者对国家公权力介入范围的限定。

我国著作权行政保护机构庞大，享有行政立法和行政执法的权力。我国最高著作权行政管理机关是国家版权局，其次是地方各级著作权行政管理部门即地方版权局，他们有权查处著作权侵权案件。国家版权局的主要职能为：起草制定法律法规、方针政策；监督管理出版、印刷业和著作权工作，查处著作权侵权案件，处理涉外著作权关系等。因此，查处著作权侵权案件，仅为版权行政管理机关的职权范围之一，并应当严格限定在依法对侵权行为的行政处罚或者对有犯罪嫌疑的案件向公安机关的移送上，而不能涉及著作权民事纠纷的处理。

有学者认为，我国应该逐步加强著作权的司法保护，保证权利人能够通过司法途径获得有效、及时和充分的救济，与此相应地逐步削弱行政执法权限。对于一些严重损害社会公益的著作权侵权行为，应当依据《刑法》追究侵权者的刑事责任。普通的案件由民事程序解决，极其严重的案件由刑事程序负责，行政机构将逐步从中间模糊地带淡出。

# 参考文献


蔡维力. 2011. 网络服务中间商滥用避风港规则的认定——以百度公司与50位作家著作权侵权纠纷为例. 知识产权, (6): 33-37.

陈杭燕. 2012. 网络环境下著作权限制制度研究. 广州: 广东商学院硕士学位论文: 27.

大卫·约翰斯顿, 森尼·汉达, 查尔斯·摩根. 2000. 在线游戏规则: 网络时代的 11 个法律问题. 张明澍译. 北京: 新华出版社: 178.

丁丽瑛. 2008. "规则主义"下使用作品的"合理性"判断. 厦门大学学报(哲学社会科学版), (6): 93-99.

冯晓青. 2004. 论著作权法与公共利益. 法学论坛, (3): 43-46.

冯晓青. 2008. 知识产权法的利益平衡原则: 法理学考察. 南都学坛, (2): 88-96.

冯晓青. 2012. 对我国著作权法第三次修改的若干意见. 中国法律, (3): 15-21.

冯晓青, 邓永泽. 2014. 数字网络环境下著作权默示许可制度研究. 南都学坛, (5): 64-69.

付子堂. 2001. 对利益问题的法律解释. 法学家, (2): 29-35.

付子堂. 2010. 法理学进阶. 北京: 法律出版社: 41.

葛亚力. 2003. 技术标准战略的构建策略研究. 中国工业经济, (6): 91-96.

郭鹏. 2010. 关于技术中立原则及其反思. 技术与创新管理, (4): 503-506.

国家新闻出版总署. 2010. 关于加快我国数字出版产业发展的若干意见. http://www.gapp.gov.cn/news/798/76914. shtml. [2016-8-6].

何格夫. 2008. 当前我国数字出版面临的困境. 大学出版, (1): 32-35.

胡国祥. 2008. "出版"概念考辨. 武汉大学学报(哲学社会科学版), (3): 437-442.

胡开忠. 2004. 知识产权法比较研究. 北京: 中国人民公安大学出版社: 161-162.

胡梦云. 2011. 数字环境下版权保护模式研究. 北京: 中国政法大学硕士学位论文.

华夏. 2015. 数字出版标准建设发展研究. 北京: 北京印刷学院硕士学位论文: 30-32.

华鹰. 2013. 企业技术创新与知识产权战略. 北京: 科学出版社: 116-117, 120-121.

华鹰. 2014. 著作权法定许可制度的反思与重构——以著作权法第三次修改为视角. 中国版权, (6): 42-44.

黄先蓉, 郝婷. 2013. 数字出版标准化工作的策略研究. 编辑之友, (7): 66.

黄玉烨, 舒晓庆. 2014. 扶助贫困法定许可制度探究. 中国社会科学院研究生院学报, (3): 85-89.

黄玉寅, 陈思. 2014. 浅析我国数字出版标准化现状与出路. 中国出版, (4): 26-28.

江平. 2000. 民法学. 北京: 中国政法大学出版社: 829.

李捷. 2015. 论网络环境下的著作权默示许可制度. 知识产权, (5): 67-71.
李琳. 2011. 我国著作权合理使用制度立法完善研究. 大连: 东北财经大学硕士学位论文: 16-20.
李明德, 管育鹰, 唐广良. 2012. 《著作权法》专家建议稿说明. 北京: 法律出版社: 419.
李明远. 2014-7-16. 2013-2014 中国数字出版产业年度报告发布、数字出版年收入增长 31%. 中国新闻出版报.
李雨峰. 2008. 版权登记制度探析. 知识产权, (5): 65-68.
李智. 2010. 解读新时期中国贸易摩擦. 浙江经济, (14): 22-23.
梁志文, 李卫军. 2004. 钢丝绳上的平衡——论事实标准和知识产权. 电子知识产权, (1): 26-29.
梁志文. 2008. 版权人的自力救济及其限度——从微软“黑屏”事件谈起. 法学, (12): 113-122.
刘春田. 2014. 知识产权法(第五版). 北京: 中国人民大学出版社.
刘家瑞. 2009. 论我国网络服务提供商的避风港规则——兼评“十一大唱片公司诉雅虎案”, 知识产权, (2): 13-22.
刘颖丽. 数字出版标准的现状与思考. http://www.chinapublish.com.cn[2016-5-23].
刘志刚. 2006. 数字时代版权授权方式比较研究与图书馆适用. 图书馆情报工作, (8): 91-95.
卢扬, 郑蕊. 2017-7-18. 数字出版产业累计用户规模超 16 亿. 北京商报.
芦世玲. 2014. 被误读的“避风港”——网络服务商著作权侵权纠纷适用法律分析. 现代出版, (4): 24-27.
马宁. 2014. 我国避风港规则的不足与完善——基于美国 DMCA 的通知-移除机制比较分析. 知识产权, (8): 53-58.
却咏梅. 2005-5-16. 数字出版: 路在何方. 中国教育报, 18.
任仲平. 2004. 创造更加灿烂的先进文化. 学理论, (10): 4-7.
史尚宽. 2000. 民法总论. 北京: 中国政法大学出版社: 33.
索来军. 2007-1-11. 关于报刊转载法定许可的几个问题. 中国新闻出版报.
索来军. 2011. 关于取消著作权法中报刊转载规定的建议. 中国版权, (3): 25-26.
陶鑫良. 2000. 网上传播国内一般作品应当适用“法定许可”. 法学, (8): 25-28.
陶鑫良. 2014-7-11. 探索建立著作权主动申明授权机制. 中国知识产权报.
陶鑫良. 袁真富. 2004-11-9. 网络时代著作权许可制度的创设. 中国知识产权报.
陶鑫良. 袁真富. 2005. 知识产权法总论. 北京: 知识产权出版社: 17-18.
王凌燕. 2013. 版权登记的法律属性及其完善探析. 出版发行研究, (9): 83-85.
王迁. 2008. 视频分享网站著作权侵权问题研究. 法商研究, (4): 42-54.
王迁. 2011. 版权法保护技术措施的正当性. 法学研究, (4): 100.
王迁. 2014. 论提供规避技术措施手段的法律性质. 法学, (10): 37.
王迁. 2015. “技术措施”概念四辨. 华东政法大学学报, (2): 35.
王清. 2001. 版权与有关权: 限制与例外. 武汉大学学报(社会科学版), (4): 417-422.
王清. 2007. 著作权限制制度比较研究. 北京: 人民出版社.
吴汉东. 2007. 知识产权法通识教材. 北京: 知识产权出版社: 124-130.
吴汉东. 2008. 中国知识产权制度评价与立法建议. 北京: 知识产权出版社: 42-43.
吴伟光. 2008. 数字技术环境下的版权法. 北京: 知识产权出版社: 171.
吴伟光. 2013. 著作权法研究——国际条约、中国立法与司法实践. 北京: 清华大学出版社: 475.
向凌. 2012. 著作权合理使用制度的人权法反思. 知识产权, (7): 26-28.

谢新洲. 2002. 数字出版技术. 北京: 北京大学出版社: 12-13.
熊琦. 2014. 大规模数字化与著作权集体管理组织制度创新. 法商研究, (2): 100-107.
杨延超. 2014. 电子书产业升级引发的版权挑战及应对. 知识产权, (7): 41-73.
易艳娟. 2005. 著作权法利益平衡机制研究. 湘潭: 湘潭大学硕士学位论文: 12-16.
张洪波. 2010. 加强著作权集体管理、完善作者授权通道. 传媒, (8): 18.
张洪波. 2012-3-28. 数字出版产业发展亟待破解版权问题. 中华读书报, 21.
张立. 2006. 数字出版相关概念的比较分析. 中国出版, (12): 14-15.
张曼. 2016. 论 TRIPS 协议中"三步检验法"存废之争和解决途径. 暨南学报(哲学社会科学版), (11): 103-108.
张平. 马晓. 2002. 标准化与知识产权战略. 北京: 专利文献出版社: 14.
张书勤. 2014. 著作权法第 22 条适用的探析. 出版发行研究, (11): 81-83.
章红雨. 2015. 2014-2015 中国数字出版产业年度报告发布. 出版视野, (4): 10-11.
郑小鸿. 2005. 著作权补偿金制度在网络时代的发展趋势. 网络法律评论, 6(00): 81-86.
中国大百科全书总编辑委员会《法学》编辑委员会. 1984. 中国大百科全书·法学. 北京: 中国大百科全书出版社: 33.
中国社会科学院. 2012. 现代汉语词典. 北京: 商务印书馆: 698.
中国数字出版产业年度报告课题组. 2014. 2013-2014 中国数字出版产业年度报告摘要. http://www.chinaxwcb.com/2014-07/18/content_298251. htm[2016-2-8].
周艳敏. 2008. 试论我国版权公示制度的完善. 中国版权, (8): 65-69.
Bargfrede A. 2009. Music Law in the Digital Age. Berklee: Berklee Press Publications: 96.
Biddle P, England P, Peinado M, et al. 2003. The darknet and the future of content protection. Levines Working Paper Archive, 2696(2770): 155-176.
Iwahashi R . 2011. How to circumvent technological protection measures without violating the DMCA: An examination of technological protection measures under current legal standards. Berkeley Technology Law Journal, 26(1): 491-562.
Madison M J. 2004. A pattern-oriented approach to fair use. William and Mary Law Review, 45(4): 1525-1690.
Morrison R J. 2006. Deriver's licenses: An argument for establishing a statutory license for derivative works. Chicago-Kent Journal of Intellectual Property, 6: 87-107.
Perzanowski A, Schultz J. 2011. Digital exhaustion. 58 UCLA Law Review, 58(4): 889-946.
Reichman J H, Dinwoodie G B, Samuelson P. 2007. Reverse notice and takedown regime to enable pubic interest uses of technically protected copyrighted works. Technology Law Journal, 22(3): 981-1060.
Reis S . 2015. Toward a 'digital transfer doctrine'? The first sale doctrine in the digital era. Northwestern University Law Review, 109(1): 173-208.
Sun Q X. 2005. The DMCA Anti-Circumvention Provisions and the Region Coding System: Are Multi-Zone DVD Players Illegal After the Chamberlain and Lexmark Cases? Journal of Law, Technology and Policy, (2): 317.